Livre!

Torne a liberdade em Cristo realidade em sua vida

BETH MOORE

Livre!

Torne a liberdade
em Cristo
realidade em
sua vida

Originally published in English under the title
Breaking free Day: Making liberty in Christ a reality in life
Copyright © 2007 by B&H Publishing Group
One LifeWay Plaza, Nashville, TN 37234,
Nashville, TN 37234-0188 USA
All rights reserved.

Coordenação editorial: Dayse Fontoura
Tradução: Elisa Tisserant de Castro
Revisão: Dalila de Assis, Dayse Fontoura, Lozane Winter,
Rita Rosário, Thaís Soler
Projeto gráfico e diagramação: Audrey Novac Ribeiro
Fotos de capa: Shutterstock

Dados Internacionais de Catalogação na Publicação (CIP)

Moore, Beth
Livre! — Torne a liberdade em Cristo realidade em sua vida
Tradução: Elisa Tisserant de Castro – Curitiba/PR, Publicações Pão Diário.
Título original: *Breaking free Day: Making liberty in Christ a reality in life*

1. Libertação   2. Mulheres   3. Vida cristã   4. Estudo bíblico

---

Proibida a reprodução total ou parcial sem prévia autorização por escrito
da editora. Todos os direitos reservados e protegidos pela Lei 9.610, de
19/02/1998. Permissão para reprodução: permissao@paodiario.org
Exceto quando indicado o contrário, os trechos bíblicos mencionados são da
edição Nova Versão Transformadora © 2016, Editora Mundo Cristão.

Publicações Pão Diário
Caixa Postal 4190
82501-970 Curitiba/PR, Brasil
publicacoes@paodiario.org
www.publicacoespaodiario.com.br
Telefone: (41) 3257-4028

Código: BU630
ISBN: 978-65-86078-77-0

1.ª impressão 2021

Impresso na China

DEDICATÓRIA

Às pessoas maravilhosas da Igreja Batista Franklin Avenue [Nova Orleans, EUA], meu lar fora de casa. Jamais conseguirei considerar a mensagem de Livre! *Torne a liberdade em Cristo realidade em sua vida, sem relacioná-la a vocês. Palavras são insuficientes para expressar minha gratidão por participarem tão amorosamente dessa visão. Vocês cativaram o meu coração!*

AGRADECIMENTOS

Tenho uma grande dívida com meu querido amigo e editor, Dale McCleskey, por sua disposição de reestruturar o estudo bíblico aprofundado que Deus confiou a mim, transformando-o nesta versão de fácil leitura. Dale, você foi leal ao lidar com essa jornada, sobretudo pessoal e gloriosamente dolorosa, que Deus confiou a mim. Que todos os cativos que virarem estas páginas possam descobrir o único e verdadeiro Libertador.

SUMÁRIO

Prefácio 13
Introdução 17

PARTE 1
Do cativeiro à liberdade

Capítulo 1 — De reis à escravidão 29
Capítulo 2 — O reino de Cristo 37

PARTE 2
Benefícios e obstáculos

Capítulo 3 — Conhecer a Deus e crer nele 47
Capítulo 4 — Glorificar a Deus 53
Capítulo 5 — Encontrar satisfação em Deus 61
Capítulo 6 — Vivenciar a paz de Deus 67
Capítulo 7 — Usufruir da presença de Deus 75
Capítulo 8 — O obstáculo da incredulidade 81
Capítulo 9 — O obstáculo do orgulho 91
Capítulo 10 — O obstáculo da idolatria 97
Capítulo 11 — O obstáculo da vida sem oração . 105
Capítulo 12 — O obstáculo do legalismo 111

PARTE 3
Ruínas antigas e corações partidos

Capítulo 13 — Uma excursão pelas ruínas antigas............ 119

Capítulo 14 — Os marcos antigos.................. 127

Capítulo 15 — A antiga serpente.............. 135

Capítulo 16 — Sondando as ruínas antigas......... 141

Capítulo 17 — O Ancião de dias................ 149

Capítulo 18 — Direto ao coração............... 157

Capítulo 19 — Coração partido na infância........ 163

Capítulo 20 — Coração restaurado pela verdade................ 171

Capítulo 21 — Coração partido pela traição....... 179

Capítulo 22 — Coração partido pela perda......... 185

PARTE 4
Sonhos superados e obediência duradoura

Capítulo 23 — Cinzas em lugar de honra............ 195

Capítulo 24 — Ser noiva.......................... 201

Capítulo 25 — Ser linda.......................... 209

Capítulo 26 — Ser fértil......................... 217

Capítulo 27 — Viver feliz para sempre............. 223

Capítulo 28 — De cabeça para baixo................ 229

Capítulo 29 — Barro despedaçado................... 237

Capítulo 30 — O direito divino de governar........ 245

Capítulo 31 — O governo de Deus é justo........... 253

Capítulo 32 — O governo diário de Deus............ 259

PARTE 5
Amor infalível

Capítulo 33 — Encontrando o amor infalível 269
Capítulo 34 — A liberdade do amor infalível 275
Capítulo 35 — A plenitude do amor infalível 283
Capítulo 36 — A dificuldade de crer
no infalível amor de Deus 291
Capítulo 37 — O fruto do amor infalível 299

PARTE 6
Liberdade e esplendor

Capítulo 38 — Uma perspectiva do antigo 307
Capítulo 39 — Uma perspectiva do novo 315
Capítulo 40 — Destruindo os altares 323
Capítulo 41 — Desprogramando e
reprogramando 331
Capítulo 42 — Levando pensamentos cativos 339
Capítulo 43 — Um plantio do Senhor 347
Capítulo 44 — A glorificação do Seu nome 353
Capítulo 45 — A manifestação da Sua glória 359
Capítulo 46 — A manifestação de
satisfação e paz 367
Capítulo 47 — A manifestação da Sua
presença 375

PREFÁCIO

Seja bem-vinda a *Livre! Torne a liberdade em Cristo realidade em sua vida.*

Penso que, de certa forma, um autor jamais deveria se desesperar na expectativa de que o leitor valorize sua obra. É algo que simplesmente não é conveniente. O escritor deveria simplesmente fazer o seu melhor e deixar que o resultado venha disso. Acredito nisso, mas neste caso simplesmente não consigo agir assim. O conteúdo destas páginas é tão importante para mim que o meu profundo desejo é que ele se torne importante para você. A mensagem deste volume é tão preciosa para mim que desejo ansiosamente que se torne preciosa a você também.

Desejo que o processo aqui descrito capture seu coração... que impulsione sua vida tão fortemente a ponto de que a escravidão do discipulado medíocre jamais seja aceitável novamente. Cristo nos chama a um lugar de libertação. Ele nos atrai ao local de liberdade absoluta — o único tipo de liberdade que é verdadeiro. Permita-me começar abrindo levemente a cortina para lhe fornecer uma amostra da estrada adiante. Proponho essa jornada em seis segmentos.

Iniciaremos a primeira parte com o profeta Isaías. Creio que a Palavra de Deus traz liberdade; Sua Palavra encarnada através de Sua Palavra escrita. Assim sendo, começaremos com o estudo da Bíblia. Veremos como o cativeiro se tornou realidade para os antigos reis de Israel e como a liberdade é possível por meio do Rei dos reis.

A segunda parte de nossa jornada juntos é chamada de Benefícios e obstáculos. Encontraremos os benefícios da vida cristã que tornam a liberdade possível. Veremos como o Pai deseja que esses benefícios sejam concedidos a cada um de Seus filhos e quais são os maiores obstáculos no caminho da liberdade.

Na terceira parte, exploraremos algumas questões pessoais. Olharemos para trás buscando as verdadeiras causas; veremos como fortalezas adquirem raízes tão profundas na vida dos cristãos. Somente ao enfrentarmos algumas ruínas antigas e algumas feridas no coração encontraremos a liberdade que Deus promete.

Após lidarmos com algumas questões do passado, poderemos nos voltar para o futuro. Todas nós temos sonhos e alguns destes podem parecer impossíveis. Por isso, na quarta parte, veremos que Deus deseja exceder nossos melhores sonhos e nos levar ao lugar de obediência duradoura.

A quinta parte tange à mais profunda necessidade de todo coração humano; visto que todas nós ansiamos por um amor que não esmoreça ou fracasse. A liberdade genuína somente pode crescer à luz desse amor infalível.

Por último, buscaremos o lugar onde podemos vislumbrar a "Terra Prometida". Como Moisés, nós escalaremos as alturas para ver a terra de liberdade e esplendor, mas, ao contrário de Moisés, temos a oportunidade de adentrar a essa terra. Deus nos demonstra Sua magnificência para que possa nos instigar. Venha com toda a pressa. Venha ao lugar de libertação. O lugar em que conhecemos o Senhor e nele cremos. O lugar em que buscamos Sua glória e nos esquecemos da nossa. O lugar em que a satisfação emana do único que pode verdadeiramente satisfazer nossa alma. O lugar em que vivenciamos Sua paz independentemente do que o mundo possa lançar em nosso caminho. O lugar em que Sua presença é nosso constante desejo e nossa alegria diária.

Sim, estou inquieta por você e por sua liberdade. Anseio que você se una à multidão de desencarcerados, e, como estes, seja livre!

INTRODUÇÃO

SEJA BEM-VINDO À JORNADA PARA LIBERDADE

JAMAIS ESCREVI ALGO que significasse tanto para mim quanto o conteúdo deste livro. Aos 18 anos, rendi-me ao chamado de Deus para o ministério vocacional. Alguns anos mais tarde, o Senhor falou algo assim ao meu coração: "Eu enviei meu Filho para libertar cativos. Então, vá e ecoe o som dessa liberdade". Que pensamento amável! Até mesmo poético para uma romântica como eu, mas isso soou assustadoramente evangelístico. Eu estava completamente convicta de que meu chamado era na área do discipulado.

Hoje, balanço a cabeça e me admiro por acreditar antes que os únicos cativos seriam os espiritualmente perdidos. Deus escancarou, do modo mais eficaz possível, minha mente confortavelmente fechada: de dentro para fora.

Não tinha ideia de que eu mesma era uma prisioneira até o momento em que Deus começou a me libertar. Caso alguém tivesse me dito que cristãos podiam viver em cativeiro, eu teria contrargumentado com todas as forças que uma pessoa pode reunir, ainda que com um jugo de escravidão estrangulando o próprio pescoço. Eu era o pior tipo de cativo que há: uma prisioneira inconsciente de seu estado. O tipo mais vulnerável a seus capturadores. A presa mais fácil que há.

A afirmação a seguir estabelecerá nossa definição de cativeiro ao longo de nosso estudo: *Um cristão é escravizado por qualquer coisa que o impeça de viver a vida abundante e efetivamente cheia do Espírito que Deus planejou para ele.*

Nos primeiros passos de nossa jornada, começaremos com uma introdução tanto do profeta Isaías quanto do nosso tema sobre liberdade. Utilizaremos dois métodos; você pode considerá-los como microscópico e macroscópico. A visão microscópica vem do exame de uma frase de Isaías 9:4 nesta introdução. A ampla visão geral no primeiro capítulo será um parecer sobre os reis que governaram Israel durante a vida do profeta. Ambas as visões nos darão ferramentas bíblicas para considerarmos como adquirir a liberdade em Cristo.

Venha e una-se a mim ao iniciarmos com a frase da pena do "Príncipe dos profetas". Isaías 9:4 contém uma referência sobretudo intrigante: "Pois tu quebrarás o jugo de escravidão que os oprimia [...] Quebrarás a vara do opressor como fizeste ao destruir o exército de Midiã". Aquelas que estiverem familiarizadas com a Bíblia poderão reconhecer a referência a Gideão no livro de Juízes. Algo aconteceu nos dias da derrota de Midiã que foi extremamente importante, não apenas para o relato de Isaías, mas para o Salvador que viria para libertar cativos.

No livro de Juízes, Deus disse ao povo: "Eu sempre irei adiante de vocês e trarei vitória, mas não façam uma única coisa: adorar outros deuses. Jamais façam isso". É óbvio que isso foi exatamente o que eles fizeram. Juízes 6 começa com as palavras mais inquietantes: "Os israelitas fizeram o que era mau aos olhos do Senhor…". Consideremos a série de lições que estabelecem a base para nossa discussão sobre libertação. Ao todo são nove lições sobre escravidão e liberdade listadas a partir de Juízes 6.

LIÇÃO 1

O povo de Deus pode ser oprimido pelo inimigo. A Nova Versão Internacional (NVI) apresenta o versículo 1 da seguinte forma: "De novo os israelitas fizeram o que o Senhor reprova…", observe que essa versão bíblica começa com a expressão incriminativa *de novo*. Deus então entregou-lhes ao inimigo, por certo período, para que aprendessem a lição. Você pode ser como eu já fui; pensava: *Se eu simplesmente ignorar Satanás e desejar caminhar com Deus, tudo ficará bem.* Porém, logo descobrimos que isso não funciona por muito tempo, especialmente se começamos a ser uma ameaça para o reino das trevas de Satanás.

LIÇÃO 2

Quando estão oprimidos, os filhos de Deus tendem a fazer abrigos para si ao invés de fazer o que a liberdade exige. Abrigos podem facilmente transformar-se em fortalezas. Frequentemente quando somos oprimidas, em vez de cooperar com Deus e irmos ao lugar de liberdade, refugiamo-nos em abrigos. Algumas vezes simplesmente nos isolamos. Nós nos escondemos atrás de nossos empregos, atrás das muitas tarefas na igreja, atrás de atividades — a escravidão do fazer. Qualquer coisa que trate os sintomas em vez de irmos à fonte, é um abrigo.

LIÇÃO 3

O povo de Deus tem pouca defesa contra a natureza destrutiva do inimigo sem o poder de Deus agindo em seu favor. Os israelitas fizeram abrigos para si, mas os versículos 5 e 6 nos dizem que quando os midianitas vieram, eram como uma praga de gafanhotos — uma multidão impossível de se contar. Eles invadiram a terra e a devastaram. Podemos ser salvos, o Espírito Santo pode habitar em nós e, contudo, podemos viver continuamente em derrota visto que o inimigo pode nos driblar se não formos dependentes do Espírito Santo e da Palavra de Deus. Devemos estar cientes de que estamos sendo cercadas, temos que nos atentar à Palavra de Deus, descobrir quais são nossos direitos e aprender a utilizar o equipamento que Deus nos concedeu.

LIÇÃO 4

Deus não permitiu que Seu povo fosse oprimido para que fosse derrotado, mas para que, finalmente, fosse vitorioso. Deus, algumas vezes, permitirá que as coisas fiquem ruins o suficiente para que sejamos forçadas a olhar para o alto. A vitória sempre começa com um clamor por socorro. Quando chegamos ao fim de nós mesmas e clamamos por ajuda, coisas incríveis acontecem.

LIÇÃO 5

Deus diz voluntariamente a Seus filhos o porquê de estarem sendo oprimidos, se eles estiverem dispostos a ouvir. Deus quer que saibamos quais são as razões de continuarmos a ser oprimidas. Nos versículos 7 a 10, o Senhor envia um profeta aos israelitas para lhes dizer que estavam sendo oprimidos porque haviam adorado outros deuses. Nós preferiríamos que Deus simplesmente limpasse toda a nossa sujeira, não queremos abordar os motivos. "Senhor, apenas me liberte! Não preciso saber por que entrei nessa sujeira; não precisamos escavar para mexer nesses ossos velhos. Apenas me liberte." Deus diz: "Quero que você saiba o que aconteceu de errado, para que na próxima vez em que estiver na mesma situação, você faça escolhas diferentes".

LIÇÃO 6

Deus vê o potencial de Seus filhos. Os versículos 11 a 16, relatam que Gideão estava se escondendo dos midianitas em um lagar. O anjo do Senhor veio e disse a Gideão: "...O Senhor está com você, guerreiro corajoso!". De todas as coisas, enquanto Gideão tremia de medo, Deus o chamou de guerreiro corajoso — muito antes que ele o fosse.

Deus está chamando você de guerreira corajosa. Este estudo se trata de Deus nos ensinando a viver como os guerreiras corajosas que podemos ser se estivermos nele. Você não aguenta mais o engano e está pronta para aprender a viver como uma guerreira corajosa?

LIÇÃO 7

Qualquer sacrifício que façamos em nossa empreitada por liberdade será inteiramente aceito e abençoado por Deus. Observe algo extremamente importante: Gideão preparou um sacrifício. Lemos então no versículo 21: "Então o anjo do Senhor tocou na carne e nos pães com a ponta da vara que estava em sua mão, e fogo subiu da pedra e consumiu tudo que Gideão havia trazido...".

Para sermos libertas em Cristo, temos alguns sacrifícios a serem feitos. Tenha certeza de que o Senhor é quem está pedindo o sacrifício e, se for Ele, qualquer sacrifício que você fizer será inteiramente aceito por Ele como um sacrifício agradável. Ele abençoará.

Tememos fazer sacrifícios, mas a ironia é que fazemos muitos sacrifícios quando não estamos vivendo a vontade de Deus. Quantas coisas colocamos no altar do reino de Satanás? Vivemos sacrificialmente quando estamos fora da vontade de Deus, abrindo mão de todo tipo de coisas que deveriam ser nossas em Cristo. Queremos reivindicar essas coisas de volta, mas no processo colocaremos algumas outras no altar do Senhor.

LIÇÃO 8

Para viver na liberdade que Deus planejou, devemos reconhecer que temos outros deuses e abandoná-los todos. Deus disse a Gideão: "...Derrube o altar que seu pai fez para Baal..." (v.25). Amo o versículo 27. Gideão tomou dez de seus servos e fez como o Senhor havia dito, mas porque estava com medo, agiu à noite e não durante o dia. Não é simplesmente apaixonante? Esse é o guerreiro corajoso de Deus! Você não está ficando encorajada? Ele o fez à noite. Mas pelo menos ele agiu. Agora nos será pedido que façamos exatamente a mesma coisa.

Vamos descobrir ídolos que nem mesmo sabíamos que tínhamos. Também olharemos para algumas gerações passadas para vermos quais ídolos em nossa linhagem precisam ser abandonados e destruídos para que conheçamos a liberdade que Deus tem para nós.

LIÇÃO 9

Deus quer remover todas as dúvidas com relação a quem traz a vitória. Ele fez isto dramaticamente com Gideão. Você provavelmente conhece o resto da história desse juiz de Israel. Ele reuniu um exército; os números do inimigo eram como uma praga de gafanhotos, e Deus disse que o exército de Gideão era grande demais. Deus então orientou Gideão no primeiro corte de pessoal do mundo. Ele reduziu o exército de 32 mil homens para 300 guerreiros.

Quantidade alguma de determinação trará liberdade. Aprenderemos a ser vitoriosas rendendo nossa vida completamente ao Espírito de Deus e não batendo os dentes e esforçando-nos mais.

Na sequência, em Juízes 7:9-18, Deus mostrou quem trouxe a vitória. O Senhor disse: "Mas, se você tem medo de atacá-los, desça até o acampamento [...]. Ouça o que os midianitas estão dizendo..." (vv.10,11). A poeira não baixou até que Gideão estivesse de pé agindo. Ele correu para ver do que o Senhor estava falando porque estava morrendo de medo. E sabe de uma coisa? Para Deus, não há problema algum. Ele compreende nossos medos e nossas inseguranças. Sinto o Espírito de Deus algumas vezes me dizer: "Sabe, Beth, compreendo que você não está muito feliz com isso. Entendo que você está morrendo de medo. Entendo que você possa estar chorando por isso. Chore, trema, qualquer coisa, mas faça a minha vontade, filha. Faça a minha vontade. Eu tenho a vitória para você". Então, foi isso o que Gideão fez, e ele descobriu que os midianitas estavam morrendo de medo dele!

Gideão retornou ao acampamento de Israel e liderou o exército para a vitória. O que aconteceu com o covarde que vimos anteriormente? Se você ficar com Deus, será tão singular no Corpo de Cristo que independentemente de você já ter desejado ou não liderar, você liderará. Isso é o que acontece quando pessoas se tornam vencedoras.

Agora, você se dispõe a fazer uma oração de dedicação comigo? Vamos entregar este estudo a Deus, permitir que Ele execute uma obra em nós, dispense liberdade em nossa vida, sonde as partes mais profundas do nosso coração e nos ensine a viver em vitória.

Ó Deus, ao começarmos essa jornada, nosso coração está tão cheio de expectativa! Deus, nós queremos ser diferentes. Queremos convidar-te a realizar uma obra em nós que nem mesmo podemos explicar. Dedicamos este estudo totalmente a ti. Oramos, Pai, para que não venhamos a erguer a mão para impedir ou parar o Senhor, pois algumas vezes a verdade machucará. Sabemos, Deus, que desejas ter a integralidade de nossa vida de modo que tu possas nos fazer viver na vitória que obtivemos, visto que Teu Filho morreu para que assim fosse. Agora Deus, humilhamo-nos diante de ti e pedimos que tu concretizes uma obra magnífica em nós e por meio de nós, para que possamos proclamar o Teu nome por toda nossa vida. Somente tu és Deus. Não há outro Salvador. Agradecemos antecipadamente, Senhor, por tudo que farás. Damos a ti toda a glória. Em nome de Jesus, amém.

Nota da autora

Utilizei várias fontes para o estudo das palavras gregas e hebraicas. As definições que estão com aspas e sem referência foram retiradas do *Complete Word Study Dictionary: New Testament and the Lexical Aids*[1] [Dicionário de estudo completo da palavra: Novo Testamento e auxílios léxicos]. Também utilizei *Strong's Exhaustive Concordance of the Bible*[2] [Concordância bíblica exaustiva, de Strong]. Palavras retiradas de *Strong* estão com aspas com a palavra *Strong* entre parênteses.

---

[1] Spiros Zodhiates et al., eds., *The Complete Word Study Dictionary: New Testament and the Lexical Aids* (Chattanooga, Tenn.: AMG Publishers, 1992).

[2] James Strong, *Strong's Exhaustive Concordance of the Bible* (Madison, N.J.: 1970)

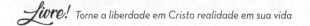

PERGUNTAS PARA DISCUSSÃO

1. Quais questões mantêm cristãos cativos e impedem a vida abundante que Deus planejou?
2. Você acredita que cristãos podem ser oprimidos pelo diabo? Por quê?
3. Que tipos de abrigos as pessoas constroem para se proteger?
4. De que forma os abrigos se tornam fortalezas?

PARTE 1

DO CATIVEIRO À LIBERDADE

AO COMEÇARMOS NOSSOS estudos, preciso desafiar você. Consideraremos chaves bíblicas para liberdade, mas não espere encontrar uma poção mágica. A verdadeira liberdade exige trabalho árduo. Uma parte essencial desse trabalho envolve a Palavra de Deus. Por isso, abrigaremos a Palavra de Deus em nosso coração para não pecarmos contra o Senhor (Salmo 119:11). As passagens bíblicas para memorizar, na ordem em que você as encontrará em nosso estudo, são as seguintes: Isaías 61:1-4; 43:10; 43:6-7; 55:2; 26:3; e 43:2,3. Encorajo-a a copiar esses versículos em cartões. Trabalhe com um versículo de cada vez. Carregue-os consigo. Pratique recitá-los com frequência. Procure ter todas as Escrituras memorizadas quando você virar a última página deste livro. Comece sua memorização com Isaías 61:1. Então siga para os versículos 2, 3 e 4.

> *O Espírito do* Senhor *Soberano está sobre mim, pois o* Senhor *me ungiu para levar boas novas aos pobres. Ele me enviou para consolar os de coração quebrantado e para proclamar que os cativos serão soltos e os prisioneiros, libertos. Ele me enviou para dizer aos que choram que é chegado o tempo do favor do* Senhor *e o dia da ira de Deus contra seus inimigos. A todos que choram em Sião ele dará uma bela coroa em vez de cinzas, uma alegre bênção em vez de lamento, louvores festivos em vez de desespero. Em sua justiça, serão como grandes carvalhos que o* Senhor *plantou para sua glória. Reconstruirão as antigas ruínas, restaurarão os lugares desde muito destruídos e renovarão as cidades devastadas há gerações e gerações.* —ISAÍAS 61:1-4

CAPÍTULO 1

DE REIS À ESCRAVIDÃO

*Quando Uzias se tornou poderoso, também
se encheu de orgulho, o que o levou à ruína...*

2 CRÔNICAS 26:16

GOSTARIA DE PEDIR a você para que comecemos essa jornada tão pessoal de libertação em um lugar que pode parecer peculiar. Consideraremos um breve panorama dos reis que governaram durante o ministério do profeta Isaías. Proponho isso, por três razões:

- *Primeiro:* Cada um dos reis personifica os problemas que nos depararemos no percurso para a liberdade. Ao descobrir como eles se perderam até chegar à escravidão, poderemos começar a nos enxergar. Com isso, espero que também

comecemos a detectar as primeiras pistas sobre como podemos escapar do cativeiro.
- *Segundo*: Observar esses reis nos dará um ponto de partida para compreendermos o profeta Isaías e sua mensagem.
- *Terceiro:* Eu simplesmente acredito que o estudo da Bíblia traz suas próprias recompensas. Deus utilizou a Sua Palavra para me libertar. Dedicar tempo estudando a Palavra é sempre tempo bem investido.

Antes de nos voltarmos ao primeiro rei, considere alguns poucos fatos sobre Isaías. Ele ministrou como profeta durante o período em que Israel era um reino dividido. Depois da morte do rei Salomão, em 931 a.C., o reino de Israel foi dividido em norte e sul. O Reino do Sul, com duas tribos, assumiu o nome de Judá. O Reino do Norte, com dez tribos, continuou a ser chamado de Israel.

Os profetas Oseias e Miqueias eram contemporâneos de Isaías. O nome de Isaías significa "o Senhor salva" e a palavra *salvação* é utilizada em seu livro 27 vezes — duas vezes mais do que em todos os outros profetas juntos. Isaías era casado, e penso que você será abençoada pelo título que ele deu à sua esposa. Ele a chamou de "profetiza" (Isaías 8:3 NVI).

Você consegue imaginá-los sendo apresentados como o profeta Isaías e sua amada esposa, a profetiza? Eu já gosto de Isaías, você não? Ele e sua mulher tiveram dois filhos: Shear-Jasube e Maher-Shalal-Hash-Baz. Se fossem os meus filhos, eu os teria apelidados de Jasu e Hash para economizar tempo, mas duvido que Isaías tenha feito isso. Em circunstâncias normais, talvez ele até apresentasse um lado mais extrovertido, porém, sua época não era tempo para brincadeiras. Nada é divertido com relação ao iminente julgamento de Deus.

Isaías era bem instruído, muito provavelmente veio de uma família de classe alta e estava provavelmente relacionado à casa real de Judá. Deus o inspirou a escrever um dos livros mais longos da Bíblia. Seu ministério se estendeu por 40 anos, começando em 740 a.C. até, aproximadamente, 701 a.C.

O chamado de Isaías veio, não coincidentemente, logo após a morte do primeiro rei que estudaremos: o rei Uzias. O nome *Uzias* significa "o Senhor é minha força". Muito de seu reino foi um reflexo de seu nome. Uzias se tornou rei quando tinha 16 anos. Ele reinou em Jerusalém por 52 anos e conduziu Judá ao seu apogeu econômico e militar. Ele poderia ser lembrado como o rei mais poderoso entre Davi e Cristo, exceto por um aspecto: conforme 2 Crônicas 26:16-23, o pecado do orgulho se tornou sua ruína. Ele usurpou uma função exclusiva dos sacerdotes: tomou para si a tarefa proibida de queimar incenso no santo lugar dentro do Templo do Senhor. Como resultado, o Senhor atingiu esse rei com lepra. Uzias fora um bom homem, contudo quando morreu, o que as pessoas diziam sobre ele era tudo isto: "Era leproso".

O orgulho pode levar ao cativeiro (Jeremias 13:15-17). Como vimos, seguramente, levou a vida de Uzias a um cativeiro verdadeiro e tangível, logo o trágico fim desse rei sinaliza nosso primeiro alerta: o orgulho será um obstáculo que todo cristão enfrentará no caminho da liberdade.

Uzias morreu recluso. Seu filho, Jotão, assemelhava-se ao pai no sentido de que se tornou poderoso e governou eficazmente, mas diferiu de seu progenitor de modo crucial: "O rei Jotão se tornou poderoso porque teve o cuidado de viver em obediência ao Senhor, seu Deus" (2 Crônicas 27:6). Jotão parece ter aprendido com a ruína de seu pai que outrora fora grandioso.

"Jotão fez o que era certo aos olhos do Senhor..." (2 Reis 15:34), mas negligenciou uma questão crítica. O povo adorava outros deuses como Baal e Aserá. Os lugares para a adoração destes eram chamados de "lugares altos", e Jotão permitiu que tais lugares permanecessem em Judá. Ele buscou Deus fielmente e caminhou firmemente diante do Senhor, porém se recusou a exigir reverência pelo único Deus. Então, Jotão serve como garoto-propaganda de outra rota para o cativeiro. Para sermos livres em Cristo, nossos "lugares altos" terão que ruir; devemos estar dispostas a nos posicionarmos contra a idolatria em nós.

Na vida de Uzias e de seu filho Jotão, vemos enormes obstáculos de *orgulho* e resistência a se posicionar contra a *idolatria*. Nós também vemos uma sugestão contínua de *incredulidade* visto que foram alertados vez após vez sobre as consequências de sua relutância. Os mesmos obstáculos que eles enfrentaram nos confrontam enquanto buscamos usufruir dos benefícios da salvação.

Acaz se tornou rei após a morte de seu pai Jotão, mas Acaz "...não fez o que era certo aos olhos do Senhor" (2 Crônicas 28:1). Ele fez ídolos, adorou a Baal e ofereceu sacrifícios nos lugares altos. Em um abismo de maldade pessoal que nem posso imaginar, o versículo 3 afirma que ele chegou a sacrificar seus filhos no fogo. Você consegue compreender tal comportamento por parte de um dos reis do povo de Deus?

Por favor, lembre-se do fato que Acaz oferecia sacrifícios nos lugares altos. Esses lugares altos eram acessíveis ao jovem e sugestionável Acaz porque seu pai Jotão não os tinha removido. Não coincidentemente, a atrocidade que Jotão escolheu ignorar foi exatamente a que enredou seu próprio filho. Mais à frente em nosso estudo, destacaremos os pecados que pais e avós passam adiante para os filhos.

A seguir, consideraremos o quarto rei e um fenômeno notável que é altamente improvável sem Deus: o filho justo de um pai iníquo. Ezequias foi o exato oposto de seu pai Acaz. Ele fez algo profundamente importante que Jotão deixou de fazer. Ezequias destruiu os lugares altos, buscou de todo o coração tanto a restauração quanto a regeneração. Fico a imaginar quando as atitudes e filosofias de Ezequias começaram a divergir das de seu pai. Será possível que se ressentisse da perda dos irmãos em um altar pagão e desconfiasse de qualquer pai que pudesse fazer tal coisa?

Em 2 Crônicas 32 lemos sobre as notáveis histórias de libertação nas Escrituras. O rei Senaqueribe, da Assíria, invadiu Judá e sitiou as cidades. O exército assírio cercou Jerusalém e os oficiais procuravam desencorajar os habitantes da cidade, mas neste processo cometeram um terrível erro: ridicularizaram o Deus de Israel.

O mensageiro assírio tentou convencer o povo de Jerusalém de que Deus não podia salvá-los; disse que os deuses das outras nações não puderam livrá-las dos assírios e seria a mesma coisa com o Deus de Israel. Senaqueribe, rei da Assíria, fez a pergunta errada: "…O que os faz pensar que seu Deus poderá livrá-los de minhas mãos? […] nenhum deus de qualquer nação ou reino foi capaz de livrar seu povo das minhas mãos ou das mãos de meus antepassados. Muito menos o Deus de vocês os salvará de meu poder!" (2 Crônicas 32:14,15).

Com base no tom de 2 Crônicas 32:20, Ezequias e Isaías estavam obviamente apavorados, mas fizeram algo brilhante com seu medo: eles clamaram ao Senhor. "E o SENHOR enviou um anjo que destruiu o exército assírio com todos os seus comandantes e oficiais. O rei da Assíria voltou envergonhado para sua terra…" (2 Crônicas 32:21).

Ezequias pode ter considerado o ataque de Senaqueribe como a experiência mais assustadora de sua vida… até que foi atingido por um temor diferente, de um tipo muito mais especial.

Em Isaías 38, Deus disse a Ezequias que ele morreria, mas Ezequias voltou o rosto para a parede e clamou a Deus. Em resposta, Deus acrescentou mais 15 anos à vida desse rei. Isaías ordenou: "...Preparem uma pasta de figos e coloquem-na sobre a ferida, e Ezequias se recuperará" (v.21). Acho fascinante o fato de que Deus curou Ezequias por meio de um tratamento médico. Obviamente Deus não ergueu uma parede entre a fé e o uso de medicamentos.

Tão rápida quanto sua recuperação, foi a atitude de Ezequias: ele passou a se comportar como se o seu encontro tão próximo com a morte tivesse lhe concedido um doutorado automático. Ele disse coisas como: "...Em teu amor me guardaste da cova da destruição..." (v.17 NVI), como se a decisão de poupar aquele que pertence a Deus tenha qualquer relação com amar uma pessoa mais do que outra. Deus não pode nos amar mais ou menos do que nos ama neste momento. Ele escolhe curar ou não curar por Suas próprias razões. Todas as Suas decisões vêm de Seu amor, mas, independentemente de escolher nos curar ou nos levar para casa, o Seu amor é constante.

Ezequias também presumiu que Deus lhe concedeu mais 15 anos porque somente aqueles que estão vivos podem louvar ao Senhor nesta Terra (v.19). Somente algumas poucas pessoas no Antigo Testamento parecem ter tido um vislumbre, ainda que pequeno, da ressurreição. Ezequias obviamente achava que este mundo era tudo o que existia. Ao longo dos anos, considerei que minhas melhores habilidades para louvar a Deus viriam com minha morte e que, até lá, estava seriamente limitada.

Nenhuma das afirmações de Ezequias foram, entretanto, grande coisa. Alguém deveria ter enchido sua boca com aquela pasta de figos antes que ele pudesse pronunciar: "...Agora, andarei humildemente toda a vida, por causa da angústia que senti" (v.15).

Temos a tendência devastadora de esquecer o que Deus fez por nós. Por algum tempo, permanecemos humildes, mas então, se não guardarmos o nosso coração e mente, começaremos a pensar que necessariamente fizemos algo correto para que Deus tenha sido tão bom conosco. Nisso está outra estrada para o cativeiro. É a estrada do legalismo. Ezequias cria que estava reto diante de Deus devido ao que havia feito.

Não precisamos olhar muito longe para ver que a justiça autossuscitada de Ezequias não funcionou bem ou por muito tempo. Emissários da aparentemente "insignificante" cidade da Babilônia foram a Jerusalém para parabenizar Ezequias por sua saúde restaurada. Em arrogância e orgulho tolo, ele mostrou aos enviados todos os tesouros da cidade. Mais tarde, a Babilônia seria a nação que levaria Judá ao cativeiro. Ezequias baixou sua guarda e desfrutou da aprovação dos ímpios.

A vida de Ezequias é um lembrete gritante de que ninguém está imune a atitudes tolas movidas pelo orgulho. Nós podemos ter medo de pedir a Deus diariamente para nos manter humildes porque humildade envolve desconforto; podemos ter que passar por certo constrangimento, até mesmo algum fracasso. Por que não temos muito mais medo daquilo que o orgulho pode ocasionar? O orgulho pode nos custar caro, e provavelmente também àqueles que nos sucedem.

Há muitos anos, comecei a desenvolver o hábito de confessar o orgulho e me arrepender diariamente, mesmo que não tenha consciência de sua presença. Peço a Deus que me mostre pequenas porções de orgulho, pois se as deixar ali para crescer, pode ser devastador. Deixe-me compartilhar um exemplo recente.

Certa feita, decidi comprar uma Bíblia nova. Minha Bíblia antiga parecia ter sido colocada numa máquina de lavar louças no modo "ciclo duplo de lavagem de panelas". Eu disse aos meus colegas de trabalho que deixaria minha nova Bíblia no trabalho até que me acostumasse com ela e continuaria levando, por algum tempo, minha antiga Bíblia às palestras. Enquanto as palavras saíam da boca, o Espírito Santo pareceu sussurrar em meu ouvido: "Para mim isso parece orgulho". Ele estava certo. Eu não queria ter dificuldade para encontrar passagens das Escrituras quando estivesse diante de um grupo. Fiquei muito triste. Naquele exato momento, engavetei minha Bíblia antiga. Desde então, estou tropeçando pelas páginas da Bíblia nova.

Você reparou que os reis consagrados pareciam lutar com questões de orgulho mais do que os reis ímpios? Que aprendamos a nos guardar de tudo o que leva ao cativeiro. Orgulho, idolatria, incredulidade, legalismo provarão ser obstáculos que nós também devemos enfrentar.

PERGUNTAS PARA DISCUSSÃO

1. Como você acha que Isaías seria como amigo?
2. Em sua opinião, o que causou o ataque de orgulho de Uzias que o levou à queda?
3. Como o orgulho ergue a repulsiva cabeça dele em sua vida?
4. Por que você acha que Jotão não destruiu os altares idólatras?
5. O que poderia levar um pai a sacrificar seu próprio filho no fogo?
6. De que maneira você descreveria o legado de Ezequias a seus filhos e netos?

CAPÍTULO 2

O REINO DE CRISTO

O Espírito do Senhor *Soberano está sobre mim,
pois o* Senhor *me ungiu para
levar boas novas aos pobres.*

ISAÍAS 61:1

COMEÇAMOS NOSSO ESTUDO conhecendo os reis dos dias de Isaías. Nos capítulos 1 a 35, Isaías pregou sobre a rebelião do povo de Deus e a ameaça dos assírios contra Judá e Jerusalém. A Assíria levou o Reino do Norte para o cativeiro em 773 a.C. Nos capítulos 36 a 39, Isaías registrou a derrota da Assíria pelo Reino do Sul quando o rei Ezequias reagiu adequadamente ao ataque de Senaqueribe. Isaías também registrou a doença de Ezequias, seu episódio de orgulho e a futura ascensão da Babilônia.

Aprendemos algo importante com os reis de Judá: nem mesmo os melhores foram perfeitos; nem mesmo os mais honráveis eram santos; nem mesmo os mais humildes estavam imunes ao orgulho. Nenhum líder terreno é incapaz de equivocar-se. E se a liberdade em Cristo deve ser uma realidade em nossa vida, teremos que aprender a caminhar nessa liberdade sendo independentes de todos os outros que conhecemos.

Precisamos de mais do que um líder em nossa estrada para a liberdade. Necessitamos do Salvador — o Salvador que continua salvando. Embora precisemos ser salvas apenas uma vez da separação eterna de Deus, Cristo continua a exercer Sua obra salvífica em nós durante o restante de nossa vida. Caso você seja como eu, consegue pensar em mais do que uma ocasião em que Cristo a salvou de certos infortúnios desde sua experiência inicial de salvação.

Os capítulos 40 a 66 dão início a um novo tema em Isaías. O profeta falou sobre o tempo em que o cativeiro acabaria; Israel seria consolado por Deus e restaurado a seu propósito designado. Amo o modo como Deus fraseou a reviravolta do livro de Isaías após ter declarado os graves pecados e castigos. Isaías 40:1 expressa o tema da seção a seguir: "'Consolem, consolem meu povo', diz o seu Deus".

O versículo seguinte começa: "Falem com carinho a Jerusalém…". Ó, como agradeço a Deus pelas palavras ternas que Ele falou a mim depois de ter sido castigada pelo pecado; muitas delas vêm do livro de Isaías. Algumas vezes me pergunto por que Ele continua a ser tão fiel. Sim, Ele é fiel para castigar. De que outra forma aprenderíamos com nossa rebelião? Mas Ele também é compassivo em Seu consolo.

Deus escolheu o livro de Isaías, um tratado sobre cativeiro, para registrar algumas das profecias mais notáveis sobre Cristo em todo o Antigo Testamento. Assim, no mesmo livro em que Deus profetizou os horrores de um jugo estrangeiro, Ele apresentou o Libertador. Em alguns casos, Deus cumpriu profecias temporariamente por meio de um agente humano até que finalmente as tivesse cumprido em Cristo.

Peço a você que dê a máxima atenção a Isaías 61:1-4. Se possível, leia esses versículos em voz alta. Agora, convido-a a considerar vários pontos importantes dessa maravilhosa passagem das Escrituras.

1. *Deus ouve o clamor dos oprimidos.* Ele, inclusive, ouve os clamores daqueles cuja opressão é resultado de pecado e rebelião. Jamais devemos deixar de crer que Deus se importa com essas prisões físicas, emocionais, mentais ou espirituais. Deus apresentou Isaías 61:1-4 como uma resposta à escravidão que Ele previu ao olhar para a rebeldia de Judá. Deus sempre se importa mais com nossa liberdade do que nós mesmas. Ele iniciou o relacionamento salvador entre o povo e o Libertador. "...Por certo, tenho visto a opressão do meu povo no Egito. Tenho ouvido seu clamor por causa de seus capatazes. Sei bem quanto eles têm sofrido" (Êxodo 3:7). Deus está intimamente familiarizado com as dores e os sofrimentos que são resultado da escravidão. Ele também tem um remédio. Ele é quem supre as nossas necessidades.

Independentemente de os israelitas terem se tornado vítimas de seus senhores como em Êxodo ou terem caminhado para a escravidão devido à desobediência e à idolatria como em Isaías, Deus tinha em mente a libertação para eles. Enquanto o Sol continuar nascendo todas as manhãs, Deus continuará se oferecendo para libertar Seus filhos.

As palavras libertadoras de Deus em Isaías 61:1-4 aplicam-se tão certamente a nós como se aplicavam aos israelitas. Elas continuarão a ser aplicáveis enquanto Deus olhar das alturas de Seu santuário, enxergar a Terra e ouvir o lamento do prisioneiro.

2. *Deus cumpre Isaías 61:1-4 somente em Cristo.* Em Lucas 4:14-21, Jesus citou Isaías 61 como Seu estatuto pessoal. Pense no cumprimento de Isaías 61:1-4 em Cristo. Tanto Isaías 61:1 quanto Lucas 4:14 nos dizem que Cristo Jesus seria capacitado pelo Espírito. Com isso, vemos o quanto o Espírito Santo é importante para a liberdade em Cristo. A passagem 2 Coríntios 3:17 se tornará uma verdade vital para nós, pois ela afirma que "...onde está o Espírito do Senhor, ali há liberdade". Cristo nos liberta pelo poder de Seu Espírito; Ele então mantém nossa liberdade conforme aprendemos a viver o dia a dia no poder de Seu Espírito de liberdade. Isaías e Lucas concordam que somente Cristo foi designado para oferecer esse tipo de liberdade.

3. *O ministério de Cristo é um ministério do coração.* Você percebeu todas as partes da descrição da obra de Jesus em Isaías 61:1-4? Cristo se manifestou para "consolar os de coração quebrantado e para proclamar que os cativos serão soltos e os prisioneiros, libertos. [...] para dizer aos que choram que é chegado o tempo do favor do Senhor [...] A todos que choram em Sião ele dará uma bela coroa em vez de cinzas, [...] louvores festivos em vez de desespero..." (Isaías 61:1-3).

Com base em 2 Pedro 3:9, a prioridade de Cristo é libertar cativos da escravidão da destruição eterna, mas pessoas salvas ainda podem ser escravas (Gálatas 5:1). Quando penso em escravidão, muito frequentemente imagino jugos que se formam em certas áreas devido a algum trauma na infância ou vitimização, pois o jugo estabelecido em minha infância foi a principal área de escravidão que tive que combater. Afirmo isso porque a maioria de nós, inconscientemente, limita nossas percepções de escravidão àquelas amarras que testemunhamos pessoalmente ou que nos envolveram. Para que este estudo seja eficaz, vamos expandir nosso modo de pensar sobre esse assunto.

Quando percebi que Deus estava me chamando para escrever este conteúdo, pedi ao grupo de mulheres que ensino que ampliasse meu horizonte em termos de áreas de escravidão que os cristãos enfrentam. Pedi que qualquer uma delas que tivesse sido liberta em uma área de escravidão, compartilhasse comigo algumas informações por meio de uma carta, indicando: (1) a área específica de escravidão que enfrentaram e (2) os meios específicos e espaços de tempo que Deus empregou para libertá-las.

Não tenho certeza se alguma coisa poderia ter me preparado para as suas respostas. Embora elas permaneçam anônimas, você conhece pessoas exatamente como elas. As mulheres que entrevistei são cristãs brilhantes e com boa formação, servem fielmente em suas igrejas, vieram de todos os cenários econômicos possíveis. Por medo de julgamentos, muitas delas nunca contaram a ninguém, exceto a um conselheiro piedoso, sobre as batalhas que lutaram.

Ouvi testemunhos dolorosos de escravidão à luxúria e um padrão de queda no pecado sexual. Li com lágrimas nos olhos sobre lutas com a homossexualidade e medo dos homens devido a abuso na infância. Algumas falaram sobre uma prévia inabilidade de amar as pessoas plenamente, inclusive seus próprios maridos e filhos. Uma me escreveu sobre a vitória que Deus lhe havia dado contra a compulsão por roubar. Outra fora liberta da desonestidade habitual. Uma amiga, de quem nunca suspeitaria, escreveu-me sobre sua libertação da amargura que era resultado do abuso físico que suportou quando criança. Meu coração se despedaçou por causa de uma mulher que descreveu o quão profundamente a insegurança havia roubado dela amizades, atividades na igreja e um casamento feliz. Ouvi muitas que foram escravas de um coração crítico para com as pessoas. Outras lutaram terrivelmente com a ira direcionada a Deus. Dúvida. Desencorajamento. Solidão. Uma insatisfação crônica.

Por favor, tenha em mente que as cartas que recebi eram apenas de quem havia encontrado liberdade em Cristo. Imagine quantas ainda lutam! Creio firmemente que:

- Cristo veio para libertar os cativos — independentemente do jugo que os amarra.
- Ele veio para consolar os de coração quebrantado — independentemente do que lhes tenha ferido o coração.
- Ele veio para abrir os olhos dos cegos — independentemente do que tenha comprometido sua visão.

PERGUNTAS PARA DISCUSSÃO

1. Por que, em nossa estrada rumo à liberdade, precisamos de mais do que qualquer líder humano pode suprir?
2. De que forma Cristo "falou com carinho" a você após um período de disciplina?
3. O que significa para você a afirmação: "Deus sempre se importa mais com nossa liberdade do que nós mesmos"?
4. De que maneiras você entende que Jesus cumpriu as promessas de Isaías 61:1-4?

PARTE 2

BENEFÍCIOS E OBSTÁCULOS

VOCÊ ANALISOU A conduta dos quatro reis dos dias de Isaías e comparou ao governo do Rei dos reis. Já pode estar reconhecendo os sintomas de escravidão em sua vida e agora estamos prontas para começar a parte central de nossa jornada. Nos capítulos a seguir, você conhecerá a sua herança. Deus tem em vista cinco benefícios que devem ser a experiência diária de todo filho de Deus; eles não são recompensas para uma elite de poucos cristãos. Ele deseja que você viva e respire cada uma dessas bênçãos.

Dado que muitos cristãos hoje obviamente não estão vivenciando esses cinco benefícios, também consideraremos cinco obstáculos primários. Estes são impedimentos que nos mantêm afastadas da herança que Deus tem planejado para nós.

Espero que você tenha se esforçado para guardar a Palavra de Deus em seu coração; e, pelo fato de que os cinco benefícios são tão importantes para nossa jornada, gostaria de lhe pedir que comece a memorizá-los.

1. Conhecer a Deus e crer nele.
2. Glorificar a Deus.
3. Encontrar satisfação em Deus.
4. Vivenciar a paz de Deus.
5. Usufruir da presença de Deus.

A seguir, os cinco obstáculos que impedem o nosso acesso aos benefícios que Deus deseja que usufruamos.

1. *Incredulidade*, impede-nos de conhecer a Deus.
2. *Orgulho*, impede-nos de glorificar a Deus.
3. *Idolatria*, impede-nos de estarmos satisfeitas com Deus.
4. *Falta de oração*, impede-nos de vivenciar a paz de Deus.
5. *Legalismo*, impede-nos de usufruir da presença de Deus.

O restante das referências para memorização das Escrituras neste livro será a fonte bíblica que fundamenta esses benefícios. O versículo para o primeiro benefício é Isaías 43:10. Copie e memorize essa passagem para o Benefício 1:

> *"Você é minha testemunha, ó Israel!", diz o Senhor.*
> *"Você é meu servo. Foi escolhido para me conhecer, para crer em mim, para entender que somente eu sou Deus...".*
> —ISAÍAS 43:10

Continue a trabalhar na memorização da passagem-tema deste livro — Isaías 61:1-4. Não desanime! Esse processo de memorizar as Escrituras ficará mais leve. Você começou bem.

CAPÍTULO 3

CONHECER A DEUS E CRER NELE

*Porque desde o começo do mundo, nenhum
ouvido ouviu e nenhum olho viu
um Deus semelhante a ti, que trabalha em favor
dos que nele esperam.*

ISAÍAS 64:4

AMO A INTERPRETAÇÃO de Isaías 64:4 dada pelo apóstolo Paulo em 1 Coríntios 2:9. Ele escreveu: "Olho nenhum viu, ouvido nenhum ouviu, e mente nenhuma imaginou o que Deus preparou para aqueles que o amam". Você percebeu o comentário que Paulo acrescentou à descrição que Isaías faz do que Deus preparou para nós?

O que deseja Deus fazer em sua vida... sua mente jamais concebeu. Mas, assim como os filhos de Israel foram mantidos prisioneiros pelos babilônios, nossas áreas de escravidão podem nos impedir de viver a realidade de Isaías 64:4 e 1 Coríntios 2:9.

Separe um momento para reler a definição de escravidão que forneci anteriormente: *Um cristão é escravizado por qualquer coisa que o impeça de viver a vida abundante e efetivamente cheia do Espírito que Deus planejou para ele*. Um dos modos mais eficazes de detectarmos uma área de escravidão é mensurar se estamos ou não desfrutando dos benefícios que Deus planejou para cada um de Seus filhos. Nas páginas seguintes, apresentarei a você cinco importantes benefícios do seu relacionamento com Deus. Procuraremos conhecer cada um deles profundamente, então tentaremos utilizar esses benefícios como ferramentas diagnósticas para definir o que Deus quer realizar em nossa vida a fim de nos capacitar a vivenciar a verdadeira liberdade em Cristo.

Permita-me fazer a seguinte pergunta: Você está vivenciando os benefícios de seu relacionamento de aliança com Deus por meio de Cristo, ou os benefícios sobre os quais você lê nas Escrituras parecem mais pensamentos mornos e nebulosos?

Assim como os israelitas estavam em escravidão, um jugo exterior pode estar impedindo você de alcançar pessoalmente os cincos benefícios primários dos quais Deus deseja que Seus filhos usufruam. A ausência de qualquer benefício é um indicador útil de escravidão. De acordo com o livro de Isaías, Deus estendeu graciosamente estes cinco benefícios a Seus filhos.

1. Conhecer Deus e crer nele.
2. Glorificar a Deus.
3. Encontrar satisfação em Deus.
4. Vivenciar a paz de Deus.
5. Usufruir da presença de Deus.

Estes cinco benefícios e suas referências bíblicas servirão como um mapa que a levará de volta para casa sempre que você for escravizada. Começaremos com uma consideração geral sobre o primeiro benefício, e então examinaremos cada um dos outros quatro.

Leia estas maravilhosas palavras: "'Você é minha testemunha, ó Israel!', diz o SENHOR. 'Você é meu servo. Foi escolhido para me conhecer, para crer em mim, para entender que somente eu sou Deus'..." (Isaías 43:10).

Você percebeu por que fomos "escolhidas"? Ele nos escolheu especificamente para que possamos conhecê-lo, crer nele e compreender quem Ele é.

Nessa passagem bíblica, a palavra hebraica para "conhecer" é *yadha*. Esse antigo termo abrangia um nível pessoal de familiaridade e era frequentemente usado para retratar o relacionamento íntimo entre um marido e sua esposa. Um de nossos principais propósitos neste planeta é conhecer a Deus intimamente e com familiaridade reverente. Esse relacionamento íntimo começa, sem jamais pretender terminar, com o que chamamos de "experiência de salvação". Então, a primeira pergunta a ser feita é: Você recebeu Cristo como seu Salvador pessoal?

Caso não tenha recebido, não consigo imaginar um momento melhor para fazê-lo do que agora, pois Cristo é a única entrada para o caminho da liberdade. João expressa essa verdade de forma bem simples: "...se o Filho os libertar, vocês serão livres de fato" (8:36).

Um dos mais belos elementos da salvação é a sua simplicidade. Cristo já realizou toda a obra na cruz. Sua resposta a ela inclui quatro elementos:

1. Admita que você é pecadora e que não pode salvar-se a si mesmo.

2. Reconheça que Jesus Cristo é o Filho de Deus e somente Ele pode salvá-la.
3. Creia que Cristo foi crucificado por seus pecados pessoais e que a morte dele foi por amor a você.
4. Entregue a sua vida a Jesus e peça a Ele que seja seu Salvador e Senhor.

Caso você já conheça a Cristo, o seu relacionamento com Ele é distante, próximo ou pessoal? Ou está em algum ponto entre isso? E se você estiver desfrutando de uma comunhão íntima com Deus, este estudo será uma oportunidade para aprofundar esse relacionamento. Desejo intensamente que ao virar a última página deste livro você diga: "Pensava que conhecia e amava o Senhor quando comecei essa jornada". Mas, se você não tem um relacionamento íntimo e familiar com Deus, não se desespere! Teremos muitas oportunidades inestimáveis para entrarmos em sintonia com o coração do Senhor.

Isaías 43:10 nos diz que Deus não apenas deseja que o conheçamos, Ele quer que creiamos nele! A palavra hebraica para "crer" nesse versículo é *aman*, que significa "ser firme, ser permanente, confiar".

O nível de confiança que temos em Deus é uma questão monumental na vida de todo cristão. Muitas variáveis em nossa vida afetam nossa disposição de confiar em Deus: uma perda ou traição podem marcar profundamente nosso nível de confiança; um coração ferido que nunca foi curado pode nos invalidar terrivelmente quando somos desafiadas a confiar. E confiar no Deus invisível não é algo natural para nenhum cristão. Um relacionamento de confiança somente cresce quando avançamos em fé e fazemos a escolha de confiar. A habilidade de crer em Deus é desenvolvida mais frequentemente por meio de experiência autêntica. "Eu o vi sendo fiel ontem. Ele não será infiel hoje."

Enquanto estudamos juntas, gostaria de pedir que imaginasse como você caracterizaria seu nível de confiança hoje. Examinaremos que tipo de experiências impactaram o seu atual nível de confiança.

Encorajo-a a copiar nosso conceito de escravidão estabelecido para nosso trabalho em um cartão e memorizá-lo: *Um cristão é escravizado por qualquer coisa que o impeça de viver a vida abundante e efetivamente cheia do Espírito que Deus planejou para ele.*

Sou imensuravelmente grata por sua disposição de juntar-se a mim neste caminho da liberdade. Estou orando por sua vida enquanto você lê e estuda estas páginas.

PERGUNTAS PARA DISCUSSÃO

1. Você está vivenciando os benefícios de seu relacionamento de aliança com Deus por meio de Cristo?
2. O que mais contribuiu para o seu nível de confiança em Deus?
3. O que é mais problemático para você quando se trata de crer em Deus?
4. Quais passos práticos você poderia dar para aumentar sua confiança em Deus?

CAPÍTULO 4

GLORIFICAR A DEUS

*Tragam todos que me reconhecem
como seu Deus, pois eu os criei para minha
glória; fui eu quem os formou.*

ISAÍAS 43:7

UM DE NOSSOS objetivos com este livro é identificar os impedimentos pessoais para a vida abundante. Observamos que a ausência dos benefícios que Deus planejou para nós, indica uma área de escravidão. Por isso, firmemente, encorajo você não apenas a ler o *Livre! Torne a liberdade em Cristo realidade em sua vida*, mas a, intencionalmente, fazer o estudo e as atividades do livro com um grupo de cristãos. Faça do trabalho de memorização uma parte de seu estudo; copie e memorize os dez versículos propostos, a definição de *escravidão* e os cinco benefícios. Minha oração é que você seja gloriosamente liberta para buscar o Senhor e confiar nele assim que virar a última página deste. Agora, examinaremos o Benefício 2: Glorificar a Deus.

Em Isaías 43:7, o que você supõe que Deus quer dizer quando se refere à Sua glória? Quanto mais estudo a glória de Deus, mais convencida fico de que é quase indefinível. Vamos analisar várias passagens bíblicas e conhecer seus significados em hebraico e grego. No entanto, tenha em mente que a glória de Deus supera profundamente qualquer coisa que possamos compreender. Sua glória é tudo o que estamos prestes a aprender e infinitamente mais.

Primeiro, vemos que a glória de Deus sempre causa impacto. Em Isaías 6:3 os serafins na sala do trono de Deus diziam em voz alta uns aos outros: "Santo, santo, santo é o SENHOR dos Exércitos; toda a terra está cheia de sua glória!". Quando Moisés e Arão se depararam com a glória de Deus, eles "se prostraram com o rosto em terra" (Números 20:6). Em 2 Crônicas 5:14 "...os sacerdotes não puderam dar continuidade a seus serviços, pois a presença gloriosa do SENHOR encheu o templo de Deus". Quando a glória de Deus se manifesta, não é apenas para auxiliar, ela interrompe qualquer rotina.

Você também percebeu que Deus se faz conhecido por meio de Sua glória? O Salmo 19 declara: "Os céus proclamam a glória de Deus; o firmamento demonstra a habilidade de suas mãos" (v.1). O Salmo 29:9 demonstra o poder da autorrevelação de Deus: "A voz do SENHOR torce os fortes carvalhos e arranca as folhas dos bosques; em seu templo todos proclamam: 'Glória!'".

A glória de Deus não apenas o reflete, é também parte de quem Ele é! Em cada uma destas referências do Antigo Testamento, a palavra hebraica para glória é *kavodh*, que significa "peso, honra, apreço". A palavra *kavodh* vem de outro termo hebraico que amplia consideravelmente a compreensão:

a palavra *kavedh* que significa "ser reconhecido... mostrar-se grande ou poderoso". Em outras palavras, a glória de Deus é o modo como Ele se faz conhecido ou se mostra poderoso. Deus quer revelar-se aos seres humanos; todos os modos pelos quais Ele cumpre essa tarefa divina são a Sua glória. A glória de Deus é como Ele demonstra quem Ele é.

Considere as ocasiões em que o termo *glória* é usado no Novo Testamento e perceba o que isso acrescenta ao nosso entendimento. O apóstolo João nos disse que Cristo demonstrava a glória de Deus: "Assim, a Palavra se tornou ser humano, carne e osso, e habitou entre nós. Ele era cheio de graça e verdade. E vimos sua glória, a glória do Filho único do Pai" (João 1:14). "Esse sinal em Caná da Galileia foi o primeiro milagre que Jesus fez. Com isso ele manifestou sua glória, e seus discípulos creram nele" (João 2:11).

Hebreus afirma o mesmo conceito na forma de verdade propositiva: "O Filho irradia a glória de Deus, expressa de forma exata o que Deus é e, com sua palavra poderosa, sustenta todas as coisas. Depois de nos purificar de nossos pecados, sentou-se no lugar de honra à direita do Deus majestoso no céu" (Hebreus 1:3). Cristo é a própria glória de Deus.

Pedro comunica essa ideia com um pouco mais de aplicação à nossa vida: "Deus, com seu poder divino, nos concede tudo de que necessitamos para uma vida de devoção, pelo conhecimento completo daquele que nos chamou para si por meio de sua glória e excelência" (2 Pedro 1:3). Não apenas Cristo é a representação da glória de Deus, mas Sua glória também supre as nossas necessidades.

A palavra grega para "glória" nessas referências do Novo Testamento é *doxa*. É "a verdadeira apreensão de Deus ou das coisas. A glória de Deus deve representar Sua essência imutável. Dar glória a Deus é atribuir a Ele Seu reconhecimento pleno

[...]. A glória de Deus é o que Ele é em essência". A glória de Deus é o modo como Ele se torna reconhecível.

Leia Isaías 43:7 mais uma vez: "...Tragam todos que me reconhecem como seu Deus, pois eu os criei para minha glória; fui eu quem os formou". Com base no que aprendemos das Escrituras e definições, acredito que ser criada para a glória de Deus significa duas verdades maravilhosas àqueles que são chamados pelo Seu nome:

1. Deus quer se tornar perceptível para nós.
2. Deus quer se tornar perceptível por meio de nós.

"Portanto, quer vocês comam, quer bebam, quer façam qualquer outra coisa, façam para a glória de Deus" (1 Coríntios 10:31). Deus deseja ser reconhecível em nós em tudo o que fazemos! Viver de forma que glorifica a Deus é sinônimo de viver de forma que revela Deus.

Caso você seja como eu, está provavelmente impressionada com a enorme responsabilidade de tal chamado. Somos criaturas imperfeitas! De que maneira devemos ajudar outros a reconhecerem algo relacionado a Deus, simplesmente observando nossa vida ou por nos conhecerem? Considere outra porção da definição de *doxa* que relaciona o termo a seres humanos: "A glória das coisas criadas, incluindo o homem, é a manifestação daquilo que Deus planejou que sejam, embora ainda não perfeitamente atingida".

Ainda não perfeitamente atingida... Deus tinha em mente que manifestássemos Sua glória, mas "...todos pecaram e não alcançam o padrão da glória de Deus" (Romanos 3:23). Nós fomos destituídas, erramos o alvo, pecamos; mas qualquer um que conhece nosso Deus sabe que Ele é tenaz demais para ser impedido por nosso pecado. Paulo declarou que "...Deus queria que eles soubessem que as riquezas gloriosas desse segredo também são para vocês, os gentios. E o segredo é este: Cristo está em vocês, o que lhes dá a confiante esperança de participar de sua glória!" (Colossenses 1:27). O apóstolo Paulo anunciou o seguinte mistério: o próprio Cristo habita na vida de cada cristão. Cristo em nós! E ainda afirmou: "...se alguém não tem o Espírito de Cristo, a ele não pertence" (Romanos 8:9). Em outras palavras, quando cada uma de nós recebeu Cristo como Salvador, o Espírito Santo de Cristo passou a habitar em nosso interior.

Entende o segredo? Não temos esperança alguma de que Deus seja reconhecível em nós se o Espírito de Cristo não habita em nós; se não estivermos tomadas pelo Espírito Santo nada temos de Deus em nós para que Ele manifeste. Cristo é a única "esperança da glória" do ser humano!

Nós glorificamos a Deus na medida em que externalizamos a existência do Cristo vivo em nosso interior. Viver de forma que glorifica a Deus não é algo que nós repentinamente alcançamos; conforme investimos tempo na presença de Deus, Sua glória tanto nos transforma quanto resplandece através de nós.

Paulo utilizou o exemplo de Moisés encontrando-se com Deus para ilustrar essa verdade prática. Quando Moisés esteve na presença do Senhor, sua face brilhou tanto com a glória de Deus que precisou cobrir o rosto com um véu (Êxodo 34:33). Paulo escreveu sobre os cristãos: "Portanto, todos nós, dos quais o véu foi removido, podemos ver e refletir a glória do Senhor, e o Senhor, que é o Espírito, nos transforma gradativamente à sua imagem gloriosa, deixando-nos cada vez mais parecidos com ele" (2 Coríntios 3:18).

Espero que você não tenha ignorado o fato de que estamos sendo transformadas "...gradativamente à sua imagem gloriosa...". Amo as palavras na versão King James: "de glória em glória"! Veja, pessoas que estão vivendo a realidade de sua libertação em Cristo (Gálatas 5:1; 2 Coríntios 3:17) progridem na vida espiritual em "glória gradativa". Conforme crescem em maturidade espiritual, o Espírito de Cristo se torna gradualmente reconhecido nelas. Da mesma forma, quando Cristo não é reconhecível em uma vida redimida, precisamos identificar e permitir que Deus trate a área de escravidão.

O propósito da nossa criação é de fornecer ao caráter invisível de Cristo um vislumbre de visibilidade. Caso compreendêssemos todas as implicações eternas de tal destino, desejaríamos fazer todo o possível para garantir que todos os impedimentos fossem removidos. Lembra-se da definição de *doxa* relacionada aos seres humanos — "a manifestação daquilo que Deus planejou que sejam"? Agora reflita novamente nas palavras de Isaías: "...todos que me reconhecem como seu Deus, pois eu os criei para minha glória..." (43:7). Permita-me tentar resumir:

- Fomos criadas para a glória de Deus.
- Não há esperança da glória de Deus em nós sem a habitação do Espírito de Cristo, que vem no momento de nossa salvação.
- Cumprimos o que fomos criadas para ser quando Deus é reconhecível em nós.
- Viver de forma que glorifica a Deus, ou o faz reconhecível, é um processo que progride apropriadamente com tempo e maturidade.

Você pode estar se perguntando como uma pessoa poderia reconhecer se sua vida está glorificando a Deus. Gostaria de pedir-lhe que pense nas passagens bíblicas e afirmações a seguir. Elas me ajudam a determinar se o Benefício 2 é uma realidade em minha vida. Por favor, não fique desanimada caso sinta que sua vida ainda não glorifica a Deus! Ele jamais expõe nossas fraquezas ou deficiências para nos condenar (Romanos 8:1). Deus nos conscientiza dos obstáculos para poder nos libertar!

Eis minha lista pessoal de passagens bíblicas e avaliações. Procuro aplicá-las diariamente à minha vida.

- A minha consideração mais importante em todos os empreendimentos é a possibilidade de Deus ser ou não glorificado? (1 Coríntios 10:31)
- Desejo a glória de Deus ou a minha própria?
  (João 8:50,54)
- Em meu serviço a outros a minha sincera esperança é que eles, de alguma forma, vejam Deus em mim?
  (1 Pedro 4:10,11)
- Quando passo por dificuldades, volto-me para Deus e tento cooperar com Ele a fim de que possa utilizá-las para o meu bem e para a Sua glória? (1 Pedro 4:12,13)
- Sou capaz, algumas vezes, de realizar coisas ou suportar coisas somente por meio do poder de Deus?
  (2 Coríntios 4:7)

Não se preocupe! Nenhuma de nós glorifica a Deus consistentemente em tudo o que falamos ou fazemos, mas podemos experimentar libertação genuína em Cristo. Deus deseja efetivar na vida de cada uma de nós mais do que jamais ouvimos, vimos ou imaginamos (1 Coríntios 2:9). Deus nos protege do orgulho mantendo-nos um tanto inconscientes do grau em que, por vezes, estamos de fato o glorificando. Porém, quando somos capazes de responder às questões com afirmações como "sim" ou "estou progredindo", Deus está sendo glorificado! Então simplesmente tenha certeza de voltar-se e dar glória a Ele!

Este capítulo pode ter sido difícil para você. Talvez por sentir que tem um longo caminho a percorrer antes de cumprir

Seu propósito. Mas espero que possa ver o potencial magnificente que o Senhor planejou para você cumprir. Por outro lado, você pode ser capaz de celebrar certo progresso em sua busca por viver de forma que glorifica a Deus. Não importa o que Ele tenha lhe revelado, saboreie as maravilhosas palavras de Cristo relacionadas a você. Vivenciando a sombra da cruz, Ele disse:

> *Minha oração não é por este mundo, mas por aqueles que me deste, pois eles pertencem a ti. Tudo que é meu pertence a ti, e tudo que é teu pertence a mim, e eu sou glorificado por meio deles.* —JOÃO 17:9,10

Nesse contexto, Cristo utilizou a palavra *glória* para indicar patrimônio e riquezas que Ele recebeu. Não importa onde você esteja em sua jornada para a sua vida liberta em Cristo e que glorifica a Ele, você é o Seu tesouro. Ele não quer tirar nada de você, Ele deseja lhe conceder e libertá-la de qualquer impedimento.

Por favor, conclua este capítulo com um tempo de oração pedindo a Deus para viver de forma que glorifique a Ele. Compartilhe com o Senhor sua resposta sincera sobre o que você está lendo.

PERGUNTAS PARA DISCUSSÃO

1. Como Deus se fez conhecido para você?
2. O que significa Cristo ser o resplendor da glória de Deus?
3. O que significa para você dar glória a Deus?
4. De que forma o cristão desenvolve uma vida que glorifica a Deus?
5. Como uma pessoa sabe se sua vida está glorificando a Deus?

CAPÍTULO 5

ENCONTRAR SATISFAÇÃO EM DEUS

*Então conhecerão a verdade,
e a verdade os libertará.*

JOÃO 8:32

CRISTO UTILIZA CONTINUAMENTE a verdade de João 8:32 como meio para o nosso destino. Não apenas a verdade de Deus é uma necessidade absoluta em nosso progresso em direção à liberdade, nossa autenticidade também o é. O Salmo 51:6 diz que Deus deseja "...a verdade no íntimo..."; a combinação desses dois veículos — a verdade de Deus e a nossa autenticidade — nos levará ao nosso destino desejado.

Menciono a importância da honestidade porque posso estar prestes a ser mais honesta do que algumas de nós conseguem suportar. Peço que me ouça e considere o que tenho a dizer:

muitos cristãos não estão satisfeitos com Jesus. Antes que você me chame de herege, permita-me esclarecer algo: Jesus é absolutamente satisfatório. Na verdade, Ele é o único meio pelo qual qualquer criatura mortal pode encontrar satisfação verdadeira. Entretanto, creio que uma pessoa pode receber Cristo como Salvador, servi-lo por décadas e encontrá-lo face a face em glória sem jamais ter experimentado satisfação nele. Caso, de fato, tenha descoberto satisfação genuína em Cristo, vou presumir que, como eu, você se dedica tanto para que outros considerem Jesus satisfatório que, com alegria, participará deste segmento de nosso estudo.

A Bíblia utiliza a palavra *alma* de inúmeras formas. Uma delas é referir-se à nossa parte imaterial. Quando falo de fome da alma, refiro-me à nossa necessidade de satisfação espiritual. A sua alma, o seu espírito, seu lugar mais íntimo — seu eu verdadeiro — está inteiramente satisfeita com Cristo? Conforme meditamos em nossas respostas, consideremos o significado bíblico de *satisfação* ao longo de várias passagens do Antigo Testamento.

Isaías registrou Deus enunciando um convite poético e clássico:

Alguém tem sede? Venha e beba, mesmo que não tenha dinheiro! Venha, beba vinho ou leite; é tudo de graça! Por que gastar seu dinheiro com comida que não fortalece? Por que pagar por aquilo que não satisfaz? Ouçam-me, e vocês comerão o que é bom e se deliciarão com os alimentos mais saborosos. —ISAÍAS 55:1,2

O profeta contrasta a tentativa do mundo de encontrar satisfação no que Deus provê. A palavra hebraica usada para "satisfaz" é *sob'ah*, que significa "ter o suficiente, estar cheio

[...] suficientemente" (*Strong*). De fato, Deus está perguntando: "Por que você se esforça tanto por coisas que jamais são suficientes, que nunca podem preenchê-la e são infinitamente insuficientes?".

Você consegue pensar em algo a que se dedicou muito para obter e que por fim não trouxe a satisfação que tanto esperava? Cada uma de nós foi decepcionada por algo que esperávamos que trouxesse satisfação.

Jeremias 31 contém outra referência intrigante sobre satisfação. Deus disse que revigorará o exausto e satisfará o aflito quando os tirar da escravidão e levar para casa (vv.23-25). No versículo 25, a palavra hebraica para "satisfaz" é *masculina* e significa "preencher, realizar, o preenchimento de algo que estava vazio... o ato de reabastecimento assim como a experiência da saciedade". A palavra para "aflito" é *da'ab* e significa "ansiar" (*Strong*). Você vê a conexão entre escravidão e falta de satisfação em Cristo? Podemos ser facilmente levadas à escravidão ao procurarmos outras respostas para as necessidades e desejos que somente Deus pode suprir e realizar; e talvez cada uma de nós tenha experimentado um vazio interior profundo, que tentamos ignorar ou preencher com algo que não é Deus.

Uma parte crucial da execução de nossa libertação em Cristo significa permitir que Ele preencha os lugares vazios em nossa vida. A satisfação em Jesus pode ser uma realidade. Sei, por experiência, e quero que todos saibam, o quanto Ele pode nos fazer sentir completos. Não estou falando de uma vida repleta de atividades, mas da alma preenchida por Jesus.

O preenchimento que somente Ele pode realizar não acompanha automaticamente nossa salvação. Eu tinha cerca de 30 anos quando compreendi a enorme diferença entre ser salva do pecado e a satisfação da alma. A salvação garante vida eterna no Céu, a satisfação da alma assegura vida abundante na Terra.

Podemos aprender várias verdades sobre almas satisfeitas estabelecendo um paralelo entre a alma e o corpo físico. Sei que isto parece simplista, mas me acompanhe por um momento. Como você sabe que está com fome? Que está com sede? O que você geralmente faz quando tem fome ou sede? *Normalmente, vai em busca do que pode suprir sua necessidade.* Se você ignorar suas necessidades físicas por tempo suficiente, não apenas se sentirá mal, mas adoecerá. Você pode facilmente reconhecer os sinais que o corpo dá, mas a grande sabedoria está em aprender a discernir os sinais que sua natureza espiritual fornece.

O Salmo 63 oferece maior clareza sobre a questão da alma satisfeita. Olhe as descrições de Davi sobre satisfação: "Minha alma tem sede de ti; todo o meu corpo anseia por ti nesta terra seca, exausta e sem água" (v.1). "Teu amor é melhor que a própria vida; com meus lábios te louvarei" (v.3). "Tu me satisfazes mais que um rico banquete..." (v.5). O sintoma mais óbvio de uma alma carente da satisfação de Deus é a sensação do vazio interior. A conscientização de um "lugar oco" nas profundezas de seu interior — a incapacidade de estar satisfeita.

A alma pode também manifestar sintomas físicos de necessidade. Gosto de pensar desta forma: assim como meu estômago ronca quando tenho fome de alimento físico, meu espírito tende a rugir quando tenho necessidade de alimento espiritual. Quando uma operadora de caixa no supermercado parece estar abertamente irritada ou ranzinza, eu algumas vezes sorrio e penso: *Aposto que os filhos dela acordaram antes que ela pudesse ter um tempo sozinha em silêncio!* Posso certamente garantir a você que minha personalidade fica especificamente alterada quando não tenho o tempo que preciso com o Senhor. Minha alma pode acabar rugindo ferozmente!

E você? Sua alma faminta algumas vezes manifesta sintomas físicos como irritabilidade, ambições egoístas, ira, pensamentos impuros, inveja, ressentimentos e explosões de luxúria?

Aqui vai uma analogia semelhante: quando minha alma tem sede da Água viva (João 4), assim como minha boca fica seca quando tenho sede, minha boca espiritual fica seca ao necessitar do refrigério reconfortante que somente Deus pode trazer. As passagens bíblicas a seguir sugerem alguns sintomas da boca molhada pela Água viva de Deus.

> *Por isso, não deixo de te louvar; o dia todo declaro tua glória.* —SALMO 71:8

> *Que minha língua cante sobre tua palavra, pois todos os teus mandamentos são justos.* —SALMO 119:172

> *O Senhor Soberano me deu suas palavras de sabedoria, para que eu saiba consolar os cansados.* —ISAÍAS 50:4

Nossa questão final é muito importante; podemos presumir positivamente que nossa alma tem fome e sede de Deus se já há algum tempo não comungamos de nenhum alimento ou bebida espiritual. Almas acostumadas a alimentar-se têm mais tendência de ter o apetite altamente desenvolvido. No Salmo 63, Davi estava acostumado a contemplar o poder e a glória de Deus. Ele estava tão habituado com o amor de Deus que o considerava "...melhor que a própria vida..." (v.3). Portanto, ele sentia falta do refrigério de Deus quando não o tinha.

Acredito que temos a mesma tendência. Quanto mais tivermos sido satisfeitos pelo amor de Deus, Sua Palavra e Sua presença, mais ansiaremos por eles. Por outro lado, podemos desperdiçar tanto tempo distantes do Senhor a ponto de não sentirmos mais fome ou sede dele. Sei por experiência própria que se você falhar no comungar a comida e a bebida espiritual de Deus por certo tempo, terá fome e sede da satisfação que Ele provê independentemente de perceber sua condição!

Deus pode saciar sua alma ansiosa. Satisfazer suas questões mais íntimas com Jesus é um benefício do glorioso relacionamento de aliança que você tem com Deus através de Cristo. Abra a porta, Ele está aguardando para satisfazer sua alma faminta.

PERGUNTAS PARA DISCUSSÃO

1. De que maneira você reage à afirmação de que muitos cristãos não estão satisfeitos com Cristo?
2. O que você buscou e que acabou sendo insatisfatório?
3. Qual é a diferença entre salvação do pecado e satisfação da alma?
4. Quais são os sintomas de uma alma insatisfeita?

CAPÍTULO 6

VIVENCIAR A PAZ DE DEUS

*Que o próprio Senhor da paz lhes dê paz
em todos os momentos e situações.
Que o Senhor esteja com todos vocês.*

2 TESSALONICENSES 3:16

TALVEZ EU NÃO consiga enfatizar o suficiente a importância da paz como um benefício real e prático de nosso relacionamento de aliança com Deus. A Sua paz não deveria ser uma surpresa rara, mas a regra contínua em nossa vida.

O apóstolo Paulo ressaltou a natureza essencial da paz em 2 Tessalonicenses 3:16. Você percebeu o quanto ele considerava a paz algo crucial "...em todos os momentos..."? A paz pode ser possível em qualquer situação, mas nós não podemos produzi-la sob demanda. Na verdade, *nós* não podemos produzi-la de forma alguma, ela é fruto do Espírito (Gálatas 5:22).

Temos a paz de Cristo. Ela já nos foi concedida quando recebemos Cristo como Salvador. Nós simplesmente nem sempre sabemos como ativá-la. Estamos prestes a descobrir a chave para vivenciar a realidade prática da paz de Deus. Então, ao longo do curso da nossa jornada, trabalharemos para nos tornarmos mais livres e virar essa chave.

Isaías usou a palavra *paz* 26 vezes. Deus continuamente prometia paz quando Seus cativos retornavam por completo a Ele. A familiar passagem messiânica, Isaías 9:6, identifica a paz de Cristo com o "Príncipe da Paz". O versículo seguinte conecta o Príncipe da Paz ao Seu reino: "Seu governo e sua paz jamais terão fim. Reinará com imparcialidade e justiça no trono de Davi...". Muitas de nós memorizaram estas palavras de Isaías: "Tu guardarás em perfeita paz todos que em ti confiam, aqueles cujos propósitos estão firmes em ti" (26:3). Contudo Isaías 32:17 identifica outro aspecto da paz de Deus: "E essa justiça trará paz; haverá sossego e confiança para sempre". E quem pode pensar muito sobre a paz no livro de Isaías sem trazer à mente a maravilhosa predição de Cristo sofrendo por nós? "Mas ele foi ferido por causa de nossa rebeldia e esmagado por causa de nossos pecados. Sofreu o castigo para que fôssemos restaurados e recebeu açoites para que fôssemos curados" (Isaías 53:5).

Você percebeu alguma sugestão de um denominador comum amarrando várias dessas passagens umas às outras? Isaías 9:6,7 retrata perfeitamente a chave para a paz: autoridade. Quando permitimos que o Príncipe da Paz governe a nossa vida, a paz será imediata ou finalmente um resultado. A paz acompanha a autoridade.

Você já viveu uma época em que se entregou a Cristo em tempos difíceis e encontrou Sua paz que excede a todo entendimento? Você pode também dizer, como eu, que teve falta de paz em circunstâncias muito menos difíceis? Você já se perguntou a razão de tal diferença?

A paz vem em situações que estão completamente rendidas à autoridade soberana de Cristo. Algumas vezes quando nós finalmente desistimos de tentar descobrir todas as respostas aos por quês de nossa vida e decidimos confiar no Deus soberano, a paz inesperada nos lava como a chuva de verão. Às vezes, temos falta de paz em circunstâncias muito menos árduas por não estarmos tão desesperadas como já estivemos ou tão suscetíveis a entregá-las a Deus.

Tive que entregar definitivamente algumas dores de minha infância à autoridade soberana de Deus, pois percebi que me consumiriam como um câncer. Quando, finalmente, permiti que Ele governasse tudo acerca de meu passado, o Príncipe da Paz não apenas me concedeu Sua paz, mas também fez surgir algo bom do que fora horrível e injusto. Caso você ainda não tenha se rendido à autoridade de Deus quanto a áreas de seu passado, algo a mantém cativa.

Cristo deseja desesperadamente que Seu povo vivencie Sua paz. A palavra grega *klaio* é a palavra mais forte usada no Novo Testamento para o pesar; ela significa "prantear, gemer, lamentar, sugerindo não apenas o derramar de lágrima, mas também expressão externa de pesar". Cristo chorou em várias ocasiões, mas em uma única ocasião Seu pesar é descrito com a palavra *klaio*. Ela está registrada em Lucas 19:41,42. "Quando Jesus se aproximou de Jerusalém e viu a cidade, começou a chorar" e disse: "Como eu gostaria que hoje você compreendesse o caminho para a paz! [...] Agora, porém, isso está oculto a seus olhos".

Creio que Cristo ainda sente pesar quando contempla corações em agitação desnecessária. Mulher cristã, você pode ter a paz de Cristo independentemente de suas circunstâncias; mas deve crer, render-se e aprender a receber.

Com esperança, seremos capazes de descobrir algumas razões pelas quais somos tão relutantes em nos submeter à autoridade de Deus, mas devemos nos lembrar de que render-se é, em última instância, uma questão de genuína obediência. Você pode nunca sentir vontade de entregar sua circunstância, dor ou perda ao Senhor; no entanto, pode escolher submeter-se à Sua autoridade por fé e obediência e não por emoção. Obediência é sempre a marca de submissão autêntica à autoridade de Deus.

Quando finalmente me rendi ao Príncipe da Paz a respeito das dores em minha infância, percebi que Ele estava me direcionando a perdoar a pessoa que me feriu. Deus não insistiu que eu perdoasse para o benefício da pessoa, mas para haver paz em minha vida. Assim que comecei a submeter a Ele essa área dolorosa, Ele começou a me dar uma habilidade sobrenatural para perdoar. Um trecho em Isaías revela maravilhosamente o relacionamento entre obediência, autoridade e paz. Deus tem direito à autoridade por Ele ser quem é: "Assim diz o SENHOR, seu Redentor, o Santo de Israel: 'Eu sou o SENHOR, seu Deus, que lhe ensina o que é bom e o conduz pelo caminho que deve seguir'" (Isaías 48:17).

Você percebeu os títulos que o Senhor concede a si mesmo nessa passagem? Permita-me inverter a ordem e compartilhar minha perspectiva sobre Seu direito à autoridade plena. Ele é Deus, o Criador dos Céus e da Terra, o Autor supremo de toda a existência. Ele reina sobre todas as coisas e nele tudo existe. Ele é Senhor, o Mestre e dono de todas as criaturas viventes. Ele é o Criador e Mantenedor da aliança. Ele é santo. Como Senhor, Ele jamais nos pedirá algo que não seja correto, bom e transparente. Ele é perfeito e imaculado. Finalmente, Ele é Redentor, Aquele que nos comprou do senhor de escravos do pecado para que pudéssemos experimentar a vida abundante. Ele nos comprou para nos libertar. "Que podemos dizer diante de coisas tão maravilhosas? Se Deus é por nós, quem será contra nós?" (Romanos 8:31).

O que você supõe que aconteceria se prestássemos atenção aos comandos de Deus? Não precisamos duvidar, pois Ele nos disse claramente: "Quem dera tivesse prestado atenção às minhas ordens! Teria experimentado paz que flui como um rio, justiça que o cobriria como as ondas do mar" (Isaías 48:18).

Considere as seguintes aplicações enquanto imagina a paz como um rio.

1. *Um rio é uma corrente de água que se move.* A Palavra de Deus não diz que teremos paz como um lago. Sendo honestas, poderemos admitir que consideramos pessoas tranquilas entediantes. Podemos pensar: *Eu prefiro abrir mão da paz e ter uma vida empolgante!* Quando foi a última vez que você viu uma corredeira de águas límpidas? Poucas massas de água são mais empolgantes do que rios! Podemos ter vidas ativas e empolgantes sem sofrer uma vida turbulenta. Ter paz como um rio é ter segurança e tranquilidade enquanto lidamos com muitos solavancos e viradas inesperados na jornada da vida. A paz é a submissão à Autoridade fidedigna, não a renúncia de atividade.

2. *Um rio é um volume de água fresca alimentada por fontes ou correntes afluentes.* Para experimentar paz, devemos alimentar nosso relacionamento com Deus. Descobri que não posso reter a paz no presente me apoiando em um relacionamento do passado. Como um rio é continuamente renovado com as águas em movimento de fontes e correntes, assim nossa paz vem do relacionamento ativo, contínuo e obediente com o Príncipe da Paz. Este e outros estudos bíblicos são exemplos de formas como Deus deseja alimentar um rio pacífico em sua alma.

3. *Um rio começa e termina com um corpo de água.* Todo rio tem uma fonte nas regiões elevadas e um escoamento final ou foz. Rios dependem de corpos de água e estão sempre conectados a eles. Da mesma forma, a paz como um rio flui de uma conexão contínua com a Fonte elevada: Jesus Cristo; o que é um lembrete oportuno de que esta vida, no fim das contas, jorrará para a gloriosa vida eterna. A vida presente não é nosso destino. Aleluia! Aquele que conhece Cristo, move-se sobre rochas e algumas vezes penhascos, por lugares estreitos e vastos vales para um destino celestial. Até então, permanecer em Cristo (João 15:4) é a chave para estar conscientemente unidos a nossa Fonte elevada.

Alegre-se em saber que Deus inspirou Sua Palavra com grande cuidado e precisão imaculada. Ele escolheu cada palavra propositadamente. Quando Ele disse que poderíamos ter paz como um rio em Isaías 48:18, o Senhor não estava colocando uma analogia vaga. Esse é o significado que Ele realmente quis dar. O que é necessário para se ter essa paz? Atenção aos comandos de Deus (por obediência) por meio do poder do Espírito Santo. Obediência à autoridade de Deus não apenas traz paz como um rio, mas justiça como as ondas do mar. Não se trata de perfeição justa, mas *consistência* justa.

Entenda, o caminho de Deus é o caminho seguro. O caminho correto. E o único caminho pacífico em um mundo caótico. Espero que você tenha descoberto que a paz não está além de seu alcance, não é um objetivo a ser atingido algum dia. Você pode começar uma vida de paz autêntica hoje, agora mesmo. O trajeto para a paz é pavimentado com marcas de joelhos. Renda-se à Sua autoridade fidedigna. "Permitam que a paz de Cristo governe o seu coração..." (Colossenses 3:15).

PERGUNTAS PARA DISCUSSÃO

1. A paz de Deus é uma surpresa esporádica ou é a regra contínua em sua vida?
2. Em que momento o cristão recebe a paz de Deus?
3. Que papel a autoridade exerce na paz de Deus?
4. Que parte da frase "paz que flui como um rio" tem mais significado para você?

CAPÍTULO 7

USUFRUIR DA PRESENÇA DE DEUS

*Quando passar por águas profundas, estarei a
seu lado. Quando atravessar rios, não se afogará.
Quando passar pelo fogo, não se queimará; as
chamas não lhe farão mal. Pois eu sou o* Senhor,
seu Deus, o Santo de Israel, seu Salvador...

ISAÍAS 43:2,3

É IMPROVÁVEL QUE qualquer cristão sinta a maravilhosa presença de Deus cada segundo de todos os dias. Algumas vezes somos desafiadas a crer que Ele está conosco simplesmente porque Ele prometeu (Hebreus 13:5). Isso é fé.

A Palavra de Deus frequentemente nos diz que não devemos temer, mas nem todos os nossos medos são infundados. Pense nisso! Nossa sociedade atual apresenta muitas ameaças reais.

Você percebeu que Isaías diz: "*Quando* passar por águas..." (43:2)? Deus não está sugerindo que coisas difíceis deixam de ocorrer aos Seus filhos, pois se nada aterrador acontecer conosco, como a segurança da presença constante de Deus pode ainda ser o fator silenciador de nossos medos?

A passagem do Salmo 139:7-12 nos garante que a presença de Deus está conosco sempre. "...escuridão e luz são a mesma coisa" para o nosso Deus (v.12). Hebreus 13:5 nos garante: "Não o deixarei; jamais o abandonarei". Não podemos escapar da presença de Deus, mas nem sempre sentimos Sua presença.

A presença de Deus em nosso viver é totalmente imutável, mas a evidência de Sua presença não é. Em certas ocasiões, o Senhor pode propositadamente alterar os indícios de Sua presença para trazer o máximo de benefício à nossa experiência. Às vezes, somos mais beneficiadas ao recebermos muitas "impressões" visíveis de Suas mãos invisíveis durante uma temporada difícil. Em outros momentos, é mais proveitoso vermos menos vestígios dela. Deus não nos ama menos quando nos concede menos indícios. Ele simplesmente deseja que cresçamos e quer nos ensinar a caminhar por fé.

Em Mateus 14:25-32 no meio da tempestade, Jesus veio andando sobre as águas. Ele disse aos Seus discípulos aterrorizados: "Não tenham medo! Coragem, sou eu!" (v.27), porém a tempestade permaneceu violenta até que Ele entrou no barco. Não se trata de não termos nada a temer, mas de que Sua presença é o fundamento para nossa coragem. Cristo não disse: "Coragem! Estou acalmando a tempestade. Não tenham medo". Em vez disso, ainda com os ventos vorazes, Ele disse: "Não tenham medo! Coragem, sou eu!".

Cristo nem sempre acalma a tempestade de imediato, mas Ele está sempre disposto a acalmar Seu filho com a Sua presença. "Não se preocupe! Eu sei que os ventos estão vorazes e as ondas altas, mas sou Deus acima deles; se permito que continuem a crescer é porque quero que você me veja andando sobre as águas". Nós provavelmente nunca aprenderemos a desfrutar de nossas tempestades, mas podemos aprender a usufruir da presença de Deus em meio a elas!

No Salmo 16:11, Davi proclamou com confiança: "...me darás a alegria de tua presença...". A palavra hebraica para "alegria" é *simchah*, que significa "regozijo, júbilo, felicidade, deleite, exultar ou exultando". Podemos aprender a usufruir da presença de Deus até mesmo quando a vida não for aprazível. Não consigo explicar isso, mas o vivi várias e várias vezes.

Antes que possamos começar a usufruir da presença de Deus em nosso viver, devemos aceitar Sua presença como um fato definitivo. A segurança mais maravilhosa da presença de Deus está provavelmente a seu alcance neste exato momento — Sua Palavra. No fim das contas, nós é que escolhemos crer ou não em Deus. Uma vez que escolhemos aceitar Sua presença como fato, podemos ser livres para prosseguir nos deleitando nela.

Você está pronta para aceitar Sua presença eterna em sua vida como fato absoluto? Está pronta para começar a deleitar-se em Deus em sua vida mais do que nunca? Caso esteja, invista tempo para orar pedindo a Ele que fortaleça a sua fé e lhe ensine a apreciá-lo plenamente.

Usufruir de seu relacionamento com Cristo a direciona aos cinco benefícios desse relacionamento de aliança e os reforça. Esses benefícios obviamente relacionam-se entre si. Eis aqui uma comparação que pode ajudar você a associá-los.

Meu marido Keith e eu somos casados há mais de 20 anos. Eu o conheço muito bem e acredito nele quando ele me diz algo (Benefício 1). No sentido terreno, eu o glorifico (reverencio) porque já vivo com ele há tanto tempo que alguns de seus traços agora aparecem em mim (Benefício 2). Ele satisfaz praticamente todas as necessidades que um marido deveria satisfazer (Benefício 3). Frequentemente consigo experimentar paz enquanto ele assume a responsabilidade em questões financeiras e de segurança futura (Benefício 4). Eu não poderia experimentar este último benefício primário de nosso casamento sem os outros quatro, no entanto, ele é completamente diferente: simplesmente usufruo da presença de meu marido (Benefício 5).

Embora eu aprecie meu marido, minhas filhas, minha família e meus amigos, relacionamento algum em minha vida me traz mais alegria do que meu relacionamento com Deus. Obviamente não "cheguei" em um lugar místico, nem cumpri esses poucos passos rápida ou casualmente. Precisei de tempo para usufruir da presença de Deus. Nem todos os minutos que passo com Ele são animadores ou divertidos. A intimidade com Deus cresce por meio do compartilhar todos os âmbitos de experiência. Já chorei amargamente com Ele, já gritei de frustração, algumas vezes cheguei a pensar que Ele fosse partir meu coração em dois. Mas também gargalhei alto com Ele, chorei por alegria indescritível, saí da cadeira e me ajoelhei maravilhada, esgoelando-me de empolgação.

Já fui ao extremo com Deus e voltei, contudo, se tivesse que definir meu relacionamento com Ele com uma afirmação genérica, eu lhe diria que Ele é a absoluta alegria da minha vida. Não simplesmente o amo, eu amo amá-lo. Entregar meu coração a Ele não tem sido um sacrifício, não conheço nenhum outro modo de dizer isto: Deus dá certo para mim.

Hesito em dizer tudo isso, pois fico enojada só de pensar que poderia soar como orgulho de meu relacionamento com Deus. Por favor, ouça meu coração: a maior alegria da minha vida é exatamente aquilo que eu menos mereço. Considero a habilidade de amar o Senhor e usufruir de Sua presença como dádiva inteiramente da graça dele... um dom que, com satisfação, Deus estenderá a qualquer um que entregar o coração por inteiro a Ele.

Entendo um pouco sobre o que o apóstolo Paulo quis dizer quando declarou: "...o cuidado que tenho com vocês vem do próprio Deus..." (2 Coríntios 11:2). Minha amiga, meu "cuidado" com você é para que possa deleitar-se em Deus. Desejo que Ele seja a melhor realidade de sua vida. Desejo que você esteja mais segura da presença dele do que de qualquer outro que você possa ver ou tocar. Esta realidade pode ser sua, pois é seu direito como filha de Deus. Fomos destinadas a esse tipo de relacionamento com o Senhor, no entanto, o inimigo tenta nos convencer que a vida cristã é, no melhor aspecto, sacrificial e, no pior, artificial.

Até aqui, listamos cinco benefícios prioritários fundamentados no livro de Isaías. O inimigo não tem direito de impedi-la de vivenciar nenhum dos benefícios abordados. Eles são seus. Neste estudo, vamos reaver alguns territórios dominados. Ao refletir sobre a referida lista, alguns dos benefícios nela contidos sugerem que pode haver algo impedindo você? Deus está mostrando a possibilidade de uma área de escravidão em sua vida?

Conclua com uma tarefa que deverá ser considerada seriamente. Comprometa-se inteiramente com Deus para que Ele a liberte para ser tudo o que Ele planejou que você seja. Peça ao Pai, em nome de Jesus, que não permita ao inimigo roubar nenhuma partícula da vitória que Deus reservou para você. Não devemos deixar que a intimidação ou o medo nos aprisionem em área alguma. Lembre-se de que Satanás não pode assumir autoridade alguma sobre sua vida; ele fará o melhor para lograr você. Não permita que ele faça isso. "...o Espírito que está em vocês é maior que o espírito que está no mundo" (1 João 4:4).

Ouça com atenção. O sino da liberdade está soando.

PERGUNTAS PARA DISCUSSÃO

1. O que é mais constante: a presença de Deus ou a evidência de Sua presença?
2. Seu deleite na presença de Deus está aumentando ou diminuindo?
3. Qual é a parte mais satisfatória de seu relacionamento com Deus?

CAPÍTULO 8

O OBSTÁCULO DA INCREDULIDADE

Preparem o caminho!
Tirem do meio da estrada as rochas e as pedras,
para que meu povo passe!

ISAÍAS 57:14

IDENTIFICAMOS OS CINCO benefícios primários de nosso relacionamento de aliança com Deus. A ausência de qualquer um dos benefícios relacionados é um possível indicador de alguma forma de escravidão. Isaías registra uma promessa e uma afirmação que fala poderosamente comigo sobre liberdade. Deus disse por meio do profeta: "...Mas quem confia em mim herdará a terra e possuirá meu santo monte.' Deus diz: 'Preparem o caminho! Tirem do meio da estrada as rochas e as pedras, para que meu povo passe!'" (Isaías 57:13,14).

Nos dias de Isaías, os vilarejos se preparavam com semanas de antecedência para a visita de seu rei. Trabalhadores abriam caminho e construíam uma estrada para prover acesso mais fácil ao cortejo do rei. Caso o rei não encontrasse o caminho preparado adequadamente, ele contornaria o vilarejo e reteria sua bênção.

Entretanto, Deus inspirou a passagem de Isaías 57:14 com um cortejo diferente em mente. Olhe com atenção para a passagem, note que Deus assinala o plebeu como o viajante. Em vez de solicitar que todos os obstáculos fossem removidos para a Sua própria jornada, o Rei ordenou a remoção de todos os obstáculos para a jornada de Seus filhos. Ele não queria obstruções impedindo a jornada de Seu povo até a Sua presença.

Queremos cumprir a tarefa descrita em Isaías 57:14. Sim, nós enfrentamos alguns obstáculos que precisam ser removidos, mas temos a aprovação e a bênção do incomparável Rei em nosso favor. Não precisamos questionar se Ele está disposto e é capaz de nos libertar das amarras que estão nos retendo a vida abundante, lembre-se de que foi para a liberdade que Cristo nos libertou. Ele está mais do que disposto. A questão é se estamos ou não prontas para cooperar e preparar o caminho para nosso Libertador.

Ao longo deste estudo buscaremos remover muitos obstáculos entre nós e a prática da liberdade. Listamos anteriormente cinco obstáculos primários, impedimentos, para a liberdade que correspondem aos cinco benefícios primários. Esses cinco obstáculos são tão proibitivos que se não forem abordados e removidos previamente, a visita pessoal de nosso Rei será grandemente dificultada. Esses são os cinco obstáculos que se colocam no caminho de nossos benefícios: incredulidade, orgulho, idolatria, falta de oração e legalismo.

Comecemos com o Benefício 1: Conhecer Deus e crer nele. O fato de que você está lendo este livro é um indício do seu desejo de conhecer Deus. Vamos focar, então, na segunda porção do Benefício 1: crer nele.

Qual seria o obstáculo mais óbvio para se crer em Deus? Por mais simples que pareça, o maior impedimento é a incredulidade, escolher não acreditar em Deus. Não estamos falando de acreditar na *existência* de Deus; estamos falando de crer em Deus, crer no que Ele diz. Podemos crer em Cristo para salvação em questão de segundos e, contudo, passar o resto de nossos dias não acreditando nele com relação a mais nada. A eternidade pode estar muito bem garantida enquanto a vida na Terra permanece, na melhor das hipóteses, instável. Vamos identificar o que "crer em Deus" significa para termos uma melhor compreensão de seu antônimo altamente obstrutivo.

Passei a dar maior atenção a este versículo do Antigo Testamento: "Abrão creu no Senhor, e assim foi considerado justo" (Gênesis 15:6). Especialmente quando Paulo o citou em Romanos 4:3, no Novo Testamento. Os versículos mostram certa congruência entre ambos os Testamentos com relação ao conceito de se crer em Deus.

Em Gênesis 15:6, a palavra hebraica para "creu" é *'aman*, que significa "firmar, [...] permanecer firme, ser persistente, confiar, acreditar". Em Romanos 4:3, a palavra grega para "creu" é *pisteuo*, que significa "ser firmemente persuadido com relação a algo, acreditar [...] com a ideia de esperança e expectativa convicta". Ela vem da palavra grega *pistis*, traduzida para o inglês, ao longo do Novo Testamento, como *fé*. Como você pode ver, em ambos os Testamentos, crença e fé representam o mesmo conceito.

Podemos facilmente pressupor qual é a definição de incredulidade, mas vamos dar uma olhada em uma interessante passagem bíblica para complementar nossa compreensão e nos trazer encorajamento. Em Marcos 9:21-24, o pai de um menino possuído por demônios pediu ajuda a Jesus — caso Ele pudesse ajudar. Jesus disse a ele: "...Tudo é possível para aquele que crê". Imediatamente o pai do menino exclamou: "...Eu creio, mas ajude-me a superar minha incredulidade".

Que honestidade revigorante deve ter sido essa confissão para Cristo! O pai deu a resposta correta: "Eu creio!". Mas as respostas corretas não ajudam muito quando o coração é hesitante. Como esse pai estava na presença de Cristo, ele não conseguiu conter seu honesto coração: "...ajude-me a superar minha incredulidade!". A palavra grega para "incredulidade" é *apistos*, que significa "não ser digno de confiança, não fidedigno [...] algo em que não se deve acreditar, inacreditável".

Nós podemos crer em Cristo, aceitando a verdade de que Ele é o Filho de Deus e podemos crer em Cristo recebendo salvação eterna e, no entanto, falhar em permanecer em fé e escolher considerá-lo fidedigno dia após dia.

A frase "não ser digno de confiança" me faz estremecer. Deus é incontestavelmente merecedor de nossa confiança! Moisés expressou essa verdade muito bem: "Deus não é homem para mentir, nem ser humano para mudar de ideia. Alguma vez ele falou e não agiu? Alguma vez prometeu e não cumpriu?" (Números 23:19).

Você consegue pensar em um momento em que Deus provou ser indigno de nossa confiança? Se pensarmos ter descoberto infidelidade em Deus, acredito que uma entre três coisas possam ter acontecido: (1) nós interpretamos errado a promessa, (2) perdemos a resposta ou (3) desistimos antes que Deus estabelecesse Sua resposta.

Vejo notícias boas e ruins envolvendo um cristão quando o assunto é o exercício da incredulidade. Quais são as notícias ruins? A incredulidade é paralisante; os passos que damos adiante com Deus são dados em fé. Portanto, a incredulidade literalmente paralisa nossa "caminhada" espiritual, lançando enormes obstáculos no caminho para a vida vitoriosa.

Você crê em Deus? Ou em alguma parte do caminho você deixou de crer que Deus é capaz? Você o aborda secretamente com a atitude: "...*se* o Senhor pode fazer alguma coisa, então tenha piedade de mim"?

Agora, as boas notícias! Caso estejamos dispostas a admitir nossa falta de confiança no Senhor, Cristo está mais que disposto a nos ajudar a vencer nossa incredulidade. Crer — ou fé nas habilidades e promessas de Deus — é um pré-requisito vital para elaborar a liberdade que ganhamos por meio de Jesus Cristo.

Façamos um simples teste pessoal para mensurar nosso nível de fé. Pense cuidadosamente sobre cada uma das seguintes seis afirmações. Caso você pontuasse sua fé de 1 a 10 (10 sendo "creio fortemente") para indicar quão fortemente você crê ou descrê em cada afirmação, que número você daria a cada uma delas? Pense seriamente sobre cada afirmação antes de ler a seguinte, para ver o que as Escrituras dizem sobre estas questões.

1. ☐ Cristãos podem ter áreas de escravidão.
2. ☐ Cristo pode libertar qualquer um da escravidão.
3. ☐ Deus está plenamente familiarizado com você de forma pessoal e deseja o que é melhor para sua vida.
4. ☐ Cristãos têm um inimigo invisível, mas muito real chamado Satanás e que é uma personalidade do mal e não um "princípio" do mal.
5. ☐ Seu coração pode, certas vezes, desejar o que é desesperadamente errado para você.
6. ☐ A Bíblia é a Palavra de Deus inspirada e a verdade.

Agora, compare as seis afirmações com o que as Escrituras dizem para cada uma delas.

1. Falando especificamente àqueles que foram libertos, Paulo alertou os gálatas: "...Não se submetam novamente à escravidão da lei" (Gálatas 5:1).

2. Jesus disse que Deus o enviara "...para anunciar que os cativos [seriam] soltos..." (Lucas 4:18).

3. Em uma das mais extraordinárias afirmações do envolvimento pessoal de Deus em nossa vida, Davi escreveu: "Ó Senhor, tu examinas meu coração e conheces tudo a meu respeito. Sabes quando me sento e quando me levanto; mesmo de longe, conheces meus pensamentos. Tu me vês quando viajo e quando descanso; sabes tudo que faço" (Salmo 139:1-3).

4. O apóstolo Paulo escreveu que "...nós não lutamos contra inimigos de carne e sangue, mas contra governantes e autoridades do mundo invisível, contra grandes poderes neste mundo de trevas e contra espíritos malignos nas esferas celestiais" (Efésios 6:12). Pedro declarou: "...seu grande inimigo, o diabo, que anda como um leão rugindo à sua volta, à procura de alguém para devorar" (1 Pedro 5:8).

5. Lembre-se de que Jeremias descreveu o coração como "...mais enganoso que qualquer coisa e é extremamente perverso..." (Jeremias 17:9).

6. Paulo nos garante que "Toda a Escritura é inspirada por Deus e útil para nos ensinar o que é verdadeiro e para nos fazer perceber o que não está em ordem em nossa vida. Ela

nos corrige quando erramos e nos ensina a fazer o que é certo" (2 Timóteo 3:16). E Davi proclamou que "O caminho de Deus é perfeito..." (Salmo 18:30).

Houve uma época em que eu não poderia ter respondido a nenhuma das perguntas com um confiante 10; mas em anos recentes posso garantir-lhe que Deus fez de mim uma cristã plena. E se cremos na Bíblia, podemos crer nos conceitos representados para cada uma dessas questões.

A sua luta pode ser a de que você não está inteiramente convencida de que a Bíblia é a Palavra inspirada de Deus. Sendo assim, "provas" escriturais podem significar pouco para você. Acredite ou não, eu também nem sempre estive convencida — embora jamais admitisse isso. Não coincidentemente minha incerteza acompanhava uma considerável falta de conhecimento. Eu sabia o que tinham me ensinado e cria sinceramente nos fundamentos da fé, mas não fiquei convencida da gloriosa inspiração da Palavra completa de Deus até que realmente comecei a estudá-la. Em vez de descobrir lacunas e inconsistências incômodas, eu me rendi atônita com a beleza da Palavra de Deus e a mescla perfeita do Antigo e do Novo Testamentos. O estudo das Escrituras aumentou minha fé pelo menos cem vezes; fico cada vez mais maravilhada com Sua Palavra.

Nas Escrituras, claramente vemos como a fé pode ser importante na questão da liberdade. Por exemplo, Mateus 9:27-29 registra o encontro de Jesus com dois homens cegos. Ele lhes perguntou: "'...Vocês creem que eu posso fazê-los ver?'. 'Sim, Senhor', responderam eles. Ele tocou nos olhos dos dois e disse: 'Seja feito conforme a sua fé'".

Por favor, entenda isto: Cristo é plenamente Deus, Ele pode curar qualquer um e realizar qualquer milagre não importa se a fé da pessoa for pequena ou grande. Cristo não está nos pedindo que creiamos em nossa habilidade de exercitar fé inabalável, Ele está nos pedindo que creiamos que Ele é capaz.

Quando se trata de nos levar à vida de liberdade, creio que Ele também está disposto. Caso foquemos em cura física, eu não teria tal certeza; Deus, algumas vezes, cura doenças físicas e outras escolhe maior glória por meio da enfermidade. Ele sempre pode curar doenças físicas, mas nem sempre escolhe realizar cura nesta Terra.

As Escrituras são plenamente claras, entretanto, sobre Deus sempre desejar que o cativo espiritual seja livre. A vontade de Deus para nós é que o conheçamos e creiamos nele, o glorifiquemos, sejamos satisfeitos por Ele, vivenciemos paz nele e usufruamos de Sua presença. Para que Deus tenha máxima cooperação de nossa parte no trajeto para liberdade, devemos crer que Ele está disposto e é completamente capaz de fazê-lo.

Caso você não tenha problema com essa questão da fé, tenha cuidado para não julgar a fé mais fraca de outros (Romanos 14:1). Alguns cristãos têm estado acorrentados por tanto tempo e tentaram tão intensivamente libertar-se no passado que praticamente perderam a esperança para o futuro.

Se você tem enfrentado dificuldades para crer que realmente possa viver a liberdade em Cristo, estaria disposta a fazer a mesma súplica que aquele pai fez em Marcos 9:24? Invista tempo em oração pedindo ao Pai Celestial para você vencer sua incredulidade.

Leia mais uma vez Isaías 43:10. Deus deseja que o conheçamos e creiamos nele. O meio mais eficaz para crer em Deus está bem diante de nossos olhos: quanto mais o conhecermos, mais creremos nele. O apóstolo Paulo fraseou melhor: "...conheço aquele em quem creio e tenho certeza de que ele é capaz de guardar o que me foi confiado até o dia de sua volta" (2 Timóteo 1:12). Temos a tendência de correr para Deus em busca de alívio temporário; o Senhor está procurando pessoas que caminharão com Ele em fé constante. Escolha crer! Aqueles que confiam nele jamais serão envergonhados.

PERGUNTAS PARA DISCUSSÃO

1. O que Deus fez em sua vida para preparar a estrada a fim de visitá-la como Rei?
2. Qual é a diferença entre crer em Deus e confiar em Deus?
3. Como Deus provou ser digno de sua confiança?
4. Como o estudo das Escrituras afeta a sua fé?

CAPÍTULO 9

O OBSTÁCULO DO ORGULHO

*...Habito nos lugares altos e santos,
e também com os de espírito oprimido e humilde.
Dou novo ânimo aos abatidos e coragem
aos de coração arrependido.*

ISAÍAS 57:15

A SEGUIR, CONSIDERAREMOS o obstáculo primário impedindo o Benefício 2: glorificar a Deus. Lembre-se do que significa glorificar a Deus, em termos simples: Deus é glorificado em qualquer pessoa por meio de quem Ele possa se manifestar grandioso ou poderoso. Como podemos ter garantia de uma vida que glorifica a Deus? Adotando uma atitude que o glorifique. Deus colocou uma maravilhosa passagem no livro de Isaías que ilustra belamente uma atitude por meio da qual Deus indubitavelmente será glorificado: "...O teu Nome e a tua lembrança são o desejo do nosso coração" (26:8 KJA).

O Senhor se manifestará "grandioso e poderoso" naqueles cujo coração tem como desejo o Seu nome e Sua reputação. O termo "lembrança", citado acima, no original é *shem*, que significa "posição definitiva e evidente... honra, autoridade, caráter... fama" (*Strong*).

De acordo com Isaías 43:7, somos chamadas a permitir que o Rei de toda a criação se revele por nosso intermédio. Ele não dividirá Sua glória com ninguém mais, nem mesmo com Seus próprios filhos. Não porque Ele é egoísta, mas por estar interessado em nossos tesouros eternos. Ao ordenar que busquemos somente a Sua glória, Ele nos chama a vencer a tentação natural e avassaladora de buscar nossa própria glória. Diante disso, qual você acha que seria o maior obstáculo para glorificar a Deus? Orgulho.

Alexander Pope [N.E.: Poeta britânico do século 18.] chamou o orgulho de "o infalível vício dos tolos"[3]. Orgulho: um destruidor de ministérios, casamentos, amizades, empregos e caráter. Deus será mais facilmente visto por meio daqueles que desejam Sua honra acima de tudo. Parece simples, mas não é. Poucas coisas são mais contrárias à nossa natureza humana do que desejar a honra de alguém acima da nossa. Mesmo quando desejamos a notoriedade de nossos cônjuges ou filhos, lá no fundo estamos geralmente anelando a fama que eles possam nos emprestar.

Para cumprir nossos destinos concedidos por Deus — permitir que o Rei de toda criação se manifeste por meio de nós — devemos vencer a tentação de buscar nossa própria

---

[3] John Barlett, Emily Morison Beck, ed., *Barlett's Familiar Quotations* (Citações Corriqueiras de Barllet) (Boston: Little, Brown & Co., 1980), 332.

glória desejando, antes de tudo, a Sua glória. Caso desejemos aceitar e permitir que Deus nos liberte de qualquer área de escravidão, devemos reconhecer o orgulho como algo mais que autopromoção. O orgulho é um chamariz perigoso para a escravidão.

A ordenança de Deus para rendermos glória a Ele não vem sem um alerta; sinta o peso das palavras de Jeremias com relação ao orgulho:

> *Deem glória ao SENHOR, seu Deus, antes que as trevas venham sobre vocês, antes que ele os faça tropeçar e cair nos montes sombrios. Então, quando procurarem luz, só encontrarão escuridão densa e terrível.* —JEREMIAS 13:16

No versículo 17, Deus continuou a alertar que a escravidão viria a Seu povo devido ao orgulho caso não o ouvissem: "...por causa do seu orgulho [...], pois o rebanho do SENHOR será levado para o exílio".

Fique atenta ao fato de que o orgulho frequentemente se disfarça. Por exemplo, conheci pessoas que pensavam estar perdidas demais para serem salvas, ser perversas demais, pecadoras demais. Tais pessoas ficariam chocadas se ouvissem que sua atitude é, também, uma forma de orgulho. Elas pensam que seu pecado ou problema é maior do que Deus.

O orgulho é uma pedra na estrada em nossa jornada até a liberdade. O tamanho desta pedra difere com relação a cada uma de nós conforme o grau da luta que temos com o orgulho. Eu mal consigo imaginar que alguma de nós veja apenas um seixo em seu caminho. Para ir adiante daqui, Deus deve capacitar-nos a rolar a pedra do orgulho para fora de nossa estrada em direção à liberdade. Acredito que essa pedra rolará se dermos três empurrões poderosos.

1. *Veja o orgulho como um inimigo terrível.* Provérbios 8:13 cita Deus declarando: "Quem teme o Senhor odeia [...] o orgulho e a arrogância...". Provérbios 11:2 afirma: "O orgulho leva à desgraça, mas com a humildade vem a sabedoria". Provérbios 13:10 acrescenta: "O orgulho só traz conflitos, mas os que aceitam conselhos são sábios". E a maioria de nós está familiarizada com estas palavras de Provérbios: "O orgulho precede a destruição; a arrogância precede a queda" (16:18).

Deixe-me ver... Deus odeia o orgulho; o orgulho traz desgraça, gera contenda e nos direciona à destruição como a agulha de uma bússola que busca o Norte. O profeta Obadias arrematou tudo isso quando escreveu: "Foi enganado por seu orgulho..."; e ainda que habites "...numa fortaleza de pedra..." e digas "...Quem me derrubará daqui de cima? [...] de lá eu o derrubarei, diz o Senhor" (1:3,4). O primeiro empurrão para o obstáculo do orgulho é enxergá-lo como o inimigo terrível que é.

2. *Veja a humildade como uma amiga.* A nossa sociedade, com frequência, olha para a humildade bíblica como um sinal de fraqueza. Nada poderia estar mais distante da verdade. Ser cheio de orgulho é fácil, vem naturalmente. A humildade exige suprimento de força sobrenatural que vem apenas àqueles que são fortes o suficiente para admitir fraqueza.

Em apenas algumas ocasiões as Escrituras se repetem, mas você pode vislumbrar o valor da humildade no fato de Tiago 4:6 e 1 Pedro 5:5 citarem Provérbios: "...Deus se opõe aos orgulhosos, mas concede graça aos humildes" (3:34).

O profeta Isaías citou Deus afirmando: "...Habito nos lugares altos e santos, e também com os de espírito oprimido e humilde..." (57:15). E Deus declara: "...mas o homem para quem olharei é este: o aflito e abatido de espírito e que treme da minha palavra" (Isaías 66:2 ARA). Aqui o significado de "olharei" é estimar que, segundo *Strong*, significa "ter respeito". Você consegue imaginar ser aquela a quem Deus "respeita"? Que ideia maravilhosa! Para remover o obstáculo do orgulho, devemos enxergá-lo como um inimigo amargo e considerar a humildade como uma querida amiga.

3. *Humilhe-se diante de Deus.* Tiago 4:10 e 1 Pedro 5:6 nos dizem claramente que devemos nos humilhar. Entenda: não teremos humildade até que aprendamos a nos humilhar. Esse passo necessita de ação antes de a possuirmos. Humilharmo-nos certamente não significa nos odiarmos, a humildade pode ser obtida de modo relativamente fácil ao simplesmente abrirmos nossos olhos para a realidade. Apenas leia alguns capítulos das Escrituras em que há vanglória na grandiosidade de Deus. Jó 38 é um dos meus favoritos.

Certamente não temos que odiar a nós mesmas para vermos como somos pequenas e respondermos adequadamente curvando-nos diante do Senhor. Resumindo, humilharmo-nos diante de Deus significa o seguinte: prostrarmo-nos diante de Sua majestade. Não precisamos nos martirizar desvalorizando-nos para nos humilharmos; precisamos simplesmente escolher rebaixar-nos de lugares elevados e inadequados. Nós escolhemos nos humilhar submetendo-nos à grandiosidade de Deus todos os dias.

Esta última sentença de Daniel 4:37 provê uma das mais eficazes motivações para a humildade em minha vida pessoal: "...e ele tem poder para humilhar os orgulhosos".

Vejo da seguinte forma: prefiro humilhar-me a forçar Deus a me humilhar. Permitamos que as circunstâncias e fraquezas e quaisquer espinhos na carne que Deus tenha escolhido deixar, executem o trabalho para o qual foram enviados: provocar humildade. Não para que sejamos achatadas sob o capacho de

Deus, mas para que Ele possa jubilosamente nos exaltar. Separe um momento hoje para encontrar um lugar recluso, ajoelhe-se e humilhe-se diante de seu glorioso Deus. Os exércitos celestiais certamente ouvirão um estrondo tempestuoso conforme pedras de orgulho rolam para fora de nossa estrada rumo à liberdade.

PERGUNTAS PARA DISCUSSÃO

1. A que grau você diria que o nome e a reputação de Deus são o desejo de seu coração?
2. De que formas o orgulho é um inimigo perigoso?
3. Como você se sente com relação a quem demonstra orgulho no viver? Como você se sente com relação a quem demonstra humildade?
4. O que é necessário para se humilhar diante de Deus?

CAPÍTULO 10

O OBSTÁCULO DA IDOLATRIA

*Quem senão um tolo faria seu próprio deus,
um ídolo que em nada pode ajudá-lo?*

ISAÍAS 44:10

O TERCEIRO OBSTÁCULO bloqueia nosso acesso ao Benefício 3: encontrar satisfação em Deus. Ele deseja que encontremos satisfação nele em lugar de desperdiçarmos nosso tempo e esforços em coisas que não podem nos satisfazer. Mas quando procuramos outras fontes em busca de nossa satisfação, somos culpadas de idolatria.

Isaías contém uma das expressões mais poéticas e agradáveis sobre a graça que encontramos em ambos os Testamentos:

Alguém tem sede? Venha e beba, mesmo que não tenha dinheiro! Venha, beba vinho ou leite; é tudo de graça.
—ISAÍAS 55:1

Logo após o convite, Deus coloca uma pergunta que assombra todas as gerações de descendentes de Abraão: "Por que gastar seu dinheiro com comida que não fortalece? Por que pagar por aquilo que não satisfaz?...". Então, como um pai frustrado determinado a alcançar seu filho, Ele diz: "...Ouçam-me, e vocês comerão o que é bom e se deliciarão com os alimentos mais saborosos". Creio que a prescrição de Deus para aqueles que possuem sede (Isaías 55:1) e fome interior, que não podem saciar por si mesmos, está implícita em Isaías 55:6. Aqueles que estão espiritualmente famintos e sedentos precisam apenas fazer o seguinte: "Busquem o SENHOR enquanto podem achá-lo; invoquem-no agora, enquanto ele está perto".

Acredito que Deus cria e ativa uma insatisfação persistente em todas as pessoas por uma razão excelente. De acordo com 2 Pedro 3:9, Deus não deseja que ninguém pereça; mas sim que todos venham ao arrependimento. Ele nos deu uma vontade para que possamos escolher aceitar ou não o Seu convite, mas Deus propositadamente nos criou com uma necessidade que somente Ele pode suprir.

Você já percebeu que uma das experiências humanas mais comuns é a inabilidade de ser completamente satisfeito? Infelizmente, a salvação isolada não satisfaz por completo a necessidade. Muitos vão a Cristo como resultado de sua busca por algo que lhes falta, contudo após receberem Sua salvação vão a outros lugares para satisfação adicional. Cristãos podem ficar miseravelmente insatisfeitos se aceitarem a salvação de Cristo e, no entanto, rejeitarem a plenitude do relacionamento diário que satisfaz. Deus nos oferece muito mais do que aquilo de que geralmente escolhemos usufruir.

A insatisfação não é algo terrível, é algo de Deus. Só passa a ser terrível quando não a permitimos que nos leve a Cristo. Ele quer que encontremos a única coisa que verdadeiramente saciará nosso coração faminto e sedento.

Perceber que Deus deseja que encontremos satisfação genuína nele nos ajuda a descobrir o terceiro obstáculo primário em nossa estrada para a liberdade: aceitar sermos satisfeitas por qualquer outra coisa. Após profunda meditação, percebi que o rótulo fazia perfeito sentido independentemente de quão rigoroso pudesse parecer. Qualquer coisa que tentemos colocar no lugar que pertence a Deus é um ídolo.

Para seguirmos adiante na estrada em direção à liberdade, devemos remover o obstáculo da idolatria. Começamos reconhecendo o obstáculo como sendo adoração a ídolos, mas podemos considerar difícil removê-lo. Os dois primeiros obstáculos para a liberdade — incredulidade e orgulho — podem ser removidos eficazmente por escolha: podemos escolher crer em Deus e podemos escolher nos humilhar diante dele. Não estou minimizando a dificuldade, mas sugerindo que os obstáculos são removidos pela vontade. Alguns dos ídolos em nossa vida — coisas ou pessoas que colocamos no lugar de Deus — podem exigir mais tempo para serem removidos. Alguns deles ocuparam esses lugares por anos e somente o poder de Deus pode fazê-los sucumbir. Devemos começar a remover ídolos escolhendo reconhecer a existência deles e admitindo sua inabilidade de nos manter satisfeitos.

A nação de Israel lutou atrozmente com o pecado da idolatria. Vimos alguns dos resultados na vida de Uzias, Jotão, Acaz e Ezequias. No segundo capítulo de seu livro, Isaías registrou o que viu quando olhou para Judá e Jerusalém. A passagem soa assombrosamente semelhante à próspera América. Ele falou sobre o povo de Israel: "...porque encheram a terra com práticas do oriente e feiticeiros, como é costume dos filisteus; sim, fizeram acordos com nações estrangeiras. Israel está cheia de prata e ouro; seus tesouros são incontáveis. Sua terra está cheia de cavalos de guerra; seus carros de combate não têm fim" (Isaías 2:6,7).

Nas primeiras palavras do versículo 6, Isaías disse: "Pois tu, Senhor, rejeitaste teu povo...". Isaías concluiu que não via sinal da presença de Deus ali. Deus havia prometido não os abandonar e não o fez. Mas onde o pecado é desenfreado Ele é certamente capaz de reduzir a presença do Espírito Santo e não deixar praticamente sinal algum de Sua presença. Eu vivenciei a retirada óbvia de Sua presença em minha própria vida em momentos de pecado.

A nação de Israel havia ganhado tudo, porém se recusou a receber e ser satisfeita. Eles trocaram o que o coração deles podia saber por aquilo que seus olhos podiam ver. Isaías 44:10 nos lembra de que os ídolos de uma pessoa não lhe fornecem ganho algum. Na verdade, o versículo seguinte diz que os ídolos, no fim das contas, colhem vergonha. O capítulo nos dá vários vislumbres da destrutividade dos ídolos. Por exemplo, veja o versículo 12: "O ferreiro trabalha na forja para criar uma ferramenta afiada; martela e modela com toda a força. De tanto trabalhar, sente fome e fraqueza, fica sedento e desfalece" (Isaías 44:12).

As pessoas podem ficar tão extasiadas com seus ídolos a ponto de não mais prestar atenção às suas necessidades físicas. O versículo 13 nos diz que ídolos podem também tomar forma humana. "O escultor [...]. Dá à imagem beleza humana e a coloca num pequeno santuário" (Isaías 44:13).

Nós podemos aplicar esse ponto de forma literal. Em algum momento, cada uma de nós exaltou alguém a algum lugar ao qual somente Deus pertencia.

Até mesmo após tal catalogação de idolatria, no versículo 21 Deus prometeu: "...não me esquecerei de você". A misericórdia de Deus é indescritível, não é? Até mesmo quando Seu povo se voltou para ídolos, Ele eliminou suas ofensas como uma nuvem, seus pecados como a bruma da manhã. Ao enfrentarmos alguns dos ídolos que costumávamos adorar em nossa busca por satisfação, precisamos não duvidar jamais da misericórdia de Deus. Ele pede uma coisa: "...Volte para mim, pois paguei o preço do seu resgate" (v.22).

Você consegue enxergar o forte vínculo entre nossa busca por satisfação e a adoração de ídolos? O vazio que Deus criou em nossa vida, e que apenas Ele preenche, exige atenção. Nós procuramos desesperadamente por algo que nos satisfaça e preencha os espaços vazios. Nosso anseio de sermos preenchidas é tão forte, a ponto de que o momento em que algo ou alguém parece suprir nossa necessidade, sentimos uma tentação irresistível de passar a adorá-lo.

Em minha opinião, o versículo 20 é um dos mais instigantes de Isaías 44. Leia-o cuidadosamente.

> *Tal pessoa se alimenta de cinzas e engana a si mesma, confia em algo que em nada pode ajudá-la. E, no entanto, não é capaz de perguntar: "Será que este ídolo que tenho em mãos não é uma mentira?".*

A convicção revigorada me limpa como uma rajada de vento. Quantas vezes me alimentei de cinzas em lugar de banquetear-me na Palavra de Deus, que proporciona vida? Quantas vezes meu coração iludido me ludibriou? Quantas vezes tentei salvar a mim mesma?

Eu poderia me prostrar com o rosto em terra e louvar a Deus por toda a eternidade por finalmente me acordar, e eu reconhecer: "Isto na minha mão direita é uma mentira". Lembro-me de uma coisa específica que agarrei obstinadamente. E também me lembro do momento devastador em que Deus abriu meus olhos para que eu visse a mentira em que havia acreditado. Chorei por dias.

No começo, eu pensava que essa mentira era algo bom; meu coração, afetado na infância, havia me iludido. Embora não tivesse percebido na época, eu, eventualmente, curvei-me e adorei aquela mentira. Minha única consolação em minha idolatria é que finalmente permiti que o Senhor abrisse meu punho fechado e meu conhecimento e, desde então, percebo apenas Sua mão.

Infelizmente, com frequência, aprendo as coisas da maneira difícil. Sim, mergulhei nas profundezas antes que descobrisse satisfação. Oro para não aceitar nada menos que isso durante o resto de meus dias. Tenho muita consciência de que Satanás constantemente forjará ídolos diante de mim e espero nunca esquecer que posso cair novamente.

Amada, qualquer que seja o objeto a que nos agarramos para termos satisfação, é uma mentira; a menos que seja Cristo. Ele é a Verdade que nos liberta. Caso você esteja, agora mesmo, agarrada a qualquer coisa em seu anseio por satisfação, você estaria disposta a reconhecer que isso é uma mentira? Mesmo que você sinta não poder abrir mão disso neste momento, conseguiria colocar diante dele — talvez literalmente elevar sua mão fechada como um símbolo — e confessar como sendo um ídolo? Deus não a condena. Ele a chama. Você está disposta a abrir sua mão para Ele? O Senhor está com Sua mão estendida para você.

PERGUNTAS PARA DISCUSSÃO

1. De que forma Deus estabelece um senso persistente de insatisfação em cada pessoa?
2. Por que a Bíblia chama de pecado de idolatria o buscar satisfação em qualquer coisa que não em Deus?
3. Que formas os ídolos tomaram em sua experiência pessoal?

CAPÍTULO 11

O OBSTÁCULO DA VIDA SEM ORAÇÃO

...todos os que guardam o sábado, não o profanando, e abraçam a minha aliança, também os levarei ao meu santo monte e os alegrarei na minha Casa de Oração...

ISAÍAS 56:6,7 (ARA)

O QUARTO BENEFÍCIO de nosso relacionamento com Deus é vivenciar Sua paz. A chave para a paz é autoridade — a paz é o fruto de uma vida obediente e justa.

A questão da desobediência e da rebelião contra a autoridade de Deus dificulta a vida de um escravo. Posso lhe dizer por experiência própria que em momentos de grande escravidão, eu desejava mais do que tudo ser obediente a Deus. Eu era miserável em minha rebelião e não conseguia entender a razão de continuar fazendo escolhas erradas. Sim, eram minhas escolhas e eu assumi responsabilidade total por elas como meus pecados. Entretanto, Satanás me envolvia tão fortemente de forma que me sentia impotente para obedecer, embora desejasse desesperadamente fazê-lo. É claro que eu não era impotente, mas enquanto eu acreditasse nessa mentira, comportava-me de acordo com ela.

Provavelmente, estas palavras lhe são familiar: "Não vivam preocupados com coisa alguma; em vez disso, orem a Deus pedindo aquilo de que precisam e agradecendo-lhe por tudo que ele já fez. Então vocês experimentarão a paz de Deus, que excede todo entendimento e que guardará seu coração e sua mente em Cristo Jesus" (Filipenses 4:6,7).

Decidi que para demonstrar o impacto desses versículos, me divertiria um pouco e os parafrasearia de uma perspectiva negativa. Em outras palavras, transformei essa prescrição de paz em uma receita certeira para a ansiedade. Minha versão ficou assim: "Não ande calmo com relação a nada, mas em tudo, não deixe de pensar na questão sentindo-se provocado por Deus com pensamentos como: 'esse é o agradecimento que eu ganho', apresente suas irritações a todos que você conhece, menos a Ele. E o ácido em seu estômago, que supera todos os laticínios, causará em você úlcera e as contas médicas lhe causarão um ataque cardíaco e você enlouquecerá".

Sem dúvida, evitar a oração é uma receita certa para a ansiedade, um modo certeiro de evitar a paz. Para vivenciar o tipo de paz que abrange todas as circunstâncias, a Bíblia nos desafia a desenvolver uma vida de oração ativa, autêntica (gosto de chamar de "carnuda"). Oração com substância real em si — pensamentos legítimos fluindo de um coração intensamente individual, que sejam pessoais e profundos. Frequentemente, fazemos tudo... exceto orar; tendemos a querer algo mais "substancial".

Até mesmo estudar a Bíblia, ir à igreja, conversar com o pastor ou receber conselhos parece mais tangível do que a oração.

Que vitória o inimigo tem ao nos colocar em uma vida de falta de oração! Ele prefere nos ver estudando a Bíblia no romper da manhã, porque ele sabe que nunca teremos entendimento profundo e poder para viver o que aprendemos se não tivermos a oração. Ele sabe que vida sem oração é vida sem poder, enquanto a vida repleta de oração é poderosa!

Em Efésios 1, Paulo nomeou bênçãos específicas que podem vir por meio da oração. Ele orou para que seus filhos espirituais recebessem "...sabedoria espiritual e entendimento para que cresçam no conhecimento dele" (v.17). Ele pediu a Deus que abrisse os olhos de seus corações para que pudessem saber qual a "esperança concedida àqueles que ele chamou e a rica e gloriosa herança que ele deu a seu povo santo...", bem como "...a grandeza insuperável do poder de Deus para conosco, os que cremos..." (vv.18,19). Quanto melhor conhecemos Deus (v.17), mais confiamos nele. Quando mais confiamos nele, mais sentimos Sua paz quando os ventos invernais sopram contra nós.

Recentemente no mercado, eu me entretive com um rótulo que afirmava que tal creme era um eficaz aliviador de estresse. Ouvi um bebê gritando no corredor ao lado e tive um breve impulso de oferecer o creme à pobre mãe que carregava aquele "pacote" mal-humorado; mas receei levar eu mesma um pouco do tal aliviador de estresse em minha própria face. Veja, este mundo parece não conseguir apresentar uma solução real e duradoura para o estresse e as tensões da vida.

Há alguns dias, vi novamente o melhor conselho que o mundo parece oferecer: "Apenas se lembre de duas coisas: (1) não perca energia com coisas insignificantes. (2) Tudo é insignificante". Esse conselho é superficial demais; nem tudo é insignificante. Tenho uma amiga cujo filho ficou paralítico em um acidente no último ano do Ensino Médio. Oro quase que diariamente por uma lista de pessoas com idades entre 4 e 74 anos que estão lutando contra o câncer. Duas delas, recentemente, saíram de minha lista e se mudaram para o Céu. O marido de minha preciosa amiga, uma cristã honesta, trabalhadora que tem um filho na universidade, acabou de perder o emprego — novamente. Há não muito tempo, três tornados arrasaram minha cidade natal — roubando, matando e destruindo. Não, nem tudo é insignificante.

A filosofia terrena é forçada a minimizar a dificuldade porque não tem respostas verdadeiras. Você e eu conhecemos mais do que essa filosofia do insignificante. Enfrentamos muitas coisas significantes por aí. Somente por meio da oração somos banhadas de paz.

É hora de rolar a pedra da falta de oração. É o obstáculo mais proibitivo na estrada para a vitória de um cristão, independentemente de qual seja nossa busca específica.

Permita-me compartilhar com você uma das razões pelas quais acredito que a falta de oração é um obstáculo tão grande. Quando Satanás mira perfeitamente no nosso "calcanhar de Aquiles", escolhe o momento certo e usa o disfarce perfeito para disparar seu dardo, e nenhuma das razões a seguir será eficaz para nos manter fora de sua armadilha:

- *Disciplina*. Por algum motivo, em tempos de grande tentação e fraqueza, a disciplina voa como um pássaro para fora da primeira janela que vê.
- *Lições do passado*. Por algum motivo, não pensamos tão claramente quando recebemos um ataque cabal de surpresa.
- *O que é melhor para nós*. Nossa natureza humana é autodestrutiva demais para escolher

automaticamente o que é melhor em nossos momentos de fraqueza.

Nossa motivação mais forte será a Pessoa com quem caminhamos. Permanecendo próximas a Ele por meio de comunicação constante, recebemos abastecimento contínuo de força para caminharmos vitoriosamente — em paz mesmo ao passarmos por uma zona de guerra.

Permita-me lhe fornecer outra razão pela qual precisamos da oração ao buscarmos a libertação. Satanás tentará fomentar aquilo que nosso fiel Refinador quer remover. Lembre-se de que Cristo veio para libertar cativos, Satanás vem para escravizar os livres. Cristo quer romper algumas cordas em nossa vida, Satanás deseja utilizá-las para nos amarrar com muitos nós.

Devemos caminhar com Cristo passo a passo por esse trajeto para termos proteção, poder e um inigualável fervor resultante em nossa vida. Nenhum desses três será uma realidade por meio de qualquer outro procedimento. O inimigo será derrotado. Creia nisso. Aja a partir disso.

A oração importa. O Espírito de Deus liberado por meio de nossas orações e das orações de outros transforma covardes em conquistadores, caos em calmaria, clamores em consolo. O inimigo conhece o poder da oração. Ele tem assistido furiosamente ao longo de milhares de anos. Em preparação para esta lição eu procurei todos os usos da palavra *orar* em suas várias formas de Gênesis a Apocalipse. Quase chorei ao encontrar centenas de referências.

Abraão orou... Isaque orou... Jacó orou... Moisés deixou faraó e orou... Então Moisés orou pelo povo... Manoá orou ao Senhor... Sansão orou... Ana chorou muito e orou... E Eliseu orou: "Ó, Senhor"... Após Jó ter orado por seus amigos... E Ezequias orou ao Senhor... Daniel ajoelhou-se e orou... De dentro do peixe Jonas orou... Cedo pela manhã, enquanto ainda estava escuro, Jesus levantou-se, deixou a casa e foi a um lugar recluso, onde orou... Indo mais adiante Ele com rosto em terra, orou.

Se Cristo procurou ter a vida divina fortalecida nele por meio de momentos solitários de intimidade com o Pai, quanto eu mais não deveria investir nisso também? Sem oração, não tenho esperança de viver de forma vitoriosa.

A Bíblia é um livro de oração. Quando nossa vida chegar ao fim e o registro de nossos dias estiver completo, esperemos que as palavras escritas sobre nós sejam: "Então ele, ou ela, orou...".

PERGUNTAS PARA DISCUSSÃO

1. Como você parafrasearia Filipenses 4:6,7 em um tipo de fórmula contra a ansiedade?
2. Qual é a diferença entre vida de oração superficial e a "carnuda"?
3. Por que a oração é uma chave para a paz?
4. Como a oração trouxe paz a você em um tempo de grande estresse?

CAPÍTULO 12

O OBSTÁCULO DO LEGALISMO

> *Portanto, o Senhor diz: "Este povo fala que me pertence; honra-me com os lábios, mas o coração está longe de mim. A adoração que me prestam não passa de regras ensinadas por homens".*
>
> ISAÍAS 29:13

TEMOS AO MENOS uma pedra a ser rolada para fora da estrada antes de sermos livres para seguirmos adiante em nossa jornada para a libertação. Como você se lembra, cada obstáculo que estamos estudando nesta seção é um impedimento direto a um dos cinco benefícios primários de nossa salvação.

O quinto e último benefício é desfrutar da presença de Deus. Muitas situações ou condições podem nos impedir de usufruir verdadeiramente da presença de Deus. Por exemplo, não investir tempo devido com Ele afetará grandemente nossa plena satisfação de Sua presença. Ter uma vida de oração subdesenvolvida também roubará nossa alegria, assim como o abrigar amargura ou ira com relação a outra pessoa também o faria. Mas a pessoa que estuda a Palavra de Deus com esmero e não experimenta, de forma constante, o usufruir da presença de Deus frequentemente sofre de uma condição cujo nome é desagradável: legalismo.

O termo *legalismo* não aparece nas Escrituras, mas ilustrações perfeitas dele estão espalhadas por toda Bíblia. Cada uma das passagens a seguir nos ensina algo sobre o legalismo.

Mateus 12:9-14 relata que Jesus curou um homem que sofrera desde o nascimento com uma das mãos deformada. Então, com uma palavra, Jesus a restaurou. Mas por causa de o Senhor ter curado o homem no sábado (*Shabat*), "...os fariseus convocaram uma reunião para tramar um modo de matá-lo" (v.14).

Atos 15 apresenta uma decisão crucial na Igreja Primitiva, uma decisão que afeta definitivamente a você e a mim. A Igreja do Senhor estava crescendo, e os gentios estavam vindo a Cristo. "Contudo, alguns dos irmãos que pertenciam à seita dos fariseus se levantaram e disseram: 'É necessário que os convertidos gentios sejam circuncidados e guardem a lei de Moisés'" (v.5). Os líderes tinham que determinar se nos tornamos cristãos somente pela fé em Cristo ou por guardarmos a Lei. Na discussão posterior, Pedro deu o veredito final. Ele declarou: Por que deveríamos sobrecarregar "...os discípulos gentios com um jugo que nem nós nem nossos antepassados conseguimos suportar? Cremos que todos, nós e eles, somos salvos da mesma forma, pela graça do Senhor Jesus" (vv.10,11).

O legalismo apareceu novamente nas igrejas da Galácia. Mestres surgiram dizendo aos novos cristãos que eles deviam guardar a lei judaica para serem salvos. Paulo "estabeleceu a lei" com relação à questão.

> *Você e eu somos judeus de nascimento, e não pecadores, como os judeus consideram os gentios. E, no entanto, sabemos que uma pessoa é declarada justa diante de Deus pela fé em Jesus Cristo, e não pela obediência à lei. E cremos em Cristo Jesus, para que fôssemos declarados justos pela fé em Cristo, e não porque obedecemos à lei. Pois ninguém é declarado justo diante de Deus pela obediência à lei.* —GÁLATAS 2:15,16

Nas passagens acima e em muitas outras, temos uma imagem clara do legalismo. Eclesiastes 7:20 pronuncia claramente a futilidade do legalismo: "Não há uma única pessoa na terra que sempre faça o bem e nunca peque". Não podemos agradar a Deus ou encontrar liberdade no guardar de regras. Nunca foi assim. Nunca será! Tragicamente, a justiça autogerada sempre será atraente ao coração humano. Em minha opinião, o legalismo é resultado de três condições:

1. *Regulamentações substituem relacionamento.* Os fariseus tinham um entendimento superficial de Deus e não usufruíam de Sua presença. O Sábado pertencia inteiramente a Deus. Ele o estabeleceu para o nosso benefício, não para sermos aprisionados. O maior benefício que Cristo poderia ter trazido ao homem com a mão ressequida era o relacionamento com o Salvador; Ele iniciou esse relacionamento por meio da cura. Não precisamos ter dúvida sobre quem foi que desfrutou mais de Jesus naquele dia: os fariseus ou o homem enfermo?

Devemos estar alertas. Um estudante da Palavra de Deus pode arrancar de sua caminhada cristã a satisfação ao substituir o relacionamento por regulamentações. O legalismo também ocorre quando:

2. *Microscópios substituem espelhos.* Note que os fariseus questionaram Jesus "para que pudessem acusá-lo" (Mateus 12:10). Os fariseus dos dias modernos algumas vezes praticam *voyeurismo* religioso, procurando uma razão para acusar outros. Eles tendem a amar uma "novela eclesiástica" porque suas vidas são completamente enfadonhas, olham para as falhas de outros para manter a situação interessante.

Sou muito grata por poder testemunhar que tenho visto muito mais exemplos genuínos do verdadeiro cristianismo na igreja do que legalistas implacáveis. Infelizmente, também vi muitos cristãos zelosos sendo intimidados por um eventual legalista. Concentrar-se nas deficiências de outros pode ludibriar um cristão impedindo-o de verdadeiramente usufruir da presença de Deus. Legalismo também resulta de uma terceira causa:

3. *O desempenho substitui a paixão.* Caso nossa motivação para a obediência seja qualquer outra coisa que não amor por Deus e devoção a Ele, nós provavelmente estamos "atoladas até o pescoço" com legalismo e preparando-nos para um desastre. A obediência sem amor nada é senão a lei. Deus fez uma descrição perfeita do legalismo em Isaías: "...Este povo fala que me pertence; honra-me com os lábios, mas o coração está longe de mim. A adoração que me prestam não passa de regras ensinadas por homens" (29:13).

Sondemos nosso coração por um momento. Deus não afere nossa temperatura espiritual debaixo da língua pelas palavras que dizemos, ou no ouvido pelos ensinos notáveis que ouvimos e nem em nossa axila pelo serviço que desempenhamos. Deus afere nossa temperatura espiritual em nosso coração.

Há três fortes razões para rolarmos o grande obstáculo do legalismo para fora de nosso caminho antes que avancemos em nosso estudo.

1. *Esta jornada se trata de relacionamento — não de regulamentações.* Desejo que você usufrua profundamente da presença de Deus. Ele vai se aproximar de modo muito íntimo de nós se levarmos a sério a busca pela liberdade absoluta. Em alguns momentos você terá os olhos abertos para coisas que preferiria não ver. Como sei disso? Porque eu estive nessa jornada! Quando este estudo estiver completo e alguém perguntar se você desfrutou dele, quero que você possa dizer com toda sinceridade: "Eu desfrutei de Deus!".

2. *Esta jornada se trata de você.* No passado, escrevi estudos sobre figuras bíblicas como Moisés, Davi e Paulo. Desta vez, cada uma de nós é a protagonista.

3. *Esta jornada se trata do coração.* Oro para que você cresça em conhecimento, mas esse não é nosso propósito. Este estudo bíblico é para o coração — para soltar qualquer grilhão que esteja impedindo seu coração de usufruir da liberdade abundante na salvação em Cristo. Rogo que você não retenha nada de Deus conforme caminha na direção à liberdade em Cristo.

Preciosa estudante da Palavra de Deus, você trabalhou duro empurrando esses obstáculos para fora da estrada nestes capítulos. Você ainda está tendo dificuldade para mover um ou dois? Então lembre-se de que a especialidade de Deus é remover pedras. Mostre a Ele qual delas está lhe causando problemas, coloque suas mãos sobre as dele e conte até três...

PERGUNTAS PARA DISCUSSÃO

1. O que é tão convidativo com relação ao legalismo? Por que as pessoas continuam a retornar ao legalismo?
2. Qual dessas condições você acredita ser a maior tentação: (1) regras que substituem relacionamentos, (2) microscópios que substituem espelhos, ou (3) performance que substitui paixão? Por quê?
3. Como o legalismo sufocou a alegria de sua salvação?
4. Quais dos cinco obstáculos que você estudou causa mais problemas a você? Qual deles causa menos problemas? Por quê?

PARTE 3

RUÍNAS ANTIGAS E CORAÇÕES PARTIDOS

COMEÇAMOS AGORA a porção mais pessoal de nossa jornada até a liberdade. A trilha passa por alguns lugares onde habita a dor, mas descobriremos que esses lugares produzem proveitosos frutos também.

Continue a memorizar Isaías 61:1-4; 43:10 e os benefícios de nossa grande salvação. Depois, memorize Isaías 43:6,7 que é a referência bíblica para o Benefício 2:

> ...*Tragam de volta meus filhos e filhas, desde os confins da terra. Tragam todos que me reconhecem como seu Deus, pois eu os criei para minha glória; fui eu quem os formou.*

CAPÍTULO 13

UMA EXCURSÃO PELAS RUÍNAS ANTIGAS

*Reconstruirão as antigas ruínas, restaurarão
os lugares desde muito destruídos e renovarão
as cidades devastadas há gerações e gerações.*

ISAÍAS 61:4

APRENDER COM OS erros dos outros é a essência da sabedoria. A escravidão que Isaías previu aconteceu literalmente com os judeus quando os babilônios capturaram o povo de Judá. Diante disso, gostaria de aplicar aos nossos encarceramentos interiores os princípios relacionados à escravidão física dos judeus.

Você percebeu, a partir de Isaías 61:4, o que deveria ser reconstruído e restaurado? Notou há quanto tempo as ruínas antigas estavam devastadas? Isaías falou de reconstrução, restauração e renovação das ruínas que eram antigas e cidades que estavam devastadas há gerações. Permita que o Espírito

Santo interfira por um momento. Você consegue pensar em alguma ruína em sua vida que está em sua linhagem familiar por gerações?

Eu consigo pensar em algumas ruínas antigas em minha linhagem. De repente, você consegue identificar ruínas como alcoolismo, jogatina, pornografia, racismo ou brigas de família, fobias paralisantes ou o suicídio de um parente. Discutiremos algumas destas conforme avançarmos em nosso estudo. Até lá, exploraremos esse conceito para esclarecer como aplicar de modo pessoal a ideia de reconstrução de ruínas antigas em nossa vida e família.

Sou muito grata pela fantástica percepção de tempo que Deus tem. Estou retornando da Grécia e de Roma exatamente enquanto escrevo esta porção deste estudo. Deus nos permitiu explorar muitas das viagens do apóstolo Paulo e contemplarmos as ruínas de cidades antigas como Éfeso, Corinto e Roma.

Por que as pessoas se amontoam para ver ruínas antigas? Pois desvendar qualquer herança da sociedade é importante para compreender o desenvolvimento de seus habitantes atuais. Fazer uma retrospectiva procurando as razões certas com a atitude correta nos ajuda a estar mais bem equipadas para olharmos adiante. Logo, nossa proposta nesta porção de nosso estudo é, exatamente, fazer uma retrospectiva. Não fique apreensiva comigo, precisamos reunir coragem e parar diante das ruínas antigas e ver o que conseguimos aprender sobre nós mesmas.

Precisamos examinar áreas de devastação ou derrota que estão em nossas linhagens familiares por gerações. Somente assim, poderemos explorar laços geracionais resultantes que precisam ser rompidos. Jugos podem frequentemente ser causados por relacionamentos quebrados, vidas deixadas em ruínas devido a uma perda ou tragédia, desentendimentos familiares antigos e heranças de ódio ou destroços geracionais espalhados por uma bomba lançada e uma vida que rejeitou reparação.

Existe uma razão crucial para enfrentarmos as fortalezas geracionais, pois a menos que as procuremos intencionalmente, elas podem permanecer quase irreconhecíveis, contudo não permanecem inócuas. Ruínas familiares continuam a ser canteiro para todo tipo de destruição. Tendemos a pensar em bagagem geracional de segunda mão como parte de quem somos e não como um motivo para estarmos amarradas. Em muitos casos crescemos com certos grilhões, assim eles parecem ser algo totalmente natural. É adequado os considerarmos parte de nossa personalidade antes de um jugo que elimina a vida abundante em nós. Considere o exemplo a seguir:

> No começo dos anos 1900, os pais de Claire morreram em uma epidemia. Ela foi forçada a morar com seu irmão mais velho. O dinheiro era limitado, então para o benefício de Claire, e sem o seu consentimento, o irmão aceitou por ela um pedido de casamento vindo de um homem mais velho e próspero. Este marido revelou-se cruel e abusivo e, após ser pai de duas meninas, deixou a família sem um centavo porque Claire não lhe dera um filho. Claire encontrou refúgio em Cristo como seu Salvador, mas ela nunca permitiu que Ele reconstruísse sua vida. Claire morreu antes que sua neta e bisneta a conhecessem. Elas nunca foram órfãs ou espancadas por um cônjuge, contudo todas, exceto uma, batalharam com desconfiança e medo de homens; um sentimento que mal reconheciam e menos ainda compreendiam.

Você pode argumentar: "Mas Beth, esse cenário parece mais um comportamento aprendido do que uma fortaleza".

Acredito que qualquer coisa que nos é passada e que iniba a expressão plena de liberdade que deveríamos ter em Cristo é qualificada como escravidão. Nosso alvo não é discutir genética *versus* ambiente; nosso alvo é sermos livres de qualquer coisa que esteja limitando nossa vida em Cristo.

Você consegue pensar em algum exemplo de escravidão geracional que você tem observado em certas famílias? Você pode pensar em preconceito, vício ou amargura — que inúmeros legados malignos tais famílias, às vezes, compartilham!

Rapidamente, você e eu concordamos que esses são cenários tristes; e sabe o que os torna ainda mais tristes? São desnecessários para aqueles que estão em Cristo. A cruz do Calvário é suficiente para nos libertar de todo jugo; e a Palavra de Deus é suficiente para tornar a liberdade uma realidade prática, independentemente do que aqueles que vieram antes de nós nos deixaram como "herança". Mas Sua Palavra deve ser aplicada a necessidades de vida específicas.

Permitamos que a Palavra de Deus nos auxilie a formular a abordagem adequada para nossas ruínas antigas por meio de duas considerações. Encontramos a primeira em Mateus 1:1-16 — a genealogia de nosso Senhor. A árvore genealógica da família de Jesus inclui "imperfeições" como Raabe, a prostituta (Josué 2:1-7), e Manassés, um rei indescritivelmente vil (2 Crônicas 33:1-17).

1. *Até Cristo tinha uma mistura de negativo e positivo em Sua linhagem.* Cada um de nós tem uma mistura de bom, ruim e feio em nossas linhagens familiares. Nosso propósito não é tirar do armário esqueletos antigos ou se engajar em qualquer tipo de ataques à família. Precisamos apenas garantir que não herdamos nenhum grilhão de segunda mão, que interfere nos benefícios inestimáveis de nosso relacionamento de aliança com Cristo.

Ele quebrou as correntes de todo tipo de escravidão quando deu Sua vida por nós na cruz; no entanto, muitas de nós ainda as mantemos em nossas mãos ou as temos suspensas em nosso pescoço por puro hábito, falta de conscientização ou desconhecimento bíblico. Necessitamos reconhecer qualquer escravidão geracional e pedir a Deus que as remova.

Quando me refiro a algo que possamos ter herdado, falo de qualquer coisa que possamos ter aprendido no ambiente, qualquer coisa a que possamos ser geneticamente predispostas ou qualquer influência coerciva passada por outros meios. Mais uma vez, não venho a você fundamentada na ciência ou psicologia, mas em nome de uma afirmação declarada enfaticamente na Bíblia: "Para a liberdade foi que Cristo nos libertou..." (Gálatas 5:1 ARA).

Você pode ter herdado tanta escravidão que mal pode suportar olhar para trás. Minha oração especial por você é para que Deus a ajude a ver alguns aspectos positivos também. Lembro-me de quando comecei a lidar com as memórias de vitimização de minha infância. Minha primeira inclinação foi acreditar na mentira de Satanás e pensar que toda a minha infância era só ruína. Eventualmente, percebi que estava errada. Sim, vivenciei algumas coisas horríveis, mas também consigo ver a mão misericordiosa de Deus em muitos aspectos positivos.

Caso você compare Mateus 1 e Gálatas 3 cuidadosamente, verá algo maravilhoso sobre nossa linhagem em Cristo. Mateus traz: "...o registro dos antepassados de Jesus Cristo, descendente de Davi e de Abraão" (1:1). Paulo escreveu sobre nossa linhagem em Cristo: "E agora que pertencem a Cristo, são verdadeiros filhos de Abraão, herdeiros dele segundo a promessa de Deus" (Gálatas 3:29). Quando reconhecemos nossa linhagem na árvore genealógica do próprio Cristo, podemos nos alegrar nestas palavras: "A terra que me deste é agradável; que herança maravilhosa!" (Salmo 16:6).

2. *Nós não temos que deserdar ou desonrar nossa linhagem para aceitar plenamente nossa linhagem espiritual e nela habitar.* Deus reconhece plenamente ambas as "linhagens" e quer usá-las para a Sua glória. Nossa linhagem espiritual pode derrotar e desativar qualquer efeito negativo contínuo de nossa linhagem física. Todas nós temos uma "herança maravilhosa" em Cristo (Salmo 16:6). Para aquelas que sentem ter herdado muitos aspectos negativos, aceitar jubilosamente essa verdade bíblica atenua a dor da retrospectiva.

Gostaria que fizesse esta primeira retrospectiva: quais são os aspectos negativos e positivos em sua herança? Não permita que o inimigo a oprima. Permaneceremos com uma abordagem positiva mesmo nos aspectos negativos, pois levá-los diante de Deus é o primeiro passo para a revelação da cura e conquista da liberdade. Caso você encontre qualquer coisa dolorosa, agradeça a Deus imediatamente por Ele estar pronto e disposto a dissipar todas as coisas em sua herança que a têm aprisionado.

Recorde os cinco benefícios de nosso relacionamento de aliança com Cristo. Deus planeja que você e eu o conheçamos e creiamos nele, o glorifiquemos, encontremos satisfação nele, vivenciemos Sua paz e usufruamos de Sua presença.

Por favor, lembre-se de que nosso propósito é reconhecer o que herdamos e como fomos correta ou incorretamente influenciadas — não é jogar a culpa em alguém. Quando peço a você que reveja aspectos positivos e negativos, pense em termos de influência no reforçar ou inibir os cinco benefícios de nosso relacionamento de aliança com Cristo em sua vida. Por favor, pare e peça a Deus que revele ou lembre você de qualquer informação pertinente a nosso estudo.

Gostaria de pedir-lhe que faça mais do que apenas ler o exercício a seguir. Ao menos invista algum tempo pensando em cada um dos elementos de seu legado familiar. Você será beneficiada se escrever as perguntas e respostas em um diário. Reveja tanto as influências positivas quanto negativas de seus avós e pais. Caso você nunca tenha conhecido seus pais ou avós, substitua-os por aqueles que foram responsáveis por você.

Pense em seus avós maternos. Como o seu avô influenciou sua vida positivamente? Como ele a influenciou negativamente? E sua avó materna? Com que aspectos positivos ela a abençoou? Quais atitudes negativas ou comportamentos você aprendeu com ela?

Como eles afetaram seus sentimentos sobre Deus? Como impactaram seus sentimentos sobre o amor e o sexo oposto? Eles a ajudaram a se sentir segura no mundo, ou demoliram sua compreensão de segurança? Caso você tivesse um saco de lixo e uma estante de troféus, qual deles usaria para exibir como uma bênção que seus avós trouxeram à sua vida? Quais você precisaria jogar no lixo?

Você consegue pensar em alguma razão pela qual os aspectos negativos estavam presentes na vida de seus avós? Caso consiga, esses fatores a ajudam a compreender ou possivelmente perdoar as ofensas ou a negligência deles?

Após ter considerado seus avós maternos, pare para orar sobre eles e a influência que exerceram sobre você; se eles ainda estiverem vivos, ore por eles. Agradeça a Deus pelos itens na estante de troféus. Peça ao Senhor que a ajude a eliminar o lixo que permanece ali. Por favor, não se apresse neste exercício.

Agora repita o exercício acima com seus avós paternos. Após ter orado por eles e sobre a influência que exerceram, repita o exercício com seus pais. Novamente, você pode precisar substituir alguns deles por outros que tomaram conta de você quando ainda era criança.

Talvez você ache esse exercício difícil; e poderá precisar investir tempo em cada parte de sua família separadamente. Considere chegar a este ponto e voltar a ele conforme necessário. Não fique presa aqui, mas não passe por essa etapa rápido demais.

Você pode ter reconhecido algumas ruínas antigas em gerações de sua família. Agradeça a Deus porque, embora você não possa mudar o passado, o Senhor pode ajudá-la a mudar o que você tem feito com ele! E as transformações que Ele realiza em você no presente certamente mudarão o futuro!

PERGUNTAS PARA DISCUSSÃO

1. Sem desonrar sua família, você consegue identificar ruínas antigas que estão em sua família há gerações?
2. Quais são as razões corretas para analisar as ruínas antigas em uma família?
3. Quais são as razões erradas?
4. Por que temos tanta dificuldade em identificar fortalezas geracionais?
5. O que há em sua linhagem que deve ser guardado no armário de troféus? E o que precisa ser jogado na lata de lixo?

CAPÍTULO 14

OS MARCOS ANTIGOS

*Não mude de lugar os antigos marcadores de
divisa estabelecidos pelas gerações anteriores.*
PROVÉRBIOS 22:28

CONFORME CAMINHAMOS EM direção à terra dos libertos, talvez tenhamos que nos tornar corajosas! Em nossa excursão passaremos pelas ruínas antigas neste segmento de nossa jornada para algumas aulas de história. Novamente, nosso propósito não é condenar ou desonrar pessoas de nossa herança, mas sim reconhecer barreiras em nosso presente causadas pela escravidão do passado relacionadas com nossa família. No capítulo anterior, ressaltamos duas considerações que devemos recordar:

1. Até Cristo tinha uma mistura de aspectos negativos e positivos em Sua linhagem.

2. Não precisamos deserdar ou desonrar nossa linhagem física para aceitarmos plenamente nossa linhagem espiritual e nela habitarmos.

Quando pensamos em Êxodo 20, automaticamente pensamos nos Dez Mandamentos. Olhemos o capítulo em seu adequado contexto. Antes de entregar os Dez Mandamentos aos filhos de Israel, Deus se identificou. Ele disse: "Eu sou o SENHOR, seu Deus, que o libertou da terra do Egito, onde você era escravo" (v.2). Um modo essencial de olharmos os Dez Mandamentos é como sendo um plano para nos manter livres da escravidão. Eles exercem a função de perímetro para nossa segurança e proteção.

Provérbios nos exorta: "Não removas os marcos antigos que puseram teus pais" (Provérbios 22:28 ARA). Um marco antigo era semelhante a uma cerca. Servia como um lembrete visual do que pertencia ao proprietário e o que estava além de seus limites legais. Ele lembrava às pessoas que elas estavam passando dos limites. Os Dez Mandamentos são o marco final: não temos liberdade para movê-los, para que se encaixem ao nosso estilo de vida.

Você pode estar se perguntando qual é a conexão entre marcos antigos e um estudo sobre ruínas antigas — praticamente tudo. Aqueles que vivem fora do perímetro retornarão à escravidão. Não apenas retornarão à escravidão, como deixarão um caminho bem demarcado para que as próximas gerações sigam. Para compreendermos escravidão geracional, arrisquemos encarar o desconforto de dar uma olhada em pecado geracional. Eles estão muito intimamente interligados por, ao menos, duas razões:

1. *Toda escravidão começa com o pecado.* No livro de Êxodo, a nação de Israel era escrava pelos pecados de seus cruéis mestres

de obras. No livro de Isaías, a nação de Judá estava indo em direção à escravidão devido a seu próprio pecado.

2. *Toda escravidão promove o pecado.* Não requer, mas promove. Permita-me usar uma ilustração para explicar. Todos os comerciais de televisão promovem produtos. Eu não tenho que comprá-los, mas sendo honesta teria que ser consideravelmente forte para assistir sem comprar ao menos alguns dos produtos. Da mesma forma, toda escravidão intensifica em alto grau o impulso para o pecado. Acredito que uma pessoa criada em escravidão geracional geralmente luta de alguma forma com o pecado que a escravidão promove.

O vínculo entre escravidão geracional e pecado geracional é o que cria um ciclo tão difícil. Alguém move o marco antigo e decide permanecer segundo seu conjunto de regras; a vida além do marco leva à escravidão; a escravidão ao pecado; e o pecado a mais escravidão. O ciclo não para até que alguém tenha coragem suficiente para voltar ao marco que Deus ordenou.

Êxodo 20:5 reflete o ciclo que acabei de descrever: "Não se curve diante deles nem os adore, pois eu, o Senhor, seu Deus, sou um Deus zeloso. Trago as consequências do pecado dos pais sobre os filhos até a terceira e quarta geração dos que me rejeitam".

Desejo ser parte da quebra de ciclos negativos em minha linhagem familiar e creio que você quer o mesmo para sua família. Uma razão pela qual nosso estudo é chamado de *Livre!* é porque muitas de nós estão lidando com ciclos antigos que precisam ser quebrados. Talvez em nossa própria determinação e força nós os envergamos um pouco, mas eles nunca serão quebrados sem Deus. E Ele geralmente não reconstrói o que não está quebrado.

As ordenanças de Deus — Seus marcos antigos — não nos foram dadas para nos escravizar, mas para nos manter livres. Ele é o Deus bom e sábio, que sabe o que é melhor para nós. Até mesmo Seu zelo é em nosso favor e não contra nós. Ele é zeloso por nós com um zelo divino (2 Coríntios 11:2). Ter um zelo divino significa cuidar com apreço e não controlar com ciúme.

A ideia do zelo de Deus é uma pedra de tropeço para algumas pessoas. Obviamente, quando Deus referiu-se a si mesmo como Deus zeloso (Êxodo 20:4,5), Ele certamente não falava de ciúme dos ídolos. Ele tem zelo por Seus filhos. Ele sabe que todos os outros "deuses" deste mundo são como nada (Isaías 41:21-24). Eles não possuem glória e não podem oferecer salvação. Tudo o que ídolos podem fazer é desviar a atenção que é dada ao único Deus verdadeiro, o único digno de nosso louvor, o único Libertador verdadeiro.

Deus é também Doador por Sua natureza eterna. Ele deseja abençoar. Quando nos voltamos a outros "deuses" frequentemente o forçamos a reter Sua bênção e parar Sua mão doadora.

A segunda pedra de tropeço em Êxodo 20:5 é a palavra *punir* que aparece em algumas traduções. Mas a palavra *visito* reflete um pouco melhor o hebraico. A palavra original é *paqadh* e alguns de seus significados são: inspecionar, rever, enumerar, estar consignado... visitar no sentido de fazer uma ligação". Era uma palavra usada também para fazer um censo.

Deus não pune filhos pelos pecados de seus pais. Veremos essa verdade claramente em nosso estudo de Ezequiel 18, no capítulo 19 deste livro. Em Êxodo 20:5, acredito que Deus diz que poderá rever ou fazer um censo de todas as vezes que os efeitos dos pecados dos pais podem ser vistos nas próximas várias gerações. Ele poderá enumerar aqueles que foram afetados adversamente pelos pecados de seus pais ou avós. Por exemplo, se um instituto de pesquisa fizesse um censo do número de alcoólatras em três gerações de uma família com um patriarca alcoólatra, a contagem seria provavelmente muito alta. Por quê? Porque o alcoolismo foi depositado na linhagem familiar. Ele bateu à porta e um lastimável número de filhos e netos abriu a porta para ele.

Antes que alguns pais morram de pavor, lembremos que Deus é o único Pai perfeito. Ele não amaldiçoa três ou quatro gerações por uma pequena irritação de pai. Na verdade, não acredito que Ele lança maldição sobre alguém. Creio que Deus se refere a um fenômeno natural localizado em palavras contundentes como estas: "Semearam ventos e colherão vendaval..." (Oseias 8:7). Pais e avós devem ter muito cuidado com o que semeiam porque em sua vida a colheita pode ser ventos e, na vida dos que seguem, poderá ser vendaval.

Observe o contexto de alerta em Êxodo 20:5. O decreto de Deus com relação ao pecado geracional vem imediatamente após o mandamento contra ídolos. Por que você acha que pais e avós devem ser seriamente alertados contra buscar outros "deuses" e curvar-se diante de ídolos?

Tenha em mente que a idolatria envolve qualquer coisa ou pessoa que adoramos, usamos como substituto de Deus ou tratamos como sendo nosso deus. Pelo fato de que somente Cristo pode nos libertar, todos os outros deuses ou ídolos podem apenas escravizar; portanto, pais escravizados ensinam seus filhos a viverem em escravidão mesmo com a melhor das intenções de fazer o oposto. Durante muitos anos eu guardei um trecho de *It's Always Something*[4] [Algo sempre aparece] da falecida Gilda Radner. Os últimos parágrafos compartilham uma lição de vida que todo pai deveria considerar.

Quando era pequena, a prima de minha enfermeira,

---

[4] Gilda Radner, *It's Always Something* (New York: Avon Books, 1989), 268-69.

Dibby, tinha uma cadela, uma vira-lata, que estava prenhe. Eu não sei qual o período de gestação de cadelas, mas ela teria seus filhotes em uma semana. Certo dia, ela estava no quintal e entrou no caminho do cortador de grama e suas duas patas traseiras foram cortadas. Eles a levaram apressadamente ao veterinário e ele disse: "Eu posso costurá-la ou, se vocês quiserem, podem sacrificá-la, mas os filhotes estão bem. Ela poderá parir os filhotes".

A prima de Dibby disse: "Pode mantê-la viva".

Então o veterinário costurou-a e ao longo da semana seguinte a cadela aprendeu a andar. Ela não gastou tempo algum se preocupando; ela simplesmente aprendeu a andar dando dois passos com as patas da frente e lançando a parte traseira, e então dando mais dois passos e lançando a parte traseira novamente. Ela deu à luz seis filhotinhos, todos com saúde perfeita. Ela os amamentou e então desmamou. E quando aprenderam a andar, todos eles andavam c*omo ela*.

Pode rir por alguns segundos, mas depois pense muito seriamente. A data em que li este trecho foi exatamente 13 de julho de 1989. Você sabe por que me lembro tão bem? Porque após desabar de tanto chorar, decidi fazer qualquer coisa que Deus desejasse — independentemente da dificuldade — para garantir que meus dois preciosos filhotes não crescessem aprendendo a andar como sua mãe, a vítima. Ou como a mãe da mãe deles, a vítima. Digo isso com profundo amor e todo o respeito. Estava tentando fazer meu melhor antes desse período decisivo em minha vida, mas ainda tinha áreas de escravidão sobre as quais havia me convencido que não afetariam meus filhos. Eu finalmente enfrentei o fato de que tinha que quebrar todas as correntes. Até mesmo uma corrente fina pode sufocar você até a morte.

Para o louvor e a glória de nosso Deus redentor, conforme escrevo este estudo, Amanda está na faculdade, e Melissa está terminando o Ensino Médio. Até aqui, não vejo sinais de que vivem como "vítimas", mas não se preocupe porque eu planejo continuar atenta. Com profunda confiança, oro para que se elas caminharem como eu agora, que o façam inteiramente em liberdade com Deus. Encontrei liberdade bem ao lado dele. Quebrar o ciclo tem sido um trabalho árduo, mas a gloriosa liberdade que Deus me deu é digna desse esforço, porque Ele é digno. E, por coincidência, Ele acredita que você é digna.

Sei que esta lição foi um tanto pesada, mas nosso objetivo não é apenas aprendermos a Bíblia. Deus deseja corações plenos, não mentes infladas. Estamos em uma jornada para que possamos fazer as malas e ir ao lugar onde podemos desfrutar livremente de nosso relacionamento de aliança com Cristo, o lugar protegido pelos marcos antigos.

Tenha coragem se esses assuntos são difíceis para você. O inimigo espera que prefiramos permanecer em negação a enfrentar a verdade e deixar a Palavra de Deus penetrar nossa vida e nos libertar. E se o assunto de escravidão e pecado geracional não parece se aplicar a você, pergunte a Deus como Ele deseja usar estas lições em sua vida. Será que para aumentar sua compaixão? Para ter um entendimento mais profundo? Em minha opinião, poucas de nossas "linhagens" familiares não seriam beneficiadas por um pouco de "alinhamento". Convidemos Deus para fazer parte de nossas questões particulares. Ele é o Conselheiro familiar perfeito.

PERGUNTAS PARA DISCUSSÃO

1. O que era um marco antigo?
2. Qual é o resultado sempre que alguém move um marco antigo?
3. Como a escravidão promove o pecado?
4. Como o pecado dos pais impacta as gerações seguintes?
5. O que é necessário para que alguém quebre o ciclo do pecado dos pais?

CAPÍTULO 15

A ANTIGA SERPENTE

*...para que Satanás não tenha vantagem sobre
nós, pois conhecemos seus planos malignos.*

2 CORÍNTIOS 2:11

TENHO VÁRIAS RAZÕES para abordar o papel de Satanás na escravidão do modo como farei. Não o quero glorificado de forma alguma. Este estudo se trata de quem somos em Cristo e de aprendermos a viver na liberdade que nos foi dada. Focaremos em alguns dos desígnios do inimigo, pois ele está profundamente envolvido em questões de pecado e escravidão geracional.

Perceba como o Apocalipse retrata Satanás: "Esse enorme dragão, a antiga serpente chamada diabo ou Satanás, que engana o mundo todo..." (12:9). Satanás é antigo e enganador. "A antiga serpente" está por aí há muito tempo. Podemos presumir seguramente que ele e seus correligionários sabem mais sobre nossa herança familiar do que a maioria das extensas pesquisas genealógicas poderia desvendar. E se conhecimento é poder, nosso inimigo é consideravelmente poderoso; se ele pode usar nossa herança terrena para nos seduzir, tenho poucas dúvidas de que não o fará.

Apesar dos milhares de anos de existência, não acredito que a antiga serpente tenha abundância de novas ideias. Satanás provavelmente tenta o mesmo engodo geral conosco que utilizou naqueles que vieram antes de nós em nossas linhagens familiares. Ele começa com o óbvio, e testa se o que funcionou com os pais funcionará com os filhos. Talvez não muito criativo, mas altamente eficaz.

Meu marido nunca foi próximo de um de seus avôs. Segundo Keith, esse avô permitiu que seu temperamento desenfreado destruísse por completo o lar da família. Lembro-me de Keith dizendo: "Os momentos mais assustadores de minha vida foram quando tive vislumbres desse mesmo tipo de ira exibido em um de meus pais".

Quando Keith se tornou pai, todas as vezes que ele reagia a algo com o mínimo grau de ira, o inimigo o atacava com pensamentos acusadores como: "Viu só, você é igualzinho a eles!". Keith geralmente ficava deprimido depois. Admiro meu marido pelo modo como ele levou isso ao Senhor e lhe permitiu tratar com Verdade para que a corrente fosse quebrada. Veja, todas às vezes em que Keith ficava irado com algo, Satanás via uma oportunidade dupla. Se ele pudesse persuadir Keith a perder a cabeça e elevar a voz ou dizer mais do que devia, o inimigo ganharia duas partidas, pois tentaria Keith a pecar em sua ira e a sentir-se desesperançado sem possibilidade alguma de mudar seu comportamento.

Personalize essa experiência por um momento. Que comportamento pode identificar em sua própria vida que detestava ver em seus pais ou avós?

Paulo nos fornece outra imagem de Satanás. Ele escreveu àqueles a quem havia apresentado Cristo: "No entanto, temo que sua devoção pura e completa a Cristo seja corrompida de algum modo, como Eva foi enganada pela astúcia da serpente" (2 Coríntios 11:3).

O versículo demonstra que Satanás é um enganador que corrompe nossa mente. Desejo focar no fato de que ele é astuto ou sutil. Quanto mais imperceptíveis permanecem as obras de Satanás, menos resistiremos a ele. Como determinamos previamente, um dos perigos de um jugo geracional é que ele se mescla bem demais com o restante de nossa vida e famílias. Deus me deu um auxílio visual aterrador apenas alguns dias antes de escrever este trecho. Keith e eu estávamos passeando com nosso cachorro em uma trilha no campo. Meu marido repentinamente me segurou e disse: "Não se mexa!". A maior víbora que Keith já tinha visto estava enrolada no caminho apenas há alguns metros à nossa frente. Keith viu a cobra porque ele é caçador; ele tem olhos treinados para criaturas camufladas!

Podemos pensar nas sutilezas de Satanás como as camuflagens que ele usa. Jugos geracionais frequentemente passam despercebidos porque se mesclam muito bem com nossa personalidade. Justificamos alguns destes jugos como sendo simplesmente o modo como somos. Podemos inclusive dizer: "Minha mãe era assim e a mãe dela também! Nós simplesmente somos mulheres francas de opinião firme!". Ou, "Meu avô ensinou meu pai a não aceitar ajuda de ninguém. Somos pessoas orgulhosas e eu também não aceito ajuda".

Você pode estar começando a ver um grilhão bem camuflado que herdou; mas não precisa determinar: "Bem, estou preso a isso então é melhor me orgulhar". Em Cristo não estamos presas a nada, exceto a Ele; louvado seja Seu Nome!

Você pode se surpreender ao descobrir que as Escrituras têm uma prescrição para quebrar uma das mais fortes formas de escravidão familiar. Essa prescrição é chamada perdão. Observe o que Paulo diz sobre o perdão: "...quando eu perdoo o que precisa ser perdoado, faço-o na presença de Cristo, em favor de vocês, para que Satanás não tenha vantagem sobre nós, pois conhecemos seus planos malignos" (2 Coríntios 2:10,11).

O inimigo é especialista em tirar vantagem de qualquer recusa de perdoar. Vou descrever um cenário que é muito comum: certa família tem um desentendimento sobre o negócio familiar. Os irmãos já adultos deixam de falar uns com os outros e não permitem que seus filhos se relacionem. Eles abrigam sentimentos ruins por tanto tempo que aqueles que se recusaram a perdoar se tornam pessoas implacáveis. O câncer se espalha também por outros relacionamentos. Os netos e bisnetos sabem pouco sobre o desentendimento original. Na verdade, sabem pouquíssimo uns sobre os outros; têm muito pouco em comum, exceto o fato de que a maioria está zangada com alguém o tempo todo.

Caso venhamos de uma família estendida repleta de distanciamentos, podemos não nos sentirmos afetadas por isso, mas provavelmente somos. Um sentimento de desconexão é, por si só, um efeito negativo. Talvez o afastamento tenha sido o modo de vida de sua família por tantas gerações que isso nem parece estranho! Sejamos corajosas e perguntemos a Deus se estamos perpetuando divisão e falta de perdão na linhagem familiar.

Ainda sobre Satanás, Pedro alerta: "...Tomem cuidado com seu grande inimigo, o diabo, que anda como um leão rugindo à sua volta, à procura de alguém para devorar" (1 Pedro 5:8). A implicação é de que Satanás está procurando devorar qualquer coisa que seja — se você me permitir inventar uma palavra — "devorável", ou vulnerável.

Os pecados dos pais aumentam a vulnerabilidade dos filhos até a terceira e quarta geração (Êxodo 20:5). Quando criança, minha avó materna perdeu os pais. Anos depois, perdeu seu marido e acabou criando minha mãe sozinha durante a Grande Depressão. Minha querida mãe lutou com inseguranças por toda a vida. Quando eu comecei a buscar plenitude em Cristo, finalmente reuni coragem para perguntar ao Senhor onde eu era vulnerável. Ele me revelou que eu temia não ter ninguém para cuidar de mim e se não o deixasse curar essa parte de mim, eu estaria vulnerável a relacionamentos tóxicos. Isto só faz sentido em termos de uma cadeia de insegurança passada ao longo de várias gerações.

Deus e eu trabalhamos arduamente nessa questão, e sou muito grata por termos feito isso. Embora meus pais tenham sido maravilhosos e meu marido seja um excelente provedor, a realidade é esta: Deus é minha única garantia. O Conhecedor de tudo o que preciso é o único Provedor de todas as minhas necessidades. Somente Ele pode prover plena e completamente, mas não podemos soltar grilhões que nem mesmo sabemos que carregamos! Lembre-se de João 8:32; simplesmente enfrentar a verdade de nosso passado ou presente não nos curará. É o enfrentar da verdade à luz da Verdade de Deus (Sua Palavra e Seu Filho) que nos liberta! Sempre que o inimigo tentar usar sua linhagem natural contra você, use sua linhagem espiritual contra ele! Como filha de Deus e coerdeira com Cristo, recuse ceder ao inimigo um único centímetro do território que estamos reivindicando.

PERGUNTAS PARA DISCUSSÃO

1. Como o conhecimento de Satanás sobre pecados geracionais influencia o modo como ele tenta as pessoas?
2. O que você encontrou em si mesma e que não gostava de ver nos seus pais ou avós?
3. Por que o perdão é tão importante para quebrar jugos de pecado geracional?
4. Como os pecados dos pais aumentam a vulnerabilidade dos filhos?

CAPÍTULO 16

SONDANDO AS RUÍNAS ANTIGAS

Vocês, porém, perguntam: "Como assim?
O filho não paga pelos pecados do pai?". Não!
Pois se o filho faz o que é justo e certo e guarda
meus decretos, ele certamente viverá.

EZEQUIEL 18:19

IDENTIFICAMOS ALGUMAS RUÍNAS antigas e reunimos algumas informações sobre a serpente, que é especialista em ruínas antigas. Agora estamos prontas para analisar as plantas baixas para a reconstrução de nossas ruínas antigas. Prometi evidência bíblica de que Êxodo 20:5 não significa que os filhos carregam a culpa pelos pecados de seus antepassados. Sentir os efeitos de seus pecados e assumir a culpa por eles, são repercussões muito diferentes. Deus traz cura ao primeiro e alivia o fardo desnecessário do segundo.

Ezequiel 18 trata dos pecados dos pais e filhos (não excluindo as mães e filhas). O lugar mais óbvio para descobrir as ruínas antigas está na geração anterior, porque é mais recente.

Você pode ter vindo de uma família excepcionalmente saudável e por sua experiência pessoal se identifique muito pouco; mas talvez esta lição a ajude a compreender um amigo. Por outro lado, você pode ser descendente do extremo oposto e não veja nada positivo em sua linhagem. Oro para que você deixe Deus trazer um pouco de luz às nuances de graça e bondade em sua herança. Presumo, no entanto, que a maioria das leitoras é, de alguma forma, como eu. Sou uma mistura do melhor e do pior de minha linhagem terrena. Peço a Deus que me ajude a discernir a diferença e permitir que Ele quebre todos os vínculos negativos; quero passar o melhor para meus filhos, tanto física quanto espiritualmente. Ao empenharmo-nos antecipadamente por um ideal, certamente alcançamos mudança positiva.

Os israelitas tinham um provérbio que servia para culpar suas gerações passadas por seus problemas atuais. O provérbio dizia: "...Os pais comeram uvas azedas, mas os dentes dos filhos é que estragaram?" (Ezequiel 18:2).

Seus filhos acusam você de ser injusta com relação a algo? Uma vez ou outra os meus me acusam; e dói! Então, caso eu não tenha compreendido a mensagem, eles continuam no mesmo assunto até que eu esteja exausta de ouvir. Nesses momentos, eu poderia acabar usando palavras como estas: "Eu já ouvi vocês dizerem isso muito mais do que gostaria! Essas coisas de que vocês estão me acusando nem mesmo são verdade! Agora chega!". Ezequiel 18 cita Deus respondendo de maneira semelhante:

Tão certo como eu vivo, diz o Senhor *Soberano, vocês não citarão mais esse provérbio em Israel. Pois todos me pertencem, tanto pais como filhos. Aquele que pecar é que morrerá.* —EZEQUIEL 18:3,4

Deus continua explicando e ilustrando o princípio, mas nós podemos resumi-lo em duas palavras: *responsabilidade pessoal*. Deus falou de um pai justo e um filho injusto. Sua conclusão foi simples: o pai viveria devido à sua retidão, o filho morreria por sua iniquidade.

Nós que confiamos em Cristo não "morremos" em decorrência dos nossos pecados; felizmente, Cristo já fez isso por nós. Podemos vivenciar a morte do respeito próprio por causa de nossos pecados ou de um relacionamento terreno, mas nossa morte física é apenas um meio de passagem desta vida para alcançarmos nossa cidadania no Céu.

A maioria de nós provavelmente descobriu algumas ruínas antigas. Nesta lição e na próxima vamos estudar de que modo começamos a reconstruir nossas ruínas antigas. Começamos a reconstrução ao fazer quatro coisas:

1. *Devemos concordar a olhar para trás com honestidade.* Muitos cristãos bem intencionados tiram do contexto esta exortação de Paulo: "...esquecendo-me do passado e olhando para o que está adiante..." (Filipenses 3:13), e a aplicam como uma ordenança para que jamais olhemos para o passado. Ele estava falando dos troféus da vida que ele precisou abandonar para seguir Cristo. A Palavra de Deus expressa claramente como o passado pode ser um mestre bom e eficaz: será um bom mestre se o abordarmos como boas estudantes da perspectiva do que podemos ganhar e de como Deus pode usá-lo para a Sua glória.

Ezequiel 18 ilustra muito simplesmente como a cadeia de comportamento destrutivo deve ser quebrada.

Suponhamos, porém, que esse filho pecador tenha, por sua vez, um filho que vê a perversidade do pai e decide não viver desse modo [...]. Ele não morrerá por causa dos pecados de seu pai; certamente viverá.
—EZEQUIEL 18:14,17

Deixem toda a sua rebeldia para trás e busquem um coração novo e um espírito novo. Por que morrer, ó povo de Israel? —EZEQUIEL 18:31

Vejo quatro passos importantes que o filho tomou para quebrar o ciclo que seu pai pode ter criado ou perpetuado.

- Ele viu os pecados que seu pai cometeu.
- Ele tomou a firme decisão de não ter os mesmos hábitos.
- Ele se livrou de seus próprios delitos.
- Ele buscou ter um novo coração e um novo espírito.

Você pode estar pensando: "Falar é fácil!". E você está certa. Nunca vi um trabalhador de construção civil que não ficasse coberto de suor em certos momentos; mas se ele trabalhar com diligência, o resultado será belo. A reconstrução acontece do mesmo modo. Abordaremos cada um desses pontos ao longo de nossa jornada para liberdade, mas olhemos agora para o primeiro. A palavra hebraica para "vê" em Ezequiel 18:14 é *ra'ah*, que significa "ver, inspecionar... aprender... ganhar entendimento". Percebeu que ganhar entendimento não tem relação alguma com desonrar um pai?

Provérbios 30:11 fala daqueles que "...amaldiçoam o pai e são ingratos com a mãe". Tal comportamento não é uma opção para cristãos. Deus nos disse em Êxodo 20:12 que devemos honrar nossos pais e apenas sete versículos depois Ele descreveu o pecado geracional, para que não possamos fingir que nosso assunto é a exceção à regra. Ao examinarmos qualquer pecado de nossos pais que não desejamos imitar ou passar adiante, devemos ter cuidado para não os amaldiçoar os denegrindo e depreciando. Podemos ser honestos e ainda assim evitar depreciar nosso pai ou mãe. Você estaria disposta a pedir a Deus que a ajude a considerar quaisquer pecados de seus pais para ter oportunidade de evitar repeti-los em sua vida ou na de seus filhos? Você estaria disposta a fazer uma inspeção mais profunda do que fizemos até agora para aprender e ganhar entendimento?

Sem desonrar ninguém, qual esclarecimento adicional o Espírito Santo lhe deu relativo a correntes que precisa quebrar? Que padrões você viu na vida de seus pais que não quer repetir em sua vida? Precisamos olhar para trás com honestidade, mas precisamos fazer mais.

2. *Precisamos crer na verdade e não nas mentiras do inimigo.* Podemos ser libertas dos efeitos e práticas dos pecados em nossa linhagem. Permita-me dizer gentilmente e com muita compaixão: você não é a exceção e nem o é a sua situação. Em todas as coisas podemos ser vencedoras, mas, de fato, somente por meio do Deus que nos ama (Romanos 8:37).

Em capítulos anteriores, falamos sobre fé *versus* incredulidade. Será que nas partes mais profundas de nosso coração, olhamos para hábitos e comportamentos antigos que têm sido armadilhas para nós e nossos pais e pensamos: *não adianta?* Por favor, abandone a incredulidade ou ela impedirá que a liberdade se torne uma realidade em sua vida.

Para romper a escravidão do pecado geracional, precisamos olhar para trás e substituir o acreditar nas mentiras do inimigo pelo crer na verdade de Deus.

3. *Devemos discernir a diferença entre reconstruir e preservar ruínas antigas.* Você pode estar dizendo: "Beth, pode acreditar, eu já olhei para trás tantas vezes, porém continuo ficando mais irada e mais deprimida". Compreendo, pois fiz exatamente a mesma coisa e, então, aprendi a diferença entre reconstruir e preservar. Fui lembrada da diferença quando estive na Acrópole em Atenas. Nosso guia fez uma estimativa de quanto dinheiro eles gastavam todos os anos "preservando as ruínas". Deus nunca nos chamou para preservar nossas ruínas antigas. Ao invés de inspecionar ruínas antigas e então trabalhar com Deus para reconstruir, algumas vezes nós simplesmente continuamos a revisitar e preservar e jamais superamos. Sem Deus, nosso único Restaurador, isso é praticamente o melhor que podemos fazer. Caso tenha "ruínas antigas", você as tem preservado ou está trabalhando para reconstruí-las?

4. *Devemos aceitar nossa função designada por Deus como construtoras.* Espero que você esteja memorizando Isaías 61:1-4. O versículo 4 diz: "Reconstruirão as antigas ruínas, restaurarão os lugares desde muito destruídos…". Estes que edificarão são os cativos que foram libertos.

Mais uma vez, podemos aplicar algo figurativamente que foi atribuído a Israel de forma literal: assim como Deus designou os israelitas para reconstruírem o muro de Jerusalém, Ele designa você para reconstruir suas próprias ruínas antigas.

Acredito que uma razão pela qual Deus exige nossa cooperação é porque Ele deseja profundamente que nos envolvamos com Ele. O Senhor nos criou para esse propósito. Reconstruir ruínas antigas é algo impossível para nós sem o auxílio de Deus. Somos desqualificadas para a tarefa, mas conforme nos aproximamos dele, Ele reconstrói nossa vida e nosso caráter. Lembre-se: o propósito principal de Deus em nos curar de nossas dores é nos apresentar a novos níveis de relacionamento com Ele.

Embora estejamos focando em reconstruir ruínas antigas, estou orando para que todas as partes deste estudo coloquem ferramentas em suas mãos para essa tarefa importante e, algumas vezes, contínua. Talvez você ainda esteja se perguntando como nossas ruínas antigas podem ser reconstruídas. Afinal de contas, não podemos mudar o passado, não é mesmo? Ao começarmos a cooperar com Deus no processo de reconstrução, podemos não ser capazes de alterar o passado, mas podemos mudar algumas coisas mais expressivas:

- Podemos mudar o modo como olhamos para o passado.
- Podemos decidir como vamos construir sobre essa fundação.

Façamos um compromisso de parar de preservar e começar a reconstruir. O martelo foi colocado em nossas mãos.

PERGUNTAS PARA DISCUSSÃO

1. O que Ezequiel 18 ensina sobre o relacionamento entre os pecados dos pais e os filhos?
2. Se nós cristãos não morrermos, literalmente, para nossos pecados, que tipos de mortes nossos pecados podem suscitar?
3. De acordo com Ezequiel 18, quais foram os quatro passos que o filho deu para ser livre do pecado do pai?
4. De que maneira podemos abandonar o pecado dos pais sem desonrá-los?
5. Qual é a diferença entre reconstruir e preservar ruínas antigas?

CAPÍTULO 17

O ANCIÃO DE DIAS

*Primeiro, previ sua salvação,
então o salvei e proclamei isso ao mundo.
Nenhum deus estrangeiro jamais
fez algo assim; você, Israel, é testemunha de que
eu sou o único Deus, diz o* SENHOR.
Desde a eternidade, eu sou Deus...
ISAÍAS 43:12,13

ASSIM COMO O plano primordial de Deus é a redenção, o plano primordial de Satanás é cegar as pessoas para o Redentor. Mas uma vez que somos redimidas, nosso estado de completude se torna o plano primordial de Deus. Quando o Senhor começou a colocar um fardo tremendamente pesado em meu coração para escrever este estudo, Ele me deu duas afirmações sobre as quais construir:

1. Cristo veio para libertar os cativos.
2. Satanás veio para escravizar os livres.

Somos as livres, nossa liberdade é um fato; mas de acordo com Gálatas 5:1, nós podemos voltar a um jugo de escravidão. Um dos principais objetivos deste estudo é nos ajudar a aprender a deixar de cooperar com o inimigo e começar a viver na realidade de nossa liberdade.

Algumas versões bíblicas apresentam Deus em Daniel 7:9 como o "Ancião de Dias" (ARA). O inimigo, aquela antiga serpente, está presente há muito tempo e conhece nossas tendências e vulnerabilidades. Muito mais impressionante, contudo, é o "Ancião de Dias"!

Quando estava no segundo ano, minha filha Amanda ilustrou a verdade sobre a centralidade de Deus. Ela estava me contando algo sobre o que havia orado na escola naquele dia. Eu disse: "Que bom, Amanda! Você sabe o quanto significa para a mamãe ver você colocar Deus como parte do seu dia?". Eu nunca vou esquecer a resposta dela: "Você é tão bobinha, mamãe. Você sabe que foi Deus quem criou o dia. Fico feliz porque Ele me deixou fazer parte do dia dele". Fiquei pasma. Ela expressou o significado do maravilhoso nome de Deus, o "Ancião de Dias".

Todos os dias o Sol nasce pela permissão de Deus. Ele nunca pestanejou de sono e nada ficou oculto de Seus olhos. Deus tem sido Deus ao longo de todos os dias de nossa herança. Ele estava presente quando suas ruínas antigas desmoronaram, caso você esteja lidando com elas. Ele conhece todos os detalhes. Sabe exatamente como você foi afetada e Sua especialidade é reconstrução; afinal de contas, Cristo tinha formação de carpinteiro. Nada jamais teve permissão de desmoronar na vida ou herança de um cristão sem que Deus pudesse reconstruir ou utilizar.

Consideremos vários catalisadores primários que nos levam de maldições a bênçãos em nossa linhagem familiar.

O Salmo 78 fala de múltiplas gerações, mostra que toda geração tem uma nova oportunidade de exercer influência positiva.

Assim, não serão como seus antepassados, teimosos, rebeldes e infiéis, que se recusaram a confiar em Deus de todo o coração. —SALMO 78:8

Não importa qual atrocidade tenha ocorrido em sua linhagem familiar, Deus pode levantar uma nova geração de sementes santas. Por exemplo, mesmo que um avô tenha sido condenado a prisão perpétua por assassinato, o neto dele poderia cumprir com a missão de pregar fielmente o evangelho durante toda a sua vida e conduzir milhares ao conhecimento de Cristo.

Entre todas as gerações infiéis e fiéis está uma pessoa determinada a mudar. Você pode ser esse elo; e eu também. Talvez ninguém em sua família tenha sido ostensivamente pecaminoso, mas simplesmente não estavam envolvidos no reino de Cristo. Talvez sua oração por seus netos e bisnetos pode ser para que tenham amor por missões. Seja qual for, você pode ser essa ponte!

Se o seu sonho ou desejo para os seus netos e bisnetos está de acordo com o que você conhece sobre a vontade de Deus, então tem o endosso e a aprovação de Cristo para começar agir para que isso se concretize. Coopere com o Senhor e ore para que seu sonho se cumpra.

Você pode ter total certeza de que a vontade de Deus para a sua geração é abrir espaço para sementes santas. Oro intensamente para que essas sementes surjam de minha descendência. Amo meus pais e avós e quero passar muitas coisas maravilhosas que eles me ofereceram. Nós frequentávamos fielmente a igreja, mas meus pais nunca foram ensinados a caminhar com Deus diariamente por meio da oração e de Sua Palavra. Eles não tinham um relacionamento íntimo com Deus que liberava poder para superar grandes obstáculos. Keith e eu esperamos poder conceder algumas novas dádivas a nossos filhos. Oro constantemente por meus filhos e pelos filhos deles para que amem Deus apaixonadamente e o sirvam fervorosamente. Espero que eles herdem certa responsabilidade por missões e amor por todas as raças.

Por outro lado, não sou ingênua o bastante a ponto de também pensar que não transmitiremos algumas "dádivas" indesejadas; oro também para que possam detectar e reverter qualquer ciclo negativo que vejam em mim e em Keith.

Deus certamente abençoa nossas orações e esperanças, mas para quebrar ciclos e provocar mudança duradoura devemos também estar dispostas a cooperar deliberadamente com Ele. Entre as qualidades mais valorizadas que poderíamos passar a eles, está a autenticidade. Conquistamos muito pouco quando falamos dos feitos louváveis do Senhor, mas vivemos de forma inconsistente com Sua Verdade.

Aqui vai uma pergunta ousada e desafiadora: De que formas você está permitindo que a próxima geração veja autenticidade em sua vida? Estamos prestes a ver por que esse trabalho vale tanto a pena! Veja novamente Êxodo 20:5,6. Muitas leitoras ficam tão perturbadas com o versículo 5 que não chegam a se aprofundar no versículo 6. Deus visita o pecado até a terceira e a quarta geração, mas Ele demonstra "...amor por até mil gerações dos que [o] amam e obedecem a [Seus] mandamentos" (Êxodo 20:6).

Não há comparação entre três ou quatro e mil! Deus é claramente mais gracioso em Suas bênçãos do que é severo em Seus castigos. Você percebe que nossa caminhada com Deus poderia afetar muitas gerações futuras? Quantos de seus descendentes poderiam ser abençoados porque você aceitou ser um elo com um novo ciclo de fidelidade a Deus?

Sabemos, como está escrito em João 3:16, que Deus amou o mundo todo, mas Ele demonstra amor àqueles que o amam e o obedecem. O Senhor ama extravagantemente todas as pessoas, mas Ele tem o direito de demonstrar Sua misericórdia ao obediente. João 14:21 expressa essa mesma verdade. Jesus disse: "Aqueles que aceitam meus mandamentos e lhes obedecem são os que me amam. E, porque me amam, serão amados por meu Pai. E eu também os amarei e me revelarei a cada um deles".

Nos próximos capítulos, abordaremos com maior profundidade os assuntos relacionados a amar Deus e obedecer-lhe. Por enquanto, vamos desenterrar uma bela joia incutida em Êxodo 20:6. A palavra hebraica para "demonstrar/fazer" nesse versículo é *asah*. Adivinhe o que significa? "Construir, edificar". Bem ali, no contexto de influência geracional, Deus promete edificar bênçãos na vida daqueles que o amam e o obedecem.

O "Ancião de Dias" está esperando ansiosamente para construir uma fundação sólida sobre a qual seus descendentes possam viver ao longo de muitos anos, se assim escolherem. Ele não está pedindo que reconstruamos sozinhas as ruínas antigas. Ele simplesmente pede que sejamos uma das ferramentas que Ele usa. Deus sabe exatamente o que deu errado, exatamente onde estão as rachaduras na fundação. Ele estava lá, lembra? Ele era plenamente Deus naquele momento e continua sendo Deus agora.

Muitas pessoas anseiam por ser parte de algo significativo, queremos contribuir proveitosamente com a sociedade, olhamos para as pessoas que agem e ficamos com inveja, contudo será que percebemos qual é o tipo de contribuição que podemos dar às linhagens de nossa família? Não consigo pensar em ninguém mais para quem eu gostaria que minha vida fosse bênção do que para os filhos de meus filhos e para os filhos de seus filhos. Dez gerações depois, nossos nomes podem ser esquecidos, mas um dia, no Céu, eles poderão conhecer o elo que mudou a direção do ciclo de cativeiro.

Algumas vezes temos disposição de criticar o que aconteceu antes de nós, mas será que estamos dispostas a aceitar o desafio de afetar positivamente aqueles que vêm depois de nós? A pequena porção de tempo que Deus oferece a cada geração é uma confiança. Aqueles antes de nós que foram infiéis em sua confiança serão responsabilizados, mas nós ainda estamos aqui. Por isso, ainda temos a chance de afetar positivamente as gerações que nos seguem. Lembra-se de Ezequias? Suas ações fizeram seus próprios filhos serem levados prisioneiros. Muitos pais fizeram o mesmo porque enxergaram seus poucos anos como os únicos anos que importavam. O vírus do egocentrismo é contagioso, mas cada geração tem a opção de não se contaminar com ele. Oro para que você e eu não sejamos como Ezequias.

E se você fizer sua parte para uma geração, o Senhor fará a parte dele por mil gerações. Parece-me um acordo muito bom, não acha? Não sei quanto tempo mais Cristo levará para voltar, mas não acredito que se demorará por mais mil gerações. Isso significa que sua vida poderia afetar todas as gerações até que Ele venha. É muito impressionante. O sangue já foi derramado. Não valeria a pena um pouco de suor e lágrimas?

PERGUNTAS PARA DISCUSSÃO

1. Quais são os objetivos de Deus e de Satanás na vida do cristão?
2. De que maneiras o fato de Deus ser denominado "Ancião de Dias" a encoraja?
3. Que ações práticas você pode executar para ser a pessoa determinada a construir uma geração fiel?
4. Qual é o seu desejo para seus filhos e netos?
5. De que maneiras você está permitindo que a próxima geração veja autenticidade em sua vida?

CAPÍTULO 18

DIRETO AO CORAÇÃO

*...Ele me enviou para consolar os
de coração quebrantado...* ISAÍAS 61:1

VOCÊ CONSEGUE SE lembrar de quando perdeu o primeiro dente? Quando andou em uma bicicleta sem rodinhas? Do seu primeiro dia no Ensino Médio? Essas foram experiências monumentais, entretanto, você pode ou não se recordar delas. Mas se eu perguntasse sobre a primeira experiência que partiu seu coração, você provavelmente lembraria tudo; até o último detalhe. De alguma forma ter seu coração despedaçado é um dano que faz parte de uma classificação específica.

Ao pensar em algumas de minhas mágoas, consigo quase sentir a dor novamente. Não apenas um coração partido é inevitável de tempos em tempos, como é um dos ritos de passagem para a maturidade. Infelizmente, muitos indivíduos são apresentados a emoções adultas muito antes do que deveriam.

Uma das razões principais pelas quais Deus enviou Seu Filho a esta Terra foi para trazer um bálsamo suave e alívio àqueles cujos corações foram partidos. Creio que apenas Deus pode verdadeira e completamente curar corações estilhaçados. Ele usa métodos diferentes, mas de acordo com Isaías 61:1, uma de Suas maiores prioridades é consolar os de coração quebrantado.

Olhemos profundamente para esta parte maravilhosa do ministério que o Pai designou a Seu Filho em Isaías 61:1. Oro para que você seja tão abençoada quanto eu com relação aos significados originais que Deus me levou a descobrir nessa passagem bíblica. Não avance rapidamente. Assimile lentamente as verdades a seguir. Medite nelas e sinta-se vastamente amada.

Observe o segundo verbo ativo no versículo: "me enviou". A palavra hebraica para "enviar" é *shalack*, que significa "atirar (adiante)" (*Strong*).

O Salmo 127:3,4 diz que "Os filhos são um presente do Senhor, [...] são como flechas na mão do guerreiro...". Sabemos que "Deus amou tanto o mundo que deu seu Filho único", Jesus; enviando-o aqui "não para condenar o mundo, mas para salvá-lo por meio dele" (João 3:16,17), ou seja: Deus enviou Jesus para a salvação de pessoas.

Veja, Deus tinha apenas uma flecha em Sua aljava. A flecha mais perfeita que jamais existiu, uma obra-prima, inestimável para Ele. Apreciado muito acima de todos os exércitos do Céu. Nada poderia se comparar a ela. Sua única herança. Seu único Filho. Mas quando Deus olhou para o mundo perdido — desesperado e carente, nas garras do inimigo — Seu coração ficou devastado. Embora as pessoas tivessem pecado miseravelmente contra Ele e poucos o buscassem, Deus as havia criado em amor e não podia amá-las menos.

O amor estendeu a mão sacrificialmente à aljava e puxou a flecha solitária. A aljava estaria agora vazia, Sua flecha estimada nas mãos de homens odiosos. Sim, "Deus amou tanto o mundo"; mas Ele também amou Seu único Filho com afeição inexprimível e divina. O dilema divino: dois amores. E um exigiria o sacrifício do outro. Ele posicionou o arco, puxou a corda, firmou Seu punho, mirou diretamente no coração: "Ela deu à luz seu primeiro filho, um menino. Envolveu-o em faixas de pano e deitou-o numa manjedoura..." (Lucas 2:7).

Ó, que amor insondável! Que sacrifício! Todos que baixarem seus escudos de incredulidade e deixarem a flecha curadora penetrar serão salvos. Não sei se você está sentindo o mesmo que eu agora, mas tive que parar, imaginar, meditar e reconhecer a Deus.

A próxima palavra hebraica que gostaria que você visse é o adjetivo que estamos usando continuamente para o coração nesta lição. "...Ele me enviou para consolar os de *coração quebrantado*...". A palavra hebraica para "quebrantado" em Isaías 61:1 é *shavar*, que significa "estourar, quebrar em pedaços, destroçar, esmigalhar, esmagar; rasgar, partir em pedaços (como um animal selvagem)".

Essas palavras alguma vez descreveram seu coração? Seu coração já pareceu ter sido disputado por animais selvagens? Elas certamente descrevem o meu coração e só de pensar nisso, sinto dor! A definição também diz: "este verbo aparece com ampla variedade de significados violentos". Por favor, não entenda mal. Esta última parte da definição não significa que um coração quebrantado surge somente quando algo violento acontece com você. Como sabemos, corações quebrantados são resultado mais frequentemente de palavras do que de ações. A ideia é que um coração é quase sempre quebrantado em um momento específico por uma única ação. Deixe-me exemplificar.

Davi e Teresa lutavam em seu casamento quase que desde o início. Davi temia que Teresa tivesse casado com ele por segurança e não por afeto, mas ele a amava demais para enfrentar o problema. Ele esperava que ela aprendesse a amá-lo, mas, infelizmente, isso não aconteceu. Ela ficou mais e mais fria. Durante seis anos ele lutou pelo casamento e carregou a maior parte do peso do relacionamento. Certo dia, ele chegou do trabalho e percebeu que as roupas dela não estavam lá e encontrou um bilhete na mesa. "Sinto muito, Davi. Não consigo evitar o modo como me sinto. Eu não amo você e nunca amei. Tentei o máximo que pude. Nós dois ficaremos melhor assim."

Com base na definição da palavra *quebrantado* em Isaías 61:1, em que ponto você imagina que o coração de Davi foi "esmagado" ou "partido em pedaços"?

Caso sua resposta seja "quando ele percebeu que Teresa o deixou", você provavelmente tenha razão. Isto não significa que ele não sofria antes, nem significa que ele não era infeliz há muito tempo. *Shavar* simplesmente significa que podemos geralmente rastrear uma época de decepção com início em um único momento.

Você consegue se identificar com esta definição? Pense em uma época em que sofreu com um coração quebrantado. Consegue se lembrar de um momento específico em que, figurativamente, sentiu seu coração quebrantado? Você tinha alguma noção, na época, de que Deus se importava tanto a ponto de mirar Seu Filho diretamente em seu coração?

Gostaria que você visse a última definição hebraica neste versículo: "...Ele me enviou para consolar os de coração quebrantado..." (Isaías 61:1). A palavra para "curar" é *chavash*, que significa "atar, envolver; atar como se fosse uma ferida, curativo, cobrir, envelopar, circundar". O *Dicionário de Strong* acrescenta uma definição visual da mesma palavra: "comprimir... parar". Como podemos caracterizar biblicamente a diferença entre um coração dolorido e um coração quebrantado? Deus define um coração quebrantado em nosso contexto como um coração hemorrágico.

Comprimir um coração hemorrágico é a ideia de aplicar pressão a uma ferida que sangra terrivelmente. Que maravilhosa imagem de Cristo! Uma ferida arrasadora acontece e a compadecida mão de Cristo, com suas cicatrizes, pressiona a ferida; e por apenas um momento, a dor parece intensificar..., mas finalmente o sangramento para. Você está começando a ver a atividade íntima de Cristo quando estamos devastadas? E pensando bem, Ele é o mesmo que acusamos de não se importar conosco em meio aos momentos devastadores.

Concluímos este capítulo com um último pensamento sobre Cristo curando os quebrantados de coração. Perceba que a primeira definição inclui o conceito de cobrir, envelopar e circundar. O modo como a vida reage a um coração aflito é envolver tendões rígidos de carne ao redor dele, tentando-nos prometer que jamais nos permitiremos ser machucadas novamente. Esse não é o jeito de Deus. Lembre-se: a fortaleza construída para si não apenas impede que o amor saia, mas impede que o amor entre. Corremos o risco de nos tornarmos escravas em nossa própria fortaleza protetora. Somente Deus pode reunir novamente os pedaços de nosso coração, fechar as feridas e atá-las com um curativo poroso que protege contra infecção, mas mantém o coração livre para inspirar e expirar amor.

Você está escravizada por um coração quebrantado que nunca permitiu Cristo atar e curar? Agora mesmo, você poderia concluir esta lição com um curativo em vez de cativeiro. Vá adiante. Exponha seu coração mais uma vez... apenas para Ele. Afinal de contas, o Pai enviou Seu Filho, Jesus, para fazer isso.

O arco está esticado e a Flecha está pronta. Mas só você pode baixar o seu escudo.

PERGUNTAS PARA DISCUSSÃO

1. Qual é a sensação de um coração partido?
2. Como você reage ao conhecimento de que Deus deu Seu Filho especificamente para curar o seu coração partido?
3. De que maneiras as pessoas se tornam autoprotetoras como resposta a um coração partido?
4. Qual é a diferença entre o modo de Cristo de curar um coração partido e a resposta humana natural para se proteger?

CAPÍTULO 19

CORAÇÃO PARTIDO NA INFÂNCIA

Nessa ocasião, os discípulos vieram a Jesus e perguntaram: "Afinal, quem é o maior no reino dos céus?" Então Jesus chamou uma criança pequena e a colocou no meio deles.

MATEUS 18:1,2

AO LONGO DE dois capítulos vamos nos concentrar em corações partidos por vitimização ou abuso na infância. Deus não minimiza aquilo que fere nosso coração. Ele não está nos olhando de cima pensando em como somos mesquinhas por estarmos feridas. Se ficarmos com "a mente voltada ao Céu" a ponto de perdermos o contato com adversidades terrenas, em algum ponto nós teremos perdido uma importante prioridade de Cristo. Deus deixou nossos pés descalços no pavimento quente da Terra para que pudéssemos crescer por meio de nossas feridas, não para ignorarmos o sentimento e nos recusarmos a senti-las enquanto passamos por sofrimentos.

Em Mateus 18, os discípulos estavam preocupados com quem seria o maior no reino. Jesus chamou uma pequena criança dizendo que para serem grandes, os discípulos deveriam ser como ela. Cristo, então, fez uma afirmação relevante para nosso assunto; Ele disse: "Mas, se alguém fizer cair em pecado um destes pequeninos que em mim confiam, teria sido melhor ter amarrado uma grande pedra de moinho ao pescoço e se afogado nas profundezas do mar" (v.6).

Com base na afirmação de Cristo, como você acha que uma pessoa faria outra pecar? Creio que as palavras de Jesus se aplicam especificamente a vitimização ou abuso infantil. Qualquer coisa que seja causa direta para que uma criança tenha tendência exagerada ao pecado pode ser caracterizada como vitimização ou abuso.

Jamais compartilho os detalhes de minha vitimização na infância por duas razões: primeiro, quero que Aquele que cura seja glorificado e não o dano causado; e segundo, um grande número de pessoas consegue se identificar com termos mais gerais.

Infelizmente, muitos sofreram abusos como o meu; se você perguntar àqueles de nós que foram vitimizados se essa experiência se qualifica como desoladora, responderíamos com um contundente "sim!".

Deus usou Mateus 18 poderosamente para responder alguns de meus questionamentos. Permita-me dizer-lhe como lido com meus "por quês" para os quais não tenho resposta: encontro tantas respostas quanto possível na Palavra de Deus, preencho os vazios e entrego o restante a Ele. Parece simples, mas não é. É algo que pratico por fé todos os dias de minha vida e encontro grande consolo e descanso nesse método. Analise comigo Mateus 18:1-9 e vejamos se conseguimos preencher vazios o suficiente com relação à vitimização na infância, para, então, entregar o restante a Deus.

1. *Crianças são a menina dos olhos de Deus.* Com base no relato de Lucas 9:46, em que a mesma cena é descrita, os discípulos estavam discutindo sobre quem seria o maior no reino. Em lugar de indicar um deles quando lhe fizeram a pergunta, Jesus chamou "...uma criança pequena e a colocou no meio deles" (Mateus 18:2). Cristo basicamente disse: "Vocês querem saber qual é minha concepção de grandiosidade? Olhem para esta criança".

Aprecie a ternura de Cristo com as crianças. Ele poderia simplesmente ter declarado uma bênção sobre as crianças, mas escolheu demonstrar Seu amor por elas tomando-as em Seus braços, colocando Suas mãos sobre elas e abençoando-as (Marcos 10:16). Creio que não apenas Cristo amava as crianças, mas elas o amavam também. Quantas crianças estariam dispostas a deixar seu tempo de brincadeira e permanecer diante de 13 homens para servir de exemplo? Não muitas, a menos que amassem aquele que as chamou e nele confiassem completamente.

Acredito que Jesus era uma dessas pessoas que conquistava todas as crianças da vizinhança. Penso que havia poucos lugares onde Ele fosse que não brincasse rapidamente com as crianças de "lenço atrás". Na verdade, o fascínio das crianças por Cristo pode ter sido exatamente a razão pela qual os discípulos as repreenderam em Marcos 10:13. Os discípulos poderiam estar cansados de ter que andar entre tantas crianças.

Talvez eu esteja errada, mas com base nas lacunas que podemos preencher, tenho um pressentimento de que estas estão a favor das crianças. Vejo certo humor no fato de Cristo ter chamado uma criança para expressar Sua ideia de grandiosidade, enquanto Seus doze escolhidos agiam com infantilidade. Também percebi outro fato sobre Cristo e as crianças.

2. *Crianças são acompanhadas de modo singular por Cristo.* O que você acha que Cristo quis dizer quando afirmou: "...quem recebe uma criança como esta em meu nome recebe a mim" (Mateus 18:5). Cristo basicamente disse: "O que fazem por elas, vocês o fazem por mim".

3. *Abusos contra crianças poderiam ser considerados como abusos contra Cristo.* Com base no contexto, creio que Ele não apenas estava dizendo: "O que fazem por uma criança, vocês o fazem por mim", mas também "O que fazem a uma criança, vocês fazem a mim". Ele obviamente considera os abusos contra crianças algo muito pessoal.

Caso você tenha sido vitimizada quando criança, em algum momento pensou em como Cristo se sentia com relação ao que aconteceu com você? Como o inimigo se beneficiaria por tentá-la a crer erroneamente na atitude de Cristo com relação à vitimização de uma criança? De tudo o que vimos, Jesus obviamente se importa profundamente com as crianças e com tudo o que lhes acontece. O profeta Zacarias retrata a resistência de Deus com relação aos Seus: "...Quem lhes faz mal, faz mal à menina dos meus olhos" (2:8).

4. *Cristo jamais é o agente do abuso.* A Bíblia nos ensina que algumas dificuldades são especificamente determinadas por Deus para o propósito de nosso crescimento e aperfeiçoamento. O abuso infantil não é um destes sofrimentos. Quando você está tentando discernir se Deus ou Satanás é o autor de uma dificuldade, uma das melhores pistas é saber se há pecado

envolvido. Deus nunca nos seduz a pecar, nem utiliza o pecado ou perversão como meios de nos moldar à imagem de Cristo. É impossível!

Permita-me usar minha própria experiência como exemplo. Dois dos fatores que mais afetaram minha infância foram abuso e uma queda que deformou meus dentes. Por anos, meus dentes foram uma fonte de insegurança e constrangimento. Entendo, sem dúvida alguma, que Satanás foi o autor do abuso em minha infância porque um pecado tão atroz estava envolvido e porque o resultado foi a vergonha. Lembre-se de que a vergonha é o "selo de aprovação" de Satanás.

Por outro lado, minha queda apresentou muitos desafios difíceis diante de mim, mas o pecado não desempenhou papel algum na causa. Como resultado da queda, Deus me permitiu vivenciar o que eu chamo de "síndrome de subserviente" e colocou em mim profunda compaixão por pessoas que são duramente zombadas e tratadas de modo impiedoso. Deus, de alguma forma, gravou em meu jovem coração a verdade de que Ele me achava linda. Sem dúvida, lucrei abundantemente com tal infortúnio na infância.

Pense em sua própria infância. Você consegue identificar uma experiência que seria a característica da ação Deus? Consegue identificar uma obra de Satanás?

Gostaria de ressaltar algo que pode ser difícil, mas que é necessário para nossa libertação; vou personalizar adaptando à minha experiência: Deus permitiu ambas as experiências de infância, tendo ou não autorizado que ocorressem. Não, Deus não poderia ter autorizado essa vitimização em minha infância porque é oposta a Seu caráter, mas obviamente Ele permitiu. Por quê? Ele pode ter outras razões que eu ainda desconheço; mas até que essas lacunas sejam preenchidas, tenho certeza do seguinte:

a) Ele sabia que eu teria que buscá-lo diligentemente para receber cura; e na cura conheceria Aquele que me curou.
b) Ele sabia que Seu nome seria glorificado por meio do milagre de restauração e do ministério subsequente.
c) Ele sabia que eu seria compassiva com pessoas que foram feridas na infância.
d) Ele sabia que o crime da vitimização na infância viria à tona nesta geração e Ele desejava incitar porta-vozes cristãos para abordá-lo a partir de Sua Palavra.
e) Ele queria que eu ensinasse como fazer da liberdade em Cristo uma realidade na vida a partir do sofrimento derivado da experiência pessoal.

Não conheço um jeito melhor de formular tudo isso. Até que o restante das lacunas seja preenchido, estas são suficientes para mim. O bem de Deus resultante do mal da vida é um dos conceitos mais libertadores em toda a Palavra de Deus.

Encorajo-a fortemente a entregar por completo sua ferida a Ele, e sem reserva alguma convidá-lo a fazer milagres a partir de sua miséria. Então seja paciente e conheça o Senhor por meio do processo de cura. Você verá o fruto. Garanto a você! Contudo mais do que isso: *Cristo* promete fazê-lo.

Nós preenchemos quatro lacunas sobre vitimização na infância. No capítulo seguinte, consideraremos mais dois. Você pode ou não ter vivenciado a vitimização na infância, mas praticamente todos experimentaram algum tipo de sofrimento infantil. Você já entregou todas as partes dessa dor a Ele? Caso não tenha entregado, você faria isso hoje? Invista tempo agora mesmo para orar entregando algo que a feriu quando criança Àquele que tanto ama as crianças. Você é filha dele, independentemente de sua idade.

PERGUNTAS PARA DISCUSSÃO

1. Como uma pessoa poderia fazer outra pecar?
2. Como o abuso de uma criança prova ser algo que tanto parte o coração quanto promove pecado?
3. Como o amor de Cristo pelas crianças faz Ele se identificar com o problema do abuso infantil?
4. Como Cristo pode usar a dor de uma infância turbulenta para nosso bem?
5. Como você se sente com relação ao modo como Cristo se identifica com o problema do abuso infantil?

CAPÍTULO 20

CORAÇÃO RESTAURADO PELA VERDADE

*Quanto sofrimento haverá no mundo
por causa das tentações para o pecado!
Ainda que elas sejam inevitáveis, aquele que
as provoca terá sofrimento ainda maior.*

MATEUS 18:7

CRISTO CURAVA DE muitas maneiras diferentes. Algumas vezes por meio do toque, outras por meio da fala. Mateus 18 revela Cristo oferecendo cura por meio da verdade. Encontrei cura expressiva no estudo dessa passagem. Descobri como eu era importante para Jesus quando criança e aceitei o quanto Ele desprezava o que havia acontecido comigo. As Escrituras são o curativo mais forte que Deus usa para atar corações que foram partidos na infância.

Creio que aqueles que foram vítimas de abuso têm menos probabilidade de encontrar cura instantânea, sua tendência maior é de encontrar cura progressiva por meio do estudo e aplicação da verdade. Mentes renovadas e hábitos positivos são uma necessidade para vidas que avançam em vitória. Vimos quatro verdades no capítulo anterior. Porém Mateus 18 ensina mais duas verdades sobre Jesus e crianças, que têm poder terapêutico.

5. *Cristo pune o abuso ou a vitimização de crianças.* Acredito que Cristo está se referindo à vitimização na infância em Mateus 18:6-10 ao menos por duas razões:

a) Ele sugere especificamente algo que uma pessoa pode fazer a outra. Nessa referência, a "outra pessoa" é uma criança.
b) Ele fala da seguinte ação: "...fizer cair em pecado um destes pequeninos que em mim confiam...".

Cada uma de nós que foi vitimizada na infância pode testificar que as tendências ao pecado aumentam drasticamente. Como parte de minha cura, precisei assumir a responsabilidade por meu próprio pecado, quer as ações de outras pessoas tenham ou não me direcionado a esses pecados.

Talvez você seja como eu era antes; não quer se responsabilizar por seus pecados por não acreditar que ocorreram por culpa sua. Você pode se perguntar: "De que outro jeito eu poderia ter reagido considerando que meu ponto de referência foi tão distorcido?". Mas, veja, não acho que confessar o pecado se trata predominantemente de culpa, trata-se de liberdade!

Sim, meus pecados são minha culpa. Entretanto o mais importante para Deus, acredito, foi minha disposição de confessar o quão terrivelmente eu odiava esses pecados e como queria ser livre do poder que o abuso exerce sobre minhas decisões. A confissão me permitiu colocar à mesa comportamentos pecaminosos para uma discussão aberta com Deus. Ele me perdoou instantaneamente e me limpou por completo; então Ele começou a me ensinar como mudar minhas reações.

Você pode estar pensando: *Mas as complicações e repercussões da vitimização são tão esmagadoras. É tão difícil lidar com isso!* Eu concordo. E essa é uma das razões porque para qualquer abusador "...teria sido melhor ter amarrado uma grande pedra de moinho ao pescoço e se afogado nas profundezas do mar". Indubitavelmente a vitimização na infância é um gigante contra o qual se deve batalhar, especialmente se o abusador era alguém que deveria protegê-la. No entanto, com a mesma certeza que Deus deu poder ao jovem Davi para matar Golias, Ele lhe dará poder, se você permitir. Apenas se lembre das palavras de Davi: "...A batalha é do Senhor..." (1 Samuel 17:47). O profeta Jeremias expõe poderosamente a atitude de Deus com relação ao abuso: "Viste a injustiça que me fizeram, Senhor..." (Lamentações 3:59).

Perdoar meu agressor não significou repentinamente dar de ombros e resmungar: "Ok, eu perdoo" e seguir em frente como se essas coisas não tivessem acontecido. Elas aconteceram; e impactaram terrivelmente minha vida. O perdão envolveu a minha atitude de entregar a Deus a responsabilidade pela justiça. Quanto mais tempo me apegava, mais a escravidão exauria a vida de dentro de mim. O perdão significou entregar a causa a Cristo e decidir ser livre do constante fardo de amargura e culpa.

Você sabe qual foi uma das razões primárias pela qual eu finalmente perdoei meu agressor? Isto pode ser difícil de digerir, mas é a absoluta verdade: eu finalmente cheguei a um ponto em que lamentava mais por ele do que por mim. Posso dizer a você que se eu tivesse que estar no cenário de Mateus 18:6, preferiria ser a vítima amada e valorizada do que o agressor. Como meu sobrinho costumava dizer quando era pequeno: "Essi cala tá com muitos poblemas".

Nós também encontramos uma sexta verdade sobre a vitimização.

6. *Infelizmente podemos presumir que a vitimização continuará a existir neste sistema mundial atual.* Veja estas palavras em Mateus: "Quanto sofrimento haverá no mundo por causa das tentações para o pecado! Ainda que elas sejam inevitáveis, aquele que as provoca terá sofrimento ainda maior" (18:7).

Certo nível de abuso infantil continuará a existir em nosso planeta porque o abominável príncipe do sistema deste mundo (João 12:31) e seus cruéis subalternos estão agindo. Até que o reino de Cristo venha, nós podemos e devemos alcançar as vítimas e apoiar leis que refreiem o mal e "exponham as obras das trevas"; mas jamais conseguiremos as impedir por completo. Satanás tem alto ganho com isso. A próxima palavra pode ajudá-la a compreender por que o inimigo se beneficia tão brutalmente destes tipos de mal.

O versículo 7 de Mateus 18 é categórico: "Ai do mundo, por causa dos escândalos; porque é inevitável que venham escândalos, mas ai do homem pelo qual vem o escândalo!" (ARA). Veja o significado para palavra "escândalo". *Skandalon* significa "o gatilho de uma armadilha em que a isca é colocada e que, quando tocada pelo animal, desprende-se e se fecha causando a captura... *Skandalon* sempre denota uma cilada direcionada ao comportamento que poderia arruinar a pessoa em questão". Você não precisa de um doutorado em estudos bíblicos para reconhecer a obra do inimigo na vitimização. Já considerou como a vitimização na infância pode eventualmente emboscar uma pessoa por atraí-la ao pecado?

Sabemos, por meio de pesquisas, que grandes números de homens e mulheres que se voltam para comportamentos escandalosos tais como prostituição, promiscuidade e homossexualidade foram vítimas de abuso sexual na infância. Não estou dando desculpas, mas, certas vezes, explicações para tal falta de respeito próprio nos ajudam a compreender esses comportamentos destrutivos e saber como reagir a eles.

Satanás quer impedir que pessoas recebam a Cristo como Salvador. Certamente a vitimização infantil é um dissuasor eficaz. Visto que o inimigo não pode impedir a salvação de qualquer um que queira crer, ele tenta garantir que as pessoas sejam ou emocionalmente deficientes demais para se tornarem testemunhas eficazes ou destruídas demais para evitar cair em pecados escandalosos. A esperança do inimigo para os cristãos é que sejamos tão ineficazes a ponto de não termos testemunho ou que arruinemos o testemunho que temos.

O fato de que o inimigo tem ganho nisto não é razão suficiente para nos recusarmos a permitir que ele conquiste um centímetro a mais do território de nosso passado? É tempo de direcionar nossa indignação ao autor do abuso: o próprio Satanás. Gostaria de fazer uma afirmação em que creio de todo o coração sobre a vitimização na infância: No fim das contas o acusador (Satanás) é o principal agressor.

Fui abusada mais vezes do que gostaria de contar, mas Satanás me acusou todos os dias desde a primeira vez até o momento em que eu finalmente disse: "Basta!", e concordei em permitir Deus trazer cura e perdão à minha vida. Caríssima, leia estas palavras cuidadosamente e aceite-as com todo o coração: Você não é definida por qualquer coisa que lhe aconteceu ou que você tenha feito. Você é definida por quem você é em Cristo. Você é o filha amada de Deus. Ele viu todo e qualquer mal que lhe foi causado e defenderá sua causa. E com relação ao agressor? "Essi cala tá com muitos poblemas."

Falamos sobre um assunto difícil, mas até que as verdades de nosso passado convirjam com a verdade da Palavra de Deus, jamais seremos plenas. Quando Cristo disse: "...conhecerão a verdade, e a verdade os libertará" (João 8;32), Ele estava se referindo à Sua verdade, a Palavra de Deus. Se creio em Cristo, não posso conhecer a verdade sobre mim mesma até conhecer a verdade da Palavra de Deus. Por favor, prometa-me algo: não permita que Satanás tome um centímetro de terreno em sua vida a partir desta lição. A última coisa que seu inimigo quer é que você seja livre. Lembre-se: Cristo veio para libertar cativos, e Satanás veio para escravizar os livres. Ele poderia tentar falsificar o que aprendemos tentando semear medo em você com relação a seus filhos ou lhe lançar algum peso por causa de lembranças difíceis. Recuse-se a concordar que ele arranque qualquer semente que Deus plantou. Permita que estas verdades criem raiz em seu coração, então regue e cultive-as com convicção.

Ao concluirmos este capítulo, você pode estar pensando: *Mas ainda não tenho todas as respostas.* Eu também não, mas Deus preencheu lacunas o suficiente para nos convidar a confiar que Ele cuidará do restante. Convido-a a ler o que vem a seguir. Em cada lacuna, coloque o seu primeiro nome.

Minha filha, _____,
eu a amei antes que você nascesse. Eu sabia quais
seriam suas primeiras e últimas palavras. Conhecia
todas as dificuldades que enfrentaria. Sofri cada
uma delas com você, até mesmo aquelas que você
não sofreu comigo. Eu tinha um plano para a sua
vida antes que você nascesse. O plano não mudou,
_____, não importa o que tenha

acontecido ou o que você tenha feito. Veja, eu já sabia de todas as coisas relacionadas a você antes que eu a formasse; e nunca permitiria que nenhum malefício ocorresse em sua vida que eu não pudesse utilizar para a eternidade, _____. Você me permite fazê-lo? Sua verdade está incompleta a menos que a veja em contraste com o pano de fundo de minha Verdade. Sua história para sempre permanecerá pela metade... até que você me permita fazer a minha metade lidando com a sua dor. Deixe-me aperfeiçoar o que diz respeito a você.

Eu continuo sendo,
Seu Pai fiel.

PERGUNTAS PARA DISCUSSÃO

1. Por que aqueles que foram vítimas de abuso têm mais tendência a encontrar cura progressiva e não instantânea?
2. Qual é a atitude de Cristo com relação às crianças? E com relação ao abuso de crianças?
3. Por que Mateus 18:6-10 pode estar se referindo à vitimização de crianças?
4. Como você se sente com relação a perdoar aqueles que a ofenderam ou magoaram?

CAPÍTULO 21

CORAÇÃO PARTIDO PELA TRAIÇÃO

*Não é meu inimigo que me insulta;
se fosse, eu poderia suportar. Não são meus
adversários que se levantam contra mim;
deles eu poderia me esconder.*

SALMO 55:12

A SEGUIR, NOS atentaremos em outro doloroso catalisador de um coração partido. No versículo acima, Davi estava em grande angústia. Ele se sentia cercado por inimigos. Em versículos anteriores a esse, ele havia clamado desesperadamente:

Quem dera eu tivesse asas como a pomba; voaria para longe e encontraria descanso. Sim, fugiria para bem longe, para o sossego do deserto. —SALMO 55:6,7

De acordo com o versículo 12, Davi considerava sua situação praticamente insuportável. A razão de sua angústia de coração pode surpreender você.

> *Antes, é você, meu igual, meu companheiro e amigo chegado. Como era agradável a comunhão que desfrutávamos quando acompanhávamos a multidão à casa de Deus!* —SALMO 55:13,14

Somente uma pessoa com acesso íntimo a seu coração pode traí-la ao ponto descrito por Davi. Se você já foi traída por um irmão, pai, cônjuge, filho ou um bom amigo, provavelmente vivenciou o tipo de angústia de que estamos tratando.

Por favor, não se afaste emocionalmente dessa questão. Gostaria de pedir-lhe que coopere com o Espírito Santo para garantir que você será curada adequadamente. Caso isso já não tenha acontecido, talvez esta lição a ajude.

Lembre-se da palavra hebraica para quebrantado — *shavar* — significa que podemos geralmente rastrear um momento de dor até um único evento. Você consegue se lembrar de um momento específico em que seu coração se partiu por uma traição? Tendo ou não caído na tentação, as chances são grandes de que você tenha sido tentada a reagir destrutivamente ao longo dos dias, semanas ou até meses posteriores.

Hebreus 4:15 nos garante que Jesus o "Nosso Sumo Sacerdote entende nossas fraquezas, pois enfrentou as mesmas tentações que nós, mas nunca pecou". Vejo ao menos quatro razões porque Cristo é a escolha perfeita à qual se voltar quando sou traída e quero reagir destrutivamente:

1. *Ele é compreensivo.* Nem sempre podemos contar com a compreensão de outros quando ficamos repentinamente

devastadas. Nossas dores de fato não são responsabilidade de ninguém; são responsabilidade de Cristo. Lembre-se: Ele veio para curar os quebrantados de coração. Tudo o que alguém realmente pode fazer é sentar-se conosco e assistir o nosso coração sangrar! Outros suportam esse tipo de intimidade por um breve período!

2. *Ele sabe que sou fraca.* Diferentemente das pessoas, Cristo jamais fica intimidado pela profundidade de nossa necessidade e pela demonstração de nossa fraqueza. Alegro-me porque quando estou sozinha com Deus e sofrendo, não preciso ter um "punho de ferro" e estabelecer um bom exemplo para que outros sigam.

3. *Ele foi tentado em todos os aspectos em que eu fui.* Que coisas você fez ou queria ter feito? Se eu estiver lendo Hebreus 4:15 corretamente, Cristo também foi tentado para reagir assim como você é tentada. Encontro grande consolo ao saber que Cristo não cobre Sua boca chocado quando desejo poder reagir de uma forma específica.

4. *Ele encontrou a mesma tentação que eu, mas sem pecado.* Não importa como eu reagi à traição ou a qualquer outro tipo de mágoa no passado, alegro-me muito por saber que existe um caminho para ser vitoriosa. Cristo já o estabeleceu! E se o seguir ao longo de minha situação, eu o serei. Caso eu arruíne tudo ou reaja erroneamente, posso escolher segui-lo no restante do caminho e, em Sua misericórdia, Ele ainda abençoará e honrará minha escolha. Nunca é tarde demais para começar a seguir Seu comando em meio à crise que você se encontra.

Reconhecemos o fato de que Jesus esteve no lugar daqueles que afundaram na areia da traição. Agora vamos nos concentrar nos detalhes. Você provavelmente conhece a história, mas não permita que a familiaridade a faça perder uma nova aplicação.

Durante a ceia com Seus discípulos, Jesus disse sobre Judas: "...um de vocês vai me trair" (Mateus 26:21). Mais tarde, Jesus disse aos demais: "Esta noite todos vocês me abandonarão..." (v.31). Cristo disse que um trairia e todos se escandalizariam, se afastariam. Por que você acha que Jesus considerou somente Judas como traidor embora todos os discípulos o abandonaram e fugiram (v.56)?

Não sei qual é a resposta correta, mas claramente as ações de Judas foram planejadas e deliberadas enquanto o restante dos discípulos reagiu por medo. Judas demonstrou premeditação. Geralmente penso em traição como algo que o traidor sabe que devastaria a pessoa traída, mas não se importa o suficiente a ponto de agir de outra forma.

Caso você já tenha sido traída, parte de sua dor não foi o fato de saber que a outra pessoa tinha consciência do quanto você ficaria entristecida?

Judas foi um traidor em todos os sentidos da palavra. O verdadeiro traidor é motivado por egoísmo. Judas sabia quanto sua traição custaria para Jesus, mas decidiu que valeria a pena.

Uma segunda razão porque Cristo pode ter considerado somente as ações de Judas como traição, aparece em Mateus 9: "Jesus, percebendo o que pensavam, perguntou: 'Por que vocês reagem com tanta maldade em seu coração?'" (v.4). Cristo via o mal no coração de Judas. Não creio que Ele via mal nos discípulos, acho que Ele via medo. Uma grande diferença.

A traição é motivada pelo egoísmo, mas nem sempre pelo mal. Não creio que todo cônjuge que tem um caso extraconjugal quer devastar seu marido ou esposa. De fato, um traidor pode sinceramente se arrepender pela dor que seu egoísmo causou. Algumas vezes a traição é uma questão de percepção.

No caso de Cristo, entretanto, a traição de Judas tomou a pior forma. Embora Jesus soubesse que Judas o trairia, acredito que ainda assim Ele tenha ficado devastado. Ele veio a esta Terra em forma humana não apenas para morrer em nosso favor, mas também para viver as mesmas situações que nós. A traição avassaladora é uma das experiências mais difíceis com as quais nos deparamos. Para saber como melhor curar corações partidos pela traição, Cristo escolheu vivenciá-la. É disso que se trata Hebreus 4:14-16. Jesus ministra aos traídos por meio de Seu exemplo.

Paulo recomenda: "Tenham a mesma atitude demonstrada por Cristo Jesus" (Filipenses 2:5). Vejamos se conseguimos determinar qual foi a atitude de Cristo ao enfrentar a traição: Ele "...nunca pecou".

Jesus disse: "Você não percebe que eu poderia pedir a meu Pai milhares de anjos para me proteger, e ele os enviaria no mesmo instante?" (Mateus 26:53). Obviamente, Cristo tinha o poder para abrir a terra e engolir Seus opositores, mas não o fez. Acredito que Jesus se conteve por confiar na soberania de Seu Pai. Em tempos difíceis, nós também precisamos confiar na soberania de Deus. Isso significa que se Ele permite algo difícil e chocante acontecer a um de Seus filhos, Ele planeja usar isso poderosamente se esse filho assim o permitir. Deus não provocou Judas para que se tornasse ladrão e traidor, mas utilizou a atitude do discípulo enganoso para completar uma obra muito importante na vida de Cristo.

As Escrituras nos dizem claramente que Satanás usou Judas, porém Deus, no fim das contas, assumiu o controle dessa situação para Sua boa obra. Caso seu cônjuge a tenha traído sendo infiel, meu coração sofre por você. Sei que minhas palavras podem ser difíceis de ler, mas creio que Deus pode usar a traição para completar uma obra muito importante em sua vida também. Como? Somente você pode descobrir. Vi, muitas vezes, o bem desabrochar das assolações de infidelidade. Jamais paro de me surpreender com o quanto Deus pode transformar o mal em bem.

Deus não nos conta, com frequência, porque permite que mazelas nos alcancem, mas Ele graciosamente me indicou um versículo para explicar um motivo pelo qual vivenciei o que considerei uma traição muito dolorosa: "...conhecer Cristo, o poder da sua ressurreição e a participação em seus sofrimentos, tornando-me como ele em sua morte" (Filipenses 3:10 – NVI). Oro continuamente para ser como Jesus, mas quando Ele me permite "comungar" em alguns de Seus sofrimentos, tendo a lamuriar e seguir em frente.

De uma forma ou outra, poucos de nós escaparão da traição, mas será que escolheremos comungar com Cristo em meio a ela? Escolheremos confiar na soberania de nosso Pai celestial que permitiu que ela ocorresse? A traição pode doer e fazer mal, ou doer e ajudar. A escolha é nossa.

PERGUNTAS PARA DISCUSSÃO

1. Quando nosso coração foi partido, de que modos destrutivos fomos tentadas a reagir?
2. Por que as pessoas algumas vezes são intimidadas pela profundidade de nossa carência? Por que Cristo nunca se intimida com nossa carência?
3. Como você acha que Jesus se sentiu com a traição de Judas?
4. Por que Cristo considerou somente as ações de Judas como traição?
5. Qual é a diferença entre traição motivada por egoísmo e traição motivada pelo mal?

CAPÍTULO 22

CORAÇÃO PARTIDO PELA PERDA

Então Jesus disse: "Eu sou a ressurreição e a vida. Quem crê em mim viverá, mesmo depois de morrer".

JOÃO 11:25

NOS ÚLTIMOS ANOS, Deus inseriu uma temporada de perda em minha história que abarcou os dois anos mais difíceis de minha vida adulta até agora. Esse período doloroso começou com a torturante perda de nosso filho Michael para sua mãe biológica — uma perda difícil demais e cujo processo de cura ainda enfrento. Logo em seguida à partida de Michael, veio a notícia de que o câncer de minha mãe havia chegado aos ossos e que era incurável. Ao longo dos meses seguintes assistimos, impotentemente, à nossa pequenina "Rainha de tudo" sofrer terrivelmente.

Deus permitiu que uma de minhas duas melhores amigas se mudasse, deixando um enorme vazio de gargalhadas e leveza. A doença de minha mãe continuou a roubar mais e mais dela até que Deus, em Sua terna misericórdia, levou-a ao Lar. Uma semana depois, minha outra melhor amiga se mudou para o Mississippi. Na segunda semana, fiz a mudança de minha filha mais velha para um dormitório universitário e me despedi de uma época muito valiosa em minha vida. Nunca havia registrado minhas experiências em sequência. Meus lábios estão praticamente estremecendo, mas falo com pessoas cujo sofrimento excede a tudo o que imaginei.

Estou aprendendo tantas coisas com Deus ao longo desse período de transições. Sei que o tempo de Deus correspondeu propositadamente com a redação deste estudo. Experimentei muitas emoções no decorrer dos últimos dois anos; mas se você perguntar qual emoção foi denominador comum durante esse tempo, não hesitaria em responder que foi o luto. Na verdade, fui de certa forma surpreendida pelos sentimentos de luto que acompanharam a mudança de minhas duas melhores amigas. O luto parecia deslocado em relação às minhas outras perdas, no entanto, estranhamente inevitável.

Deus finalmente abriu meus olhos para ver que o luto não era inadequado. Cada uma de minhas experiências representou um certo tipo de morte. Com a perda de Michael, vivenciei a morte de ser mãe de três filhos, a mãe de um filho homem, um sonho e, sobretudo, a morte de um relacionamento que havia praticamente me consumido por sete anos. Com a partida de minhas duas melhores amigas, experienciei a morte da camaradagem imediata, da companhia esperada em eventos de mulheres, de relacionamentos que me eram conhecidos há anos e de pura unidade. Grandes amizades com longas histórias não são fáceis de substituir. A morte de minha mãe foi a morte de minha principal incentivadora, da avó materna de meus filhos e minha melhor amiga, de um relacionamento diário, de alguém que incontestavelmente me amava de todo o coração. Resumindo, sua morte foi a morte de um relacionamento impossível de substituir. Duas semanas depois, quando saí da Universidade A&M no Texas, deixando para trás minha primogênita, eu sabia que estava enfrentando a morte da vida em família como conhecíamos. Tinha certeza de que muitos momentos maravilhosos viriam adiante e confiava que Amanda e eu seríamos sempre próximas, mas que a natureza do meu papel de mãe mudaria. Ela estava morando a apenas uma hora e meia de distância, mesmo assim era uma distância maior do que a do andar de cima de nossa casa onde ela esteve todos esses anos!

A vida envolve mudança. Mudança envolve perda. Perda envolve morte de uma forma ou de outra. Antes de concluirmos esta parte de nosso estudo, creio que descobriremos um novo modo de aplicar pessoalmente estas palavras do apóstolo Paulo: "Sim, vivemos sob constante perigo de morte, porque servimos a Jesus, para que a vida de Jesus se manifeste em nosso corpo mortal" (2 Coríntios 4:11).

Todas as vezes que sofremos uma perda, encontramos uma oportunidade para que ela traga ganho à causa de Jesus permitindo que Sua vida seja revelada em nós. Espero provar essa suposição por meio de um olhar revigorado sobre uma história muito, muito antiga: a de Lázaro em João 11.

Jesus tinha muitos seguidores. Ele tinha alguns poucos discípulos, mas não sabemos de muitas pessoas que eram simplesmente Suas amigas. A amizade genuína não acontece facilmente quando a sua vida é o ministério. Maria, Marta e Lázaro eram considerados amigos de Jesus.

Quando Lázaro ficou doente, eles enviaram uma mensagem a Jesus dizendo: "...Senhor, seu amigo querido está muito doente" (João 11:3). O versículo 5 relata que "Jesus amava Marta, Maria e Lázaro". Mais adiante na história, quando Jesus chegou ao sepulcro de Lázaro e chorou, os judeus disseram: "...Vejam como ele o amava!" (v.36).

Contudo, em João 11, nos deparamos com um fato estranho. Quando Jesus ouviu que Seu amigo estava doente, Ele esperou por dois longos dias até ir ao encontro deles. Qual razão Jesus poderia ter para protelar? Não precisamos ficar questionando, pois Ele disse aos discípulos: "...A doença de Lázaro não acabará em morte. Ela aconteceu para a glória de Deus, para que o Filho de Deus receba glória por meio dela" (v.4)

Quando os discípulos cabeças-duras não conseguiram entender, Jesus declarou: "E, por causa de vocês, eu me alegro por não ter estado lá, pois agora vocês vão crer de fato. Venham, vamos até ele" (v.15). Podemos seguramente presumir que Jesus não queria que apenas os discípulos cressem, João relata que muitos judeus haviam se reunido para consolar Marta e Maria.

A ação de Jesus de esperar dois dias parece insensível, a menos que consideremos o quanto a ressurreição de Lázaro afetou aqueles que estavam ali. Quando Jesus restaurou Lázaro à vida, lemos que "Muitos dos judeus que estavam com Maria creram em Jesus quando viram isso" (v.45).

Gostaria de oferecer três renovados fôlegos de vida para os momentos em que vivenciarmos a morte de algo ou alguém que estimamos.

1. *Cristo jamais permite que o coração daqueles que são Seus seja abatido sem motivos excelentes e propósitos eternos.* Jesus amava Maria e Marta ternamente, no entanto permitiu propositadamente que sofressem uma perda. Nosso Pai nunca permitiria que nosso coração fosse partido por razões banais. Podemos jamais ver as razões como Maria e Marta viram, mas será que

conseguimos andar por fé e crer no melhor de Cristo para nós? Veja, a perda mais debilitante para um cristão não é a perda de um ente querido, mas a perda de fé. Você vê como perder a fé pode se tornar uma forma de escravidão?

2. *Cristo nunca permite que qualquer doença termine em morte para um cristão.* Todos os crentes em Cristo ressuscitarão dos mortos. O que fez de Lázaro alguém singular foi sua volta à vida mortal. Por favor, não me veja como alguém mórbida, mas não tenho certeza se Lázaro ficou com a melhor parte do acordo! Quando eu morrer, prefiro não despertar novamente a fim de ter que fazer tudo de novo! De qualquer forma, a morte jamais será o fim da vida de alguém que está em Cristo. Em meio ao encontro de luto, Jesus se revelou a Marta de um modo novo e poderoso. Ele declarou: "...Eu sou a ressurreição e a vida..." (v.25).

3. *Qualquer tipo de "morte" é, para o cristão, um convite à vida ressurreta.* Graças a Deus a perda de algo ou alguém amado nunca precisa significar o fim da vida abundante, capaz ou até mesmo prazerosa para o cristão. Alegria e efetividade podem parecer entrar em pausa por certo período enquanto o luto percorre seu caminho, mas todo aquele que permitir que seu coração partido seja curado por Cristo as vivenciará novamente. O nosso Salvador é o Deus da vida de ressurreição, independentemente do tipo de morte que qualquer cristão tenha experienciado!

Nada é mais natural que o luto após uma perda devastadora, mas aqueles de nós que estão em Cristo podem vivenciar vida gratificante novamente. Quando nosso coração é abatido pela perda, temos a oportunidade de receber um poder sobrenatural em nosso viver. O poder de voltar à vida nesta Terra quando na verdade preferiríamos morrer. Talvez o milagre mais profundo de todos seja viver e superar algo que achávamos que nos mataria. E não apenas viver, mas viver abundante e gratificantemente — ressurretas da morte presente para uma nova vida. Uma vida de fato com ausência de algo ou alguém querido, mas repleta da presença da Ressurreição e da Vida.

Realmente, minha vida jamais será a mesma. Não tenho mais um de meus filhos. Minha mãe está no Céu. Minhas duas melhores amigas se mudaram. Minha primogênita foi para a universidade. Entretanto a vida de um cristão nunca se trata de mesmice, trata-se sempre de mudança. É por isso que devemos aprender a superar e mais uma vez progredir, quando a mudança envolve perda avassaladora. Estamos sendo conformadas à imagem de Cristo. Quando o seu coração estiver sangrando pelo luto e perda, jamais se esqueça de que Cristo ata o nosso coração e o comprime com Sua mão marcada pelos pregos. A vida jamais será a mesma, mas tenho o convite de Cristo para a ressurreição a uma nova vida — uma vida mais compassiva, mais sábia, mais produtiva. E sim, até mesmo uma vida melhor. Parece impossível? Sem Cristo, realmente é!

Quase consigo ouvir Cristo chamando um nome. É o seu? Há alguma chance de que você tenha estado entre os mortos-vivos? A pedra foi movida. A vida de ressurreição a aguarda. Então, você continuará sentada em um túmulo escuro ou caminhará em direção à luz da vida de ressurreição? "Lázaro, venha para fora!" (v.43).

PERGUNTAS PARA DISCUSSÃO

1. Como é para você sentir o sofrimento do luto?
2. Qual é o propósito de passar pelo luto?
3. Por que Jesus atrasou Sua chegada para curar Lázaro?
4. Como aqueles que estão em Cristo podem viver de forma satisfatória novamente após a perda?

PARTE 4

SONHOS SUPERADOS E OBEDIÊNCIA DURADOURA

VOCÊ PASSOU COMIGO por algumas águas turbulentas e frias. Agora é hora de ver algumas das recompensas que nosso amoroso Mestre tem armazenadas para os peregrinos na jornada da liberdade.

Temo que muitas de nós tenham quase entrado em desespero por nunca presenciarem duas coisas: o cumprimento dos sonhos de nossa infância e a solução para a perversidade que assombra nosso coração. Nos capítulos seguintes, exploraremos a satisfação que Deus deseja trazer ao profundo de nosso ser. Ele está nos guiando a uma terra de sonhos realizados e vitória sobre a natureza do pecado. Isso parece quase bom demais para ser verdade? De fato, Ele é que é bom demais para ser falso.

Ao fim de cada um destes breves capítulos, separe um momento para guardar a Palavra de Deus em seu coração. Reveja os versículos que você memorizou e acrescente à sua lista a fonte do Benefício 3: encontrar satisfação em Deus.

Por que gastar seu dinheiro com comida que não fortalece? Por que pagar por aquilo que não satisfaz? Ouçam-me, e vocês comerão o que é bom e se deliciarão com os alimentos mais saborosos. —ISAÍAS 55:2

CAPÍTULO 23

CINZAS EM LUGAR DE HONRA

*Então rasgou sua túnica, jogou cinzas
sobre a cabeça e, cobrindo o rosto com as mãos,
foi embora chorando.*

2 SAMUEL 13:19

NO ANTIGO TESTAMENTO, as pessoas cobriam suas cabeças com cinzas como símbolo de lamento. As cinzas eram um lembrete de nossa mortalidade. Aqueles que se cobriam com cinzas afirmavam simbolicamente que, sem Deus, não seriam nada mais do que cinzas. Talvez a razão pela qual tenho uma visão favorável de algumas das práticas antigas é porque sou expressiva demais, mas não consigo evitar crer que todos nós, ocasionalmente, podemos encontrar um pouco de liberdade em nos expressar.

Faço questão desse ponto visto que nossa sociedade tende a uma redução assustadora das emoções. Sufocar as emoções apenas as armazenará em recipientes explosivos. A Palavra de Deus reconhece constantemente nosso lado emocional.

Ao analisarmos nas Escrituras uma expressão de luto que comove o coração, descobriremos algumas formas de, infelizmente, nos identificarmos com ela. Podemos presumir que as mulheres nos tempos antigos também colocavam pano de saco e cinzas enquanto passavam pelo luto. A Bíblia, contudo, descreve com detalhes somente uma vez em que uma mulher se cobriu com cinzas.

Em 2 Samuel 13:1-22, lemos sobre a tragédia de Tamar e seu irmão Amnon. Tamar era a bela filha do rei Davi. O rei, obviamente, tinha muitas esposas e filhos de muitas mães diferentes. O meio-irmão de Tamar, Amnon, ficou encantado pela irmã.

> *"Não, meu irmão! Não me violente!", exclamou Tamar. "Isso não se faz em Israel! Não faça essa loucura! Como eu poderia viver com tamanha vergonha? E você cairia em desgraça em Israel! Por favor, fale com o rei, e ele permitirá que você se case comigo!" Mas Amnom não quis ouvi-la e, como era mais forte que ela, violentou-a.*
> —2 SAMUEL 13:12-14

Todas nós já ouvimos a expressão "nada é tão ruim que não possa piorar"; Amnon piorou ainda mais o que parecia ser terrível. Então, após estuprar Tamar, *"a paixão de Amnom se transformou em profundo desprezo, e seu desprezo por ela foi mais intenso que a paixão que havia sentido. 'Saia daqui!', gritou para ela"* (v.15). Como um ato final de ofensa, ele ordenou a seu servo: "...Ponha esta mulher para fora daqui e tranque a porta!" (v.17).

Ao analisarmos a situação, vemos que Amnon sentiu culpa por suas ações maléficas. Então, como as pessoas geralmente fazem, ele voltou seus sentimentos de culpa para a inocente Tamar. Sinto compaixão por ela em especial por causa da última ação de Amnon. Ele sabia muito bem que os servos falariam por aí; e queria infligir o máximo de dor a Tamar, arruinando sua reputação.

As filhas virgens do rei usavam uma túnica que indicava seu status. Tamar expressou seu luto rasgando sua túnica ricamente ornamentada e colocando cinzas em sua cabeça. Quando seu irmão Absalão a viu lamentando, ele sabia o que havia acontecido. Ele disse: "É verdade que Amnom esteve com você? Bem, minha irmã, é melhor ficar quieta, pois Amnom é seu irmão. Não se aflija com isso..." (v.20).

Descobrimos também que Davi soube do estupro. Não esqueça que ele foi o cúmplice involuntário visto que enviou Tamar à casa de seu irmão. Ele ficou furioso com Amnon, mas não fez nada. Meu coração dói por Tamar. Traída por um irmão, aconselhada por outro irmão a manter-se calada, ignorada por seu pai. Como resultado, Tamar viveu o restante de seus dias "...como uma mulher desolada, [morando] na casa de seu irmão Absalão" (v.20).

O pai de Tamar, o rei, era altamente responsável pelo constante sentimento de desolação da moça. Ele ficou furioso, mas não fez nada tangível e positivo com sua ira. Você pode ter certeza de que Deus também fica furioso quando mulheres são abusadas ou maltratadas. A diferença é que podemos confiar que Ele fará algo com relação a isso — do Seu modo, em Seu tempo. Caso presumamos que a dignidade de Tamar nunca fora restaurada, como você acha que ela estava quando chegou aos 40 anos?

Peço que você considere como somos semelhantes a Tamar nesta geração. Aquelas de nós que receberam Cristo são literalmente filhas da realeza. Todas as mulheres que foram renovadas em Cristo por meio da fé e do arrependimento são, espiritualmente, como uma filha virgem do Rei. A imagem bíblica da condição da mulher e seu intuito são: honra e pureza.

Quer você tenha sido ou não vitimizada pessoal e individualmente, estamos vivendo em um tempo de vitimização de mulheres. Satanás está ativa e progressivamente impulsionando a desmoralização das mulheres.

Aquelas de nós que foram física e individualmente vitimizadas conhecem a desolação que Tamar vivenciou. Muitas de nós foram convencidas pelo inimigo de que já não somos mais aptas a ter honra e dignidade. Na época em que aprendi o que era ser virgem, eu estremeci chocada, pois provavelmente não era mais. Nunca tive uma chance de verdade. O que estou pedindo é que reconheça que você também foi ferida e afetada pelas terríveis experiências das mulheres, perceba você isso ou não.

Há muitos anos, um artigo foi publicado em nosso jornal local expondo uma rede secreta de vitimização de meninas no Oriente. Senti-me devastada pelo meu gênero. Mais ainda, todas as mulheres que leram também ficaram, até mesmo aquelas que nunca foram pessoalmente violadas. Por quê? Porque todas nós já fomos meninas inocentes em algum momento e o terror que elas enfrentam é inimaginável. Todas somos violadas por crimes como esses. Certamente muitos homens que leram o artigo ficaram revoltados também. Eu sei que muitos homens claramente reconhecem a desmoralização de mulheres e crianças.

Satanás deseja ter mulheres em uma fortaleza de exploração, abuso sexual, distorção e desolação. Ele sabe o quão eficazes e influentes as mulheres podem ser, então trabalha por meio da sociedade para nos convencer de que somos muito menos do que somos.

Se Satanás a convenceu a se enxergar como qualquer coisa menos do que a filha escolhida a dedo do Rei dos reis... se você pensa que alguma coisa poderia acontecer a você que pudesse roubar sua herança real... se pensa que merece ser maltratada ou desrespeitada, você tem algo em comum com Tamar. Oro para que o Espírito Santo tenha liberdade para emendar mantos rasgados das filhas da realeza. E que Ele também restaure a dignidade perdida, ensine-nos nossa verdadeira identidade e nos liberte para viver em pureza.

Conclua lendo, em voz alta, o Salmo 45:13-15

A princesa é uma linda noiva, belíssima em seu vestido dourado. Em suas roupas bordadas, é levada até o rei, acompanhada de suas damas de honra. Formam um grupo alegre e festivo que entra no palácio real.

Esse, minha querida irmã, é seu destino. E você, meu caro irmão em Cristo, está incluído no versículo 16.

Teus filhos serão reis, como o pai deles; tu os farás governantes de muitas terras.

PERGUNTAS PARA DISCUSSÃO

1. Como as pessoas em sua cultura expressam o sofrimento do luto?
2. De que maneiras a sociedade moderna vitimiza mulheres?
3. Como você percebeu que é a filha virgem do Rei?

CAPÍTULO 24

SER NOIVA

*É imensa a minha alegria no Senhor, meu Deus!
Pois ele me vestiu com roupas de salvação e pôs
sobre mim um manto de justiça.
Sou como o noivo com suas vestes de casamento,
como a noiva com suas joias.*

ISAÍAS 61:10

NESTA SEÇÃO DE nosso estudo, exploraremos alguns sonhos da infância. Visto que sou mulher, sei mais sobre sonhos de meninas. Acredito que homens conseguirão ver sua própria versão de cada um desses sonhos.

Estamos estudando o terno — e se puder assim dizer, também romântico — ministério de Cristo: "...ele dará uma bela coroa em vez de cinzas..." (v.3). Muito frequentemente o enlutado colocava cinzas sobre sua cabeça como Tamar fez. Venha comigo nesta retrospectiva fictícia.

Imagine Tamar: tomada pelo luto, soluçando, cinzas em sua cabeça. Seu corpo como um amontoado no chão gelado. Fuligem cobre seu belo rosto e mancha as ricas cores de sua túnica rasgada. Sua aparência exterior reflete a assombrosa escuridão em sua alma. Desesperança e morte brotam em seu interior. Ela não passa de um sepulcro.

A porta de seu quarto lentamente se abre. Um fluxo de luz solar turva passa pela porta. A figura de um homem toma forma no interior do fluxo de luz. Não era Absalão; não, ela reconheceria Absalão em qualquer lugar. Seu coração salta de terror nauseante e então a figura passa pela porta e Seu rosto fica claro. Tamar nunca o vira, contudo Ele parece tão familiar. Nenhum homem deveria entrar em seu quarto. Ela deveria correr, mas parece não poder se mexer.

Ela olha de relance para as mãos que parecem paralisadas em seu colo, repentina e vergonhosamente ciente de sua aparência coberta de cinzas. A miséria queima seu coração. Ela tem certeza de que seu estado violado é óbvio. Ela se despreza.

—Tamar — o homem fala gentilmente e com calorosa familiaridade.

Seu coração soluça.

—Ela está morta! Uma escrava da vergonha tomou seu lugar.

Ele se aproxima e toma seu rosto em Suas mãos. Ninguém jamais fizera isso antes. A impressionante intimidade deixa seu rosto corado; não de vergonha, mas de vulnerabilidade. Ele passa os dedos em suas bochechas e limpa as lágrimas de sua face. Ao tirar Suas mãos de seu rosto e colocá-las em sua cabeça, sua garganta dói com choro revigorado e ela vê a imundície nas mãos dele. A sujeira dela. Ele retira Suas mãos, e ela sente algo em sua cabeça. Talvez, em Sua misericórdia, Ele tenha coberto sua desgraça.

 O homem oferece a ela Suas mãos, ainda cobertas de fuligem, e ela as segura. Repentinamente ela está de pé. Tremendo. Ele a leva até o espelho de bronze pendurado na parede. Ela vira o rosto. Ele ergue seu queixo. Ela olha apenas de relance para o espelho. Seu coração está sobressaltado. Ela começa a encarar. Seu rosto está branco untuoso. Suas bochechas estão coradas de beleza. Seus olhos estão claros e reluzentes. Uma coroa está em sua cabeça, e um véu cai das joias da coroa até seus ombros. Sua túnica rasgada desapareceu. Uma vestimenta de linho branco fino enfeita seu pescoço e adorna sua estrutura. A filha do Rei, pura e imaculada. Beleza em lugar de cinzas.

 Não, eu não acredito em contos de fadas, mas creio em Deus. Ele enviou Seu Filho exatamente para tal propósito. Qualquer que seja a causa de nosso luto, Cristo pode ser aquele que ergue nossa cabeça. Ele pode nos dar beleza em lugar de cinzas. Essa não foi a história de Tamar, mas poderia ter sido. E pode ser a sua.

 Acredito que praticamente toda menininha tem ao menos quatro sonhos que são os tópicos dos próximos quatro capítulos: (1) ser noiva, (2) ser linda, (3) ser fértil (o que nós geralmente definimos como ter filhos) e (4) viver feliz para sempre. Meninos têm sonhos que não diferem tanto assim. Eles também desejam um relacionamento significativo e serem considerados bonitos. Meninos desejam um legado e certamente querem viver felizes para sempre. Satanás quer destruir nossos sonhos. Deus quer superá-los. Ele nos dá sonhos para que ansiemos por Sua realidade. Nós examinaremos todos os quatro sonhos que temos em comum. Começaremos com o primeiro: ser noiva algum dia.

Quase consigo sentir algumas solteiras contentes um pouco contrariadas comigo. Mas você pode admitir que quando criança você tinha sonhos de ser uma noiva? Deus instituiu o casamento para que pudéssemos compreender um relacionamento superior (Efésios 5:25-33). Somente dois indivíduos podem constituir um casamento. Nossa união com Cristo é comum a todos os cristãos, mas a intimidade deste relacionamento é expressa entre Cristo e cada cristão individualmente. Independentemente de sermos homens ou mulheres, somos a noiva de Cristo.

Amo o termo *noiva*. Interessantemente, a Palavra de Deus não se refere a nós como esposas de Cristo, mas como a noiva. Olhemos para o contexto de Isaías 61. A coroa de beleza em seu termo original é uma grinalda ornamental, como uma coroa ou um véu de noiva. O termo original é derivado da palavra hebraica *pa'ar*, que significa "brilhar... expor-se... ornamentar" (*Strong*). O tipo de grinalda que uma mulher usava deixava claro quem ela era. Isaías 61 retrata Deus afastando as cinzas de lamento e substituindo-as por uma coroa; e não qualquer coroa, nesse caso somos a noiva do Príncipe da Paz!

Para mim, a palavra *noiva* indica muitas coisas que a palavra *esposa* não indica. Noiva sugere novidade e frescor, um vestido belo e deslumbrante, a fragrância de perfume, lábios ricamente corados, olhos cintilantes. Geralmente imagino jovialidade; talvez inocência. Acredito que todas essas coisas caracterizam nosso relacionamento com Cristo e a consumação definitiva do casamento. As Escrituras sugerem que nosso relacionamento com Cristo, embora seja eterno, permanecerá revigorado e novo. Sim, penso que de alguma forma seremos noivas, de certa maneira como minha sogra. Os pais de Keith estão casados há

45 anos, mas meu sogro sempre se refere à sua esposa como sua noiva. Para mim, sua expressão terna sugere um romance permanente. Ele ama trazer presentes para ela. Eles ainda se abraçam, beijam-se e têm encontros românticos!

Vamos olhar duas referências esclarecedoras com relação ao povo de Deus como noiva. Em Jeremias 2:2, Deus falou com Israel. Ele lhe disse: "Lembro-me de como você desejava me agradar, quando era uma jovem noiva, muito tempo atrás. Você me amava e me seguia até mesmo no deserto". Uma das características de uma noiva amorosa é sua disposição de seguir seu noivo a lugares que, em certos momentos, podem ser parecidos com desertos. Nosso Noivo algumas vezes nos leva a lugares difíceis, mas podemos confiar que Ele sempre tem um propósito em nossa permanência ali e nunca nos abandonará.

Certa feita, segui meu Noivo até um lugar de solitude. Eu me aproximei dele como nunca, o que milagrosamente me deixou mais próxima de meu parceiro aqui na Terra. Não fiquei naquele lugar para sempre e, conforme progredia, ele se parecia cada vez menos com um deserto.

Geralmente o motivo pelo qual nosso noivo terreno nos leva para novos lugares é para buscar uma qualidade de vida mais elevada. Acredito que isso é verdade com relação a Cristo. Todas as mudanças que Ele provoca são para oferecer a você uma qualidade de vida melhor.

Certamente não podemos pensar nesse tópico sem considerar Apocalipse 19:4-8. Esses versículos descrevem a reunião coletiva de todos os cristãos e Cristo nas bodas do Cordeiro. O versículo 7 sugere uma importante responsabilidade da noiva: "...pois chegou a hora do casamento do Cordeiro, e sua noiva já se preparou". Observe o qualificador das ações da noiva: ela se *preparou*. O tempo verbal está no passado. Não temos como estar prontas no momento em que vemos Cristo, assim como uma mulher não consegue se arrumar três minutos antes de encontrar seu noivo no altar. Eu quero estar pronta, você não? Com certeza não quero ser vista com bobes espirituais no meu cabelo!

Quando eu estava me preparando para o meu casamento, frequentemente pensava em ser uma esposa. Não qualquer esposa. A esposa do Keith. Perceba que não me casei simplesmente. Eu me casei com um homem! Um casamento não se trata de uma bela cerimônia, mas sim de um relacionamento duradouro. Eu não conseguia pensar em estar casada, sem pensar em Keith.

Algumas vezes pensava em como éramos diferentes. Ele é um homem que gosta tanto de ar fresco. Meu cabelo fica mais bonito quando temos ar condicionado. Mas também pensava em algumas semelhanças. Nós dois gostamos de estar no controle… gostamos de estar certos. H-u-m-m-m. Belos pontos em comum. Contudo, ele era a coisa mais fofa que eu já tinha visto e quando ele sorriu, meu coração derreteu. E, no fim das contas, nós dois gostávamos de uma xícara de café quente. Esperando que ele também achasse que eu era fofa, preparei-me o melhor que pude para ser graciosa e fazer uma boa xícara de café. Ria da gente se você quiser, mas 20 anos depois… isso continua funcionando! Pela manhã, ainda me despeço dele à porta com uma xícara de café fresquinho, e à noite passo um pouco de blush para recepcioná-lo quando ele retorna.

Com total seriedade, o mesmo é verdade quando nos preparamos para sermos noivas eternas. Não faremos apenas parte de uma bela cerimônia. Seremos a noiva de Cristo. A Palavra de Deus não sugere que devamos nos preparar para o casamento, mas para o Noivo. Logo, não podemos nos aprontar sem pensarmos nele — meditando em nossas semelhanças (que, esperamos, estejam se multiplicando), pensando em nossas diferenças e como podemos nos ajustar — simplesmente pensando em como Ele é maravilhoso.

No capítulo anterior, lemos o Salmo 45:13-15. Esse salmo é uma canção para casamento. Evitei propositadamente mostrar a você os versículos precedentes a essa passagem para que pudéssemos terminar com eles agora. Lembre-se de que uma parte importante de nos prepararmos é estudar e conhecer nosso Noivo. Os versículos de 1 ao 12 contêm descrições profundas sobre o Noivo. Observe as características a seguir, elas são específicas.

- Não conseguimos evitar amá-lo, pois Ele nos ama: "...pois o rei, seu marido, se encanta com sua beleza; honre-o, pois ele é seu senhor" (v.11).
- Não podemos evitar respeitá-lo por Seu caráter: "Tu és o mais belo de todos; palavras graciosas fluem de teus lábios..." (v.2).
- Ficamos completamente maravilhadas com Ele: "Em tua majestade, cavalga para a vitória e defende a verdade, a humildade e a justiça; avança e realiza feitos notáveis" (v.4).
- Vivenciamos alegria completa nele: "Amas a justiça e odeias o mal; por isso, Deus, o teu Deus, te ungiu. Derramou sobre ti o óleo da alegria mais que sobre qualquer outro" (v.7).

Contemple o seu Noivo. Ele é Aquele para quem você está se preparando. Apronte-se!

PERGUNTAS PARA DISCUSSÃO

1. Qual é sua reação ao final do "conto de fadas" da história de Tamar?
2. Como o termo *noiva* se difere da palavra *esposa*?
3. O que significa para você ser a noiva de Cristo?
4. Como podemos nos preparar para o Noivo?

CAPÍTULO 25

SER LINDA

Você é linda, minha querida, como você é linda!
CÂNTICO DOS CÂNTICOS 4:1

A MAIORIA DAS pessoas que conheço que vivem livres hoje, passaram por sérias fortalezas ou obstáculos que lutaram para vencer. Elas geralmente apreciam e aplicam a vitória mais prontamente porque, antes de tudo, vivenciaram a miséria da derrota. É raro encontrar pessoas que passaram a confiar plenamente em Deus que não tenham também se deparado, de maneira dolorosa, com o fato de que não podem confiar em si mesmas.

O inimigo é um arqueiro profissional. Quando mulheres são o alvo, frequentemente o ponto central são os sonhos da infância. Nós crescemos acreditando no conto da Cinderela, contudo algumas de nós vemos que nosso palácio virou um apartamento, nosso príncipe transformou-se em um sapo e a terrível madrasta acabou sendo nossa sogra. Nossa fada madrinha aparentemente perdeu nosso endereço. De qualquer forma, o que gostaríamos de fazer com ela usando sua varinha de condão poderia não ser bonito de ver.

Espero provar a você que alguns de nossos sonhos de infância deveriam se tornar realidade em Cristo — de maneiras muito mais grandiosas do que o óbvio. Na verdade, Deus algumas vezes nos permite ficar decepcionadas para que coloquemos nossas esperanças mais plenamente nele. Até mesmo minhas amigas que preferiam beisebol a bonecas ainda sonhavam em ser noivas, ser lindas, terem vida fértil e serem felizes para sempre. Consideremos o segundo sonho. Quase toda menininha sonha em ser linda. Meninos almejam ser considerados fortes e belos. Por muito tempo, na idade adulta, abrigamos feridas se sentimos que ninguém considera que somos assim.

Assistir às minhas filhas passarem pelo Ensino Médio me lembrou das inseguranças que eu sentia na minha época. Para sentir que minha aparência estava razoável, tudo tinha que estar certinho. Sem umidade, cabelo bem arrumado, muita maquiagem, nenhum vestígio de rímel acumulado. Eu tinha tanto trabalho tentando ter uma boa aparência. Trabalho demais! Acreditava que nada em mim era naturalmente belo.

Como sou grata pela crescente liberdade que Deus tem me dado em Cristo. Estou passando pelas lutas da meia idade — como uma amiga costuma dizer: "O tempo é um excelente médico, mas um péssimo esteticista" —, entretanto nunca estive tão feliz e tão satisfeita como agora. O segredo? Estou aprendendo a me enxergar bela aos olhos de Cristo. Não me diga coisas do tipo: "É claro que você se sente linda, como não se sentiria? Você é magra e seu cabelo fica bonito de qualquer jeito!". Ouça bem: eu tinha os dedos do pé e os dentes mais tortos deste mundo livre. Minhas pernas pareciam palitos enrugados cobertos de pelo. Sem Cristo, toda mulher tem intensas inseguranças.

A menos que encontremos nossa identidade em Cristo, nós mulheres cristãs estamos tão propensas a inseguranças com relação à nossa aparência quanto as incrédulas. Tentamos agir como se não nos importássemos e como se esse sentimento desconfortável não nos ferisse; mas fere.

Agora é hora que entrarmos com pés descalços nas águas do livro mais provocativo da Bíblia. Cântico dos Cânticos é um poema de amor repleto de termos de afeto. Encorajo você a pegar sua Bíblia e ler os capítulos 2 e 4. No capítulo 2, Salomão diz de sua noiva: "Como um lírio entre os espinhos, assim é minha querida entre as moças" (v.2). Isso soa muito contemporâneo. Mas que tal este pedacinho do capítulo 4?

> *Você é linda, minha querida, como você é linda! Seus olhos por trás do véu são como pombas. Seu cabelo é como um rebanho de cabras que desce pelas encostas de Gileade.* —CÂNTICO DOS CÂNTICOS 4:1

Caso Keith olhasse romanticamente em meus olhos e dissesse: "Seus dentes são brancos como ovelhas recém-tosquiadas e lavadas..." (4:2), eu correria a procurar por fio dental.

Observe uma das comparações mais visuais feitas por Salomão: "Você é cativante, minha querida, como uma égua entre os cavalos do faraó" (1:9). Os homens naquela época amavam veículos tanto quanto agora. Keith está se divertindo demais com o carro clássico de 1969 que comprou de aniversário para Melissa. Certo dia, eu reclamei de estar velha e ele respondeu: "O carro da Melissa também, mas você é tão bonita quanto ele!". Eu não sabia se batia nele ou o abraçava. Os homens requintados dos tempos de Salomão tinham carruagens conduzidas por belos cavalos. Ele estava dizendo à sua amada que ela tinha aparência tão bela quanto os melhores cavalos do Faraó!

Cânticos dos Cânticos é um livro maravilhoso, não é? Ele me faz rir, ficar corada e almejar romance verdadeiro. Nós ficamos quase chocadas ao perceber que Deus sabe até mesmo sobre este tipo de coisas, quem dirá escrever sobre elas! Deus criou o amor entre um homem e uma mulher. A expressão plena desse amor na intimidade sexual foi idealizada por Ele — Suas dádivas ao primeiro homem e à primeira mulher são oferecidos livremente com bênção completa a todo casal que Ele une em casamento. Mas espere um minuto! O casamento terreno representa algo muito maior.

Em Efésios 5:31, Paulo repete as palavras de Gênesis 2:24, onde Deus afirma que por meio do casamento um homem e uma mulher se tornam uma só carne. O apóstolo então eleva a verdade do Antigo Testamento a novas alturas: "Esse é um grande mistério, mas ilustra a união entre Cristo e a igreja" (Efésios 5:32). O que é mais profundo do que um homem e uma mulher se unindo em matrimônio? Cristo e Sua noiva — a Igreja.

Deus frequentemente ensina o desconhecido mediante o conhecido. Creio que Cântico dos Cânticos foi escrito para nos ajudar a nos identificarmos com nossa união com Cristo. No livro, podemos ver Cristo e Sua amada noiva — nós. O romance verdadeiro nos aguarda a todas. Tanto solteiras quanto casadas podem comemorar o fato de que alguns sonhos se realizarão. Um deles é perfeitamente retratado nesse inspirado livro da Bíblia. Cristo é completamente fascinado por você. Ele a vê como Sua amada, Sua noiva. Veja mais uma vez vários versículos deslumbrantemente expressivos que demonstram os sentimentos de Cristo por você:

"Eu sou a flor que nasce na planície de Sarom, o lírio que cresce no vale" (2:1). Note que estas são expressões da mulher. Ela não está sendo egoísta. Simplesmente se enxerga como seu amado a vê. Seu espelho é o rosto de seu companheiro. De que maneira você imagina que sua vida seria se você permitisse que Cristo se tornasse seu espelho?

"...seu grande amor por mim é evidente" (2:4). A palavra traduzida como *evidente* significa "ostentar, ou seja, hastear uma bandeira; figurativamente ser conspícuo" (*Strong*). Você já teve certeza de que alguém a amava, mas almejava que tal pessoa demonstrasse isso mais intensamente? Cânticos dos Cânticos prefigura o tipo de relacionamento em que o amor de Cristo por cada uma de nós será completamente evidente. Ele ostentará Seu amor por nós. Jesus estende Sua mão para você sinalizando para todos à vista que você é aquela que Ele ama. Aleluia!

Aos olhos de Sua amada, que será você, observe como Cristo será:

> *Meu amado é moreno e fascinante; ele se destaca no meio da multidão! Sua cabeça é como o ouro puro, seu cabelo ondulado, preto como o corvo. Seus olhos são como pombas junto aos riachos, incrustados como joias lavadas em leite. Suas faces são como jardins de especiarias que espalham sua fragrância. Seus lábios são como lírios perfumados com mirra. Seus braços são como barras redondas de ouro, enfeitadas com berilo. Seu ventre é como marfim polido, que resplandece com safiras. Suas pernas são como colunas de mármore apoiadas em bases de ouro puro. Seu porte é majestoso, como o dos cedros do Líbano. Sua voz é a própria doçura; ele é desejável em todos os sentidos. Esse, ó mulheres de Jerusalém, é meu amado, meu amigo.*
> —CÂNTICO DOS CÂNTICOS 5:10-16

O profeta Isaías descreveu a aparência de Cristo durante Seu primeiro advento com estas palavras: "...Não havia nada de belo nem majestoso em sua aparência, nada que nos atraísse" (53:2). Quão maravilhosamente adequado é que Cristo seja a plenitude de esplendor e beleza quando o contemplamos. Pense nele vindo para a Sua noiva. Ele anseia ver sua face e ouvir sua voz.

No antigo mundo oriental, a face da noiva era sempre coberta com um véu. O levantar desse véu, deixando seu rosto a vista, era uma das partes mais íntimas da noite de núpcias. Não é romântico? Cântico dos Cânticos sugere que Cristo ansiará por ver o rosto de Sua noiva, Sua amada. E Ele não se decepcionará. Você será uma noiva linda. A intimidade que compartilharemos com Cristo está além de nossa compreensão. Não conhecemos a forma de como isso ocorrerá; simplesmente sabemos que vivenciaremos unidade plena com Ele em santidade e pureza completas. Porventura um entrelaçar de dois espíritos. Até lá, por favor, deleite-se na certeza de que Cristo a vê como linda e desejável de um modo puro e santo que não podemos compreender.

Você que é solteira, se você está em Cristo, tem adiante o relacionamento derradeiro; se Deus a chamar para a vida de celibato, sinta-se especial! Guarde-se inteiramente para Ele! O Rei está encantado com sua beleza.

Esposa ou marido com frustrações cotidianas: dê a seu cônjuge o espaço para ser humano; perdoe-o por não ser Deus, perdoe-o por nem sempre dizer o que você precisa ouvir. O Rei está encantado com sua beleza.

Até que o relacionamento derradeiro chegue, deixe que a imagem de seu espelho seja a face de Cristo. Para Ele, a pessoa mais linda nesta Terra é aquela que se prepara para encontrar o Noivo. Seu retrato nupcial está sendo pintado um dia de cada vez. Quando estiver completo, será uma obra prima de tirar o fôlego!

PERGUNTAS PARA DISCUSSÃO

1. Por que você acha que as pessoas têm tanta insegurança com relação à sua aparência?
2. Como o amor refletido em Cantares se compara ao seu relacionamento com Cristo?
3. Como você se sente com relação ao amor que Cristo demonstra por você?
4. Como o sonho de infância de ser bela é realizado em Cristo?

CAPÍTULO 26

SER FÉRTIL

*Canta alegremente, ó estéril, que não deste à luz;
exulta com alegre canto e exclama,
tu que não tiveste dores de parto; porque mais são
os filhos da mulher solitária do que
os filhos da casada, diz o S*ENHOR*.*
ISAÍAS 54:1 (ARA)

O SONHO DE infância que vamos discutir agora é um sonho que Satanás também falsifica para disseminar vergonha: o sonho de ser fértil. Sem dúvida, alguns dos homens e mulheres mais infelizes que conheci foram os que queriam filhos e não podiam tê-los. Meus amigos que sofreram com esse golpe questionavam-se desta forma: "Por que eu?"; "Por que meu marido?"; "O que eu fiz para merecer isso?"; "Essa é minha punição pelo sexo antes do casamento?"; "Isto é um castigo por eu ter abortado?"; "Será que eu seria um pai terrível?"; "Por que pais abusivos têm filhos? Eu jamais abusaria de uma criança!". E as perguntas não paravam por aí...

Testemunhei casamentos destruídos pela incapacidade de gerar filhos. Também vi algumas mulheres sofrerem vergonha por não desejarem, efetivamente, ter filhos. Diante desses fatos, gostaria de destacar diversos aspectos com relação à fertilidade e esterilidade.

Primeiro, esterilidade não sugere pecaminosidade. Lucas 1:5-7 fornece prova bíblica para isso. Isabel era estéril não devido ao pecado, mas porque Deus tinha algo especial para ela.

Corações completamente rendidos a Deus são geralmente confiáveis. Caso o coração de um homem ou mulher pertença inteiramente a Deus e essa pessoa não deseje se casar ou ter filhos, ela provavelmente tenha sido chamada para o celibato ou uma vida sem filhos para buscar outros propósitos para Deus. O versículo 4 do Salmo 37 poderia ser traduzido para apoiar esta afirmação. Esse salmo promete que se nos deleitarmos no Senhor Ele concederá os desejos do nosso coração.

Corações não rendidos a Deus raramente são confiáveis. Até que rendamos nossas esperanças e sonhos a Cristo, realmente não temos como saber o que de fato nos satisfaria. Todas nós conhecemos pessoas que declaravam que seriam "felizes" somente se... fossem casadas, tivessem filhos, tivessem uma casa grande ou o emprego certo. A maioria das pessoas que amontoa satisfação circunstancial se encontrará, cedo ou tarde, em falência emocional. Pessoas infelizes não se tornam felizes pelo casamento ou filhos. Uma pessoa infeliz geralmente precisa de uma transformação no coração mais do que uma mudança de circunstâncias. Sei disso por experiência própria.

Deus criou toda vida para ser fértil e multiplicar, mas esse sonho dado por Deus representa mais do que descendência física. Meditemos nisto por um momento: Por que a maioria das pessoas deseja ter filhos?

Creio que nossos sonhos de ter filhos representam um desejo de ter vidas frutíferas, de investi-las em algo que importa. Algo que faça diferença. Não acredito que Deus permita que corações entregues a Ele continuem a ansiar por coisas que Ele, no fim das contas, não concederá de uma forma ou de outra. Nossa decepção com Deus é frequentemente resultado de nosso pensamento limitado. Consideremos um fundamento bíblico para esse sistema de crença.

Isaías 54:1 aconselha a mulher estéril a cantar: "...porque mais são os filhos da mulher solitária do que os filhos da casada..." (ARA). Permita-me dar alguns exemplos. Minha querida amiga Johnnie Haines tem dois belos filhos que são seu orgulho e alegria. Ela sempre desejou, mas nunca teve uma filha. Certo dia, ela me disse: "Meus meninos estão praticamente crescidos e eu os amo tanto, mas ainda me pergunto, de vez em quando, por que Deus nunca me deu a filha que eu tanto queria?". Mas, veja, Ele deu! Durante dez anos ela liderou o ministério de mulheres em uma grande igreja em Houston. Ela foi mãe de inúmeras jovens! As mulheres sob sua liderança são agora cristãs maduras que estão servindo a Deus eficazmente em suas casas, seus trabalhos e suas igrejas.

A Dra. Rhonda Kelley é outra amiga, ela é autora de *Life Lessons from Women in the Bible* (Lições de vida de mulheres na Bíblia). Deus nunca concedeu a Rhonda e ao marido uma descendência biológica, mas Ele lhes deu uma prole espiritual maior do que a qualquer casal de pais que conheço! Seu marido é presidente de um seminário, e ela ensina e mentoria no campus. Somente o Céu poderá ostentar o número da descendência que Chuck e Rhonda realmente possuem. A perda deles foi o ganho da glória. Creio que ambos testemunhariam que Deus, no fim das contas, não os privou de procriar. Antes, Ele afrouxou as restrições e lhes fez aumentar suas tendas!

O potencial para descendentes espirituais na vida daqueles que são fisicamente estéreis é praticamente ilimitado; se Deus impede você de gerar descendência física, Ele deseja capacitar você a gerar descendência espiritual. Deus criou você para dar muito fruto.

Deus frequentemente aplicava as verdades naturais no Antigo Testamento como verdades espirituais no Novo Testamento. No Antigo Testamento, Deus prometeu inúmeros descendentes biológicos. No Novo Testamento, Sua ênfase é claramente na descendência espiritual. "Portanto, vão e façam discípulos de todas as nações..." (Mateus 28:19) é nosso equivalente à afirmação no Antigo Testamento: "...Sejam férteis e multipliquem-se. Encham e governem a terra..." (Gênesis 1:28). O livro de Isaías diz que aquelas que são estéreis podem ter mais descendentes que aquelas que podem conceber e dar à luz.

Se vivermos o suficiente, todas chegaremos ao ponto em que seremos estéreis. Devemos presumir que nossa fertilidade terá acabado? Até a morte viveremos apenas de lembranças e altas doses de fibras? Por que, então, a esterilidade chega para todas as mulheres em torno dos 50 anos? O plano era que ficássemos sentadas pelos próximos 30 ou 40 anos brincando com os dedos artríticos? Deus é pragmático demais para isso!

Mulheres mais velhas podem instruir "...as mulheres mais jovens a amar o marido e os filhos" (Tito 2:4). Quando mulheres mais experientes derramam suas vidas na vida de mulheres mais jovens e de seus filhos, elas estão dando à luz a descendentes espirituais! Mulheres mais velhas são uma necessidade no Corpo de Cristo! Homens mais velhos têm uma comissão semelhante (2 Timóteo 2:2). Não vejo o menor indício bíblico de que pessoas mais velhas deveriam aposentar-se do serviço a Deus ou do testemunho aos perdidos. Muito pelo contrário, elas têm oportunidades que vão muito além daquelas dos mais jovens. Deus nos chama para sermos frutíferos e multiplicar até que Ele nos leve para casa.

Quando era pequena, eu queria ser mãe mais do que qualquer outra coisa no mundo. Hoje minhas filhas estão crescidas. Porém, quando eram menores, minha filha mais velha e eu desfrutávamos de um tempo de rica comunhão juntas quando ela parou e perguntou: "Mamãe, quando Melissa e eu crescermos e talvez nos mudarmos para longe de você e do papai, você vai ficar bem?".

Senti um nó em minha garganta, mas ainda assim respondi confiante: "Sim, querida. A maioria das pessoas só precisa se sentir útil. Enquanto eu tiver Jesus, sempre me sentirei útil — mesmo que ocasionalmente eu me sinta sozinha".

Tentei ao máximo impedir que minhas filhas crescessem, mas todos os meus esforços fracassaram. Algumas vezes penso: *O que é que vou fazer? Eu nasci para ser mãe!* Então lembro de que Deus me chamou, primeiramente, para o ministério com mulheres, e que sempre terei a oportunidade de ser "mãe" de alguns descendentes espirituais se eu estiver disposta a investir minha vida nisso.

Uma de minhas filhas espirituais tem um humor particularmente seco e encantador. Com apenas 27 anos, ela é muito talentosa para ensinar a Bíblia, e dificilmente perde uma oportunidade de, afetuosamente, fazer piada com minha idade. Eu a apresentei certa vez como uma filha espiritual e depois ela disse: "Mas se você apresentou Jesus para a pessoa que me apresentou Jesus, você então seria minha avó espiritual, não?". Chamei-a de espertinha, nós rimos muito e agora todo cartão ou presente que envio a ela vai assinado: "Com amor, vovó".

Se Deus escolheu você para ter filhos biológicos, prepare-se! Eles vão crescer! E então será momento de aumentar sua tenda e investir em filhos espirituais! Se Deus escolheu você para jamais gerar filhos em seu ventre, Ele a está chamando para uma família muito maior! Deus propositadamente colocou o sonho da fertilidade em nosso coração. Ó, como eu amo os modos paradoxais pelos quais nosso glorioso Pai celestial age. Somente Ele pode trazer ganho de uma perda. Somente Ele pode nos tornar mais férteis na esterilidade!

Um pensamento final: indubitavelmente, uma das razões pelas quais eu queria filhos era para gerar descendentes que fossem a imagem de meu marido. Desejava pequenos e pequenas Keiths! Não queria que eles se parecessem comigo, sempre achei que Keith era muito mais bonito que eu. Veja, o mesmo princípio vale para nossa descendência espiritual. Uma vez que nos apaixonamos por Cristo, somos completamente tomadas por Sua beleza e queremos que nossos filhos se pareçam com Ele. Resumindo, eis o que é a maternidade espiritual: Criar filhos espirituais que sejam exatamente como seu Pai. O que poderia ser mais importante do que isto?

PERGUNTAS PARA DISCUSSÃO

1. Como você se sente ao desejar algo desesperadamente e sem que lhe seja permitido tê-lo?
2. Por que você acha que as pessoas frequentemente relacionam esterilidade à pecaminosidade?
3. Como você pode se dedicar em criar filhos espirituais?

CAPÍTULO 27

VIVER FELIZ
PARA SEMPRE

...Venha celebrar comigo.

MATEUS 25:21

CADA UMA DE nós tem sonhos e, se confiamos em Cristo de todo o coração, nada pode impedir que Deus supere nossos sonhos de infância com Sua realidade divina. O suicídio do marido não impediu que Deus superasse os sonhos de Kay Arthur. A repentina paralisia não impediu Deus de superar os sonhos de Joni Eareckson Tada. A terrível estada de Corrie ten Boom em um campo de concentração nazista não impediu que Deus superasse seus sonhos. Um mundo de pobreza e sofrimento não pôde impedir Deus de superar os sonhos de Madre Teresa.

Deus supera nossos sonhos quando vamos além de nossos planos e objetivos pessoais para agarrarmos a mão de Cristo e caminhar pelo trajeto que Ele escolheu para nós. O Senhor é compelido a nos manter insatisfeitas até que cheguemos a Ele e a Seu plano, a fim de que alcancemos satisfação plena. Agora nossos pensamentos se deterão no quarto sonho, que é algo de contos de fadas: viver feliz para sempre.

Viver feliz para sempre é algo que começou com Deus, não com a Cinderela. Não existe fada madrinha, porém anjos... é uma outra história. Não existe estrada de tijolos amarelos, apenas ruas de ouro. Não existem chalés na floresta, apenas mansões na glória. Nenhuma coroa em nossa cabeça, apenas coroas lançadas aos pés do Senhor. Você pode estar pensando que estou imaginando coisas, mas na verdade você ou eu não poderíamos imaginar tais coisas nem mesmo em nossos sonhos mais extravagantes. Quando Deus cumpre 1 Coríntios 2:9 na vida de uma pessoa rendida a Ele nesta Terra, é apenas uma sombra rudimentar de uma realidade superior.

Começaremos nossa caça ao tesouro com o texto tema de Isaías 61: "O Espírito do SENHOR Soberano está sobre mim [...] Ele me enviou para consolar os de coração quebrantado [...]. A todos que choram em Sião ele dará uma bela coroa em vez de cinzas, uma alegre bênção em vez de lamento, louvores festivos em vez de desespero..." (vv.1-3). Gosto destes "em vez", e você? O versículo não significa que jamais lamentaremos ou sentiremos desespero, mas que Cristo ministrará Sua alegria a nós mais uma vez. Ele nos dará um coração de louvor se permitirmos que Ele o faça e então, um dia, todo lamento e desespero ficarão para trás.

Medite na palavra *alegre* por um momento. Certamente, se há algum grupo de pessoas no mundo que deveria vivenciar a alegria, deveria ser o de cristãos! Mas, e se estendermos esse conceito um pouco adiante? Gostaria de sugerir que Deus também aprecia nos ver — ouso dizer — felizes! Acredite ou não, *feliz* realmente é uma palavra bíblica, mas de fato é sábio que a distingamos de duas palavras intimamente associadas a ela nas Escrituras: *bênção* e *alegria*.

Tanto bênção quanto alegria nos alcançam por meio da obediência, frequentemente em tempos de perseguição e dor. A diferença óbvia é que bênção e alegria não são circunstanciais, enquanto a felicidade é. Por favor, compreenda, contudo, que essa diferença não torna a felicidade algo menor, apenas mais raro. Na verdade, estou aqui para dizer que a palavra *feliz* está adquirindo uma má reputação, então usemos alegria e bênção para esclarecê-la!

Temo que tenhamos nos tornado tão legalistas em muitos de nossos círculos cristãos, que chegamos a ponto de tirar a palavra *feliz* de nosso vocabulário "religioso" mesmo quando ela é adequada. Permita-me, de uma vez por todas, liberar isto do meu peito: Algumas vezes, de forma simples e direta, Deus me faz FELIZ! Pronto, está dito. Pode me chamar de imatura, mas me imagine sorrindo.

Deus me faz sentir feliz muitas vezes. Por exemplo, quando vejo Melissa curvar a cabeça para orar quando está na linha de lance livre, e então vejo a bola de basquete escorregar de suas mãos e passar pela cesta como se fosse seda. Nem sempre acontece, mas quando ocorre, me sinto feliz em Jesus! É claro que eu sei que existem pessoas famintas do outro lado do mundo. Fico profundamente aflita por pessoas em sofrimento e oro por outras nações todos os dias; mas me permito desfrutar de um momento feliz em Cristo quando tenho a possibilidade disso. A felicidade é inadequada quando é nosso objetivo, mas não é inadequada quando é um presente momentâneo de Deus. Abra-o... desfrute do momento. E lembre-se desse mimo do Senhor sobre você quando a situação ficar difícil.

Quão realista é o sonho de viver feliz para sempre? Veja por você mesmo: "O senhor disse: 'Muito bem, meu servo bom e fiel. Você foi fiel na administração dessa quantia pequena, e agora lhe darei muitas outras responsabilidades. Venha celebrar comigo'" (Mateus 25:21).

Aí está. Cristo é feliz. Ele deseja que você compartilhe de Sua felicidade — viver feliz para sempre. Até que cheguemos lá, o Senhor, vez por outra, nos dá um repentino respingo de felicidade para que possamos molhar os dedos do pé naquilo em que nadaremos por toda a eternidade!

A passagem mais preciosa que esta seção entalhou em meu coração é a de Cântico dos Cânticos 2:10-12. Permita-me compartilhar algumas ponderações que Deus me concedeu enquanto eu visualizava essa passagem. Aprecio profundamente a vulnerabilidade que nosso estudo desta semana exigiu. Continue permitindo que a verdade a liberte!

> Era seu aniversário de 90 anos. Ela não planejara viver tanto tempo. Não conseguia evitar, ela simplesmente continuava acordando. A casa espaçosa de seu filho mais novo estava lotada de familiares. Ela agiu com tanta surpresa por sua festa quanto uma anciã de 90 anos conseguiria. Ela gargalhou para si mesma. Eles obviamente pensavam que sua crescente falta de conversa era prova de uma crescente falta de sentidos. Por que ela deveria estar surpresa? Eles haviam feito festas surpresa para ela nos últimos cinco anos. Ela concluiu que pensariam que ela poderia ter esquecido. O que a festa realmente significava era o fato de estarem surpresos por ela ainda estar viva. Ó, mesmo assim ela os amava. Cada um deles. Sacolas bonitas e laços amontoados na mesa de centro. Agora, o que é que ela faria com um monte de presentes? E de quantos pares de meia uma mulher precisa? Mas aquele bolo

parecia muito saboroso. Os tataranetos insistiram em colocar 90 velas no bolo.

O tataraneto mais novo puxou-a pela mão: "Vem, vó! É hora de soprar as velas". Ela sorriu e pediu a Deus que lhe ajudasse a segurar os dentes na boca. O tempo repentinamente pareceu congelar. Olhou ao redor da sala e estudou os rostos. A vida tinha sido boa — dolorosa em alguns momentos, mas Deus sempre foi fiel. Ela já era viúva há 23 anos. Seus últimos anos foram agradáveis. Sua família garantiu que assim fosse. Mas ela tornou-se cada vez menos capaz de participar. Percebeu que na maior parte do tempo apenas assistia à vida.

A insistência abafada do menino de cinco anos finalmente ficou clara: "Vó, vem!". Antes que ela pudesse inspirar, todos os pequeninos sopraram as velas. Somente parentes de sangue teriam comido aquele bolo depois da "pulverização" que levou. Mais tarde, ela se sentou em sua antiga penteadeira enquanto sua nora carinhosamente retirava os grampos de seu cabelo fino e branco. Ela encarou o espelho amarelado. Quando foi que ficou tão velha? Para onde se foram os anos? Sua nora penteava os cabelos gentilmente, tagarelando incessantemente sobre a noite. Enquanto a nora a ajudava com sua camisola e a colocava na cama, a mulher idosa se sentiu tão fraca; seu corpo doía simplesmente por deitar-se.

O colchão macio parecia engolir sua carcaça. Ela repousou seu leve peso e olhou para as estrelas através janela. Ouviu o som familiar do trem das dez horas passando sobre a ponte e quase tremeu ao lembrar--se do seu batismo naquelas águas frias ali sob aquela estrutura. Sorriu e enunciou uma oração de boa noite ao Salvador a quem ela amava desde a infância. Ela não disse muito: "Obrigada, Jesus! Obrigada!". Quase antes que pudesse fechar seus olhos, o sono profundo tomou conta dela. Repentinamente sua sonolência foi surpreendida pela mais bela voz que já ouvira, vindo de um homem em pé acima dela. "Levante-se, minha querida! Venha comigo, minha bela! Veja, o inverno acabou, e as chuvas passaram [...] chegou a época das canções."

Beleza em lugar de cinzas.

PERGUNTAS PARA DISCUSSÃO

1. Por que algumas pessoas se recusam a abrir mão de seus sonhos enquanto outras não se importam em fazê-lo?
2. De que maneira Deus trouxe alegria a sua vida a partir da dor?
3. Por que você acha que ignoramos a importância da felicidade em círculos espirituais?

CAPÍTULO 28

DE CABEÇA PARA BAIXO

*Como são tolos! Ele é o oleiro e certamente é
maior que vocês, o barro. Pode o objeto criado
dizer sobre aquele que o criou: "Ele não me fez"?
Pode o vaso dizer: "O oleiro não sabe o que faz"?*

ISAÍAS 29:16

ALERTA! NÃO CREIO que esta será sua parte favorita deste estudo. Como a liberdade em Cristo se torna uma realidade na vida? Em uma palavra: obediência! Obediência à Palavra de Deus.

Tiago descreveu o relacionamento entre a Palavra de Deus e a liberdade:

*Não se limitem, porém, a ouvir a palavra; ponham-na
em prática. Do contrário, só enganarão a si mesmos.
Pois, se ouvirem a palavra e não a praticarem, serão
como alguém que olha no espelho, vê a si mesmo, mas,*

assim que se afasta, esquece como era sua aparência. Se, contudo, observarem atentamente a lei perfeita que os liberta, perseverarem nela e a puserem em prática sem esquecer o que ouviram, serão felizes no que fizerem.
—TIAGO 1:22-25

Responder adequadamente à Palavra de Deus é nossa passagem para o trem da liberdade. A Palavra de Deus é a lei perfeita que dá liberdade. Abordei outras questões primeiro porque algumas vezes estamos escravizados demais para imaginar viver em obediência. Frequentemente quando apresento essa parte fundamental da jornada para a liberdade, vejo expressões abatidas que demonstram nosso desejo natural: queremos que Deus, de alguma forma, nos toque com uma varinha de condão e remova magicamente todos os impedimentos sem exigir nada de nós.

Caso Deus simplesmente movimentasse uma varinha mágica e quebrasse todo jugo sem nossa cooperação, em breve escolheríamos outro senhor. Deus deseja nos transformar de dentro para fora — renovando nossa mente, exterminando por inanição nossas tendências autodestrutivas e nos ensinando a desenvolver novos hábitos.

O riquíssimo livro de Isaías nos oferece motivações cruciais para obedecermos. Em um de seus capítulos, Deus usou o exemplo de um pedaço de barro danificado para descrever o problema de Seu povo:

Como são tolos! Ele é o oleiro e certamente é maior que vocês, o barro. Pode o objeto criado dizer sobre aquele que o criou: "Ele não me fez"? Pode o vaso dizer: "O oleiro não sabe o que faz"? —ISAÍAS 29:16

Por favor, permita que Deus entalhe esta verdade em seu coração: liberdade e autoridade sempre andam de mãos dadas. Durante o ministério do profeta Isaías, a escravidão era iminente para os filhos de Israel visto que tinham um sério problema com autoridade.

Em suma, Deus estava dizendo: "Vocês viraram tudo ao contrário. Vamos esclarecer o seguinte: Eu sou Deus, e vocês humanos. Eu sou o Criador, e vocês criaturas. Eu sou o oleiro, e vocês o barro. Vocês obedecem... não para o meu bem, mas para o de vocês".

Desde os primeiros anos de vida, ao que tudo indicava, minha adorável filha caçula tinha vindo ao mundo para conquistar. Quando tinha apenas 2 anos, ela gostava de andar a nossa frente para parecer que ela havia chegado antes de nós e sozinha. Ela nasceu com uma personalidade autoritária e parecia pensar que todos nós — ela, Keith e eu — estávamos no mesmo nível. Keith e eu gastamos certa quantidade de energia, e não foi pouca, salientando nossa autoridade sobre ela: a punição por rebelião e a segurança e a bênção que há na obediência. Nem sempre fizemos isso de maneira acertada, mas temos nos imposto com frequência! No presente momento, especificamente, estamos usufruindo de uma colheita prazerosa. Melissa é uma adolescente maravilhosa. Se ganhasse uma moeda para cada vez que precisei dizer: "Eu, mãe! Você, filha!", ela herdaria uma fortuna! Vez após vez no livro de Isaías, Deus salienta perfeitamente os mesmos três princípios:

1. Ele tem o direito de governar.
2. Ele estabelece um preço alto pela rebelião.
3. Ele derrama segurança e bênção quando há obediência.

No capítulo 30, o profeta Isaías retrata a indisposição das pessoas para obedecer: "...'Não tenham mais visões!' [...]. Falem de coisas agradáveis, contem-nos mentiras [...]. Parem de nos falar do Santo de Israel'" (Isaías 30:10,11). Deus responde:

> *Esta é a resposta do Santo de Israel: "Porque desprezam o que lhes digo [...] a calamidade virá sobre vocês de repente, como um muro inclinado que se rompe e desmorona. Num instante desabará e cairá por terra. Serão despedaçados como vasilha de barro, esmigalhados tão completamente que não sobrará um caco grande o suficiente para tirar brasas da lareira ou um pouco de água do poço". Assim diz o SENHOR Soberano, o Santo de Israel: "Vocês só serão salvos se voltarem para mim e em mim descansarem. Na tranquilidade e na confiança está sua força, mas vocês não quiseram saber".*
> —ISAÍAS 30:12-15

Bem confrontador, não? Pense em sua natureza humana enquanto considero a minha. Sem o Espírito Santo controlando sua vida, alguns desses versículos lhe soam familiares? Eu também penso que sim. Posteriormente consideraremos como o rebelar-se contra a autoridade de Deus não é apenas tolice, mas é uma afronta ao Deus Todo-Poderoso, nosso Criador e Rei. Contudo, por ora atentaremos para rebelião de um ponto de vista estritamente egoísta: os filhos de Deus traíram-se a si mesmos por meio da rebelião.

A palavra *rebelião* significa o que você provavelmente esperava. Palavras como *contestador* e *desobediente* são sinônimos precisos. A definição hebraica também usa, como no inglês, o sinônimo *refratário*. O dicionário eletrônico *Houaiss* (2009) define essa palavra da seguinte forma: "que resiste às leis ou a princípios de autoridade; insubmisso; obstinado, resistente". Dei uma risadinha quando verifiquei o significado de *refratário* em outro dicionário, pois a definição era *cabeça-dura*, ou seja: "obstinado, teimoso". Isto realmente me afeta: teimoso, que resiste à autoridade.

Enfrentemos o fato: sem a intervenção de Deus em nossa vida, todas nós tendemos a ser cabeças-duras. Queremos governar a nós mesmas, mas nos comandar é um ingresso para a escravidão. Cada uma das frases escalonadas em Isaías 30:8-21 caracteriza rebelião. Muitas das características sinalizam desastre iminente! Nesse capítulo, constatamos que um filho de Deus rebelde (1) não age como um filho de Deus; (2) não está disposto a ouvir à instrução do Senhor; (3) prefere ilusões agradáveis à verdade e (4) confia na opressão. No capítulo, seguinte examinaremos estas duas últimas características: um filho rebelde de Deus (5) aprende a confiar em mentiras e (6) foge das verdadeiras respostas que Deus provê.

1. *Um filho de Deus rebelde não age como um filho de Deus* (v.9). *Enganoso* significa "não agir como filhos... dar falsa impressão de quem você é". Se você está em um relacionamento de aliança com Deus, mas não age como Seu filho, está vivendo uma mentira! O mundo prega a filosofia do "seja verdadeiro consigo mesmo". Cristãos conseguem ser verdadeiros consigo mesmos apenas quando demonstram que pertencem a Deus.

2. *Um filho de Deus rebelde não está disposto a ouvir à instrução do Senhor* (v.9). A palavra hebraica para "ouvir" é *shama*, que significa "ouvir dando atenção integral". Pessoas rebeldes não querem ouvir. Algumas vezes estamos indispostos a ouvir a Deus porque somos resistentes a sermos corrigidos. Isso é rebelião. A tragédia é que Deus jamais nos diria algo para nos

derrotar. Sua mente é unilateral com relação a nós. Ele deseja que vivamos como os vencedores que somos.

As Escrituras fornecem imagens vívidas dos benefícios vitoriosos da obediência. O Salmo 81 proclama a seguinte promessa: "Ah, se meu povo me escutasse [...]! Então eu derrotaria seus inimigos sem demora; minhas mãos cairiam sobre seus adversários" (vv.13,14).

3. *Um filho de Deus rebelde prefere ilusões agradáveis à verdade* (vv.10,11). Almejamos mensagens que nos façam sentir bem. Quando estamos vivendo em rebelião, a última coisa que queremos é confrontar o Santo de Israel. Observe a demanda do povo de Deus no versículo 10 de Isaías 30: "...Falem de coisas agradáveis, conte-nos mentiras". Quem não gosta de ser adulado? Se gostar de lisonja, coloca um laço em nosso pescoço, então buscar bajulação nos enforca! Satanás poderia ter escrito o livro *A bajulação leva você a qualquer lugar*.

O apóstolo Paulo alertou corretamente que: "...virá o tempo em que as pessoas já não escutarão o ensino verdadeiro. Seguirão os próprios desejos e buscarão mestres que lhes digam apenas aquilo que agrada seus ouvidos" (2 Timóteo 4:3). Caso tenhamos uma forte preferência por certos mestres e pregadores em detrimento de outros, seremos sábias ao nos questionarmos o porquê. Se nossa resposta for qualquer coisa que não ensino bíblico equilibrado, podemos estar em rebelião mesmo ocupando os bancos da igreja domingo após domingo. Certifiquemo-nos de não estarmos à procura de pessoas que falem aos nossos ouvidos somente o que nos agrada e assim nos escondam da verdade.

4. *Um filho de Deus rebelde confia na opressão* (v.12). Aqui vai algo chocante: não apenas os filhos de Deus podem ser oprimidos, mas podemos chegar ao ponto de confiar na opressão. A

palavra *confiar* no versículo 12 é a palavra hebraica *batach*, que significa "associar-se, fiar, confidenciar em sentir-se seguro". A palavra hebraica para *opressão (osheq)* indica opressão por meios de fraude ou extorsão, algo "obtido enganosamente" (*Strong*).

Podemos afirmar o seguinte: pessoas que se separam da verdade associam-se inadvertidamente a mentiras que defraudam e extorquem. Deus nos criou para estarmos vinculados a Ele; portanto Ele nos criou com uma necessidade verdadeira de sermos vinculados. Satanás sabe que não pode simplesmente nos seduzir a nos separarmos de Deus e de Sua Palavra a fim de sermos independentes. Na realidade, não existe algo do tipo: uma psique humana completamente independente. Para nos seduzir, Satanás oferece vínculos alternativos disfarçados de satisfação de nossas necessidades interiores. Qualquer vínculo que não seja Deus é uma fraude. A palavra *vínculo* neste contexto difere de relacionamentos saudáveis com coisas ou pessoas. A palavra-chave é *confiança*. Vínculo errado significa tornar-se dependente de algo contrário a Deus.

Eu cresci em uma fortaleza de medo. Almejava encontrar um lugar seguro onde me esconder, queria desesperadamente que alguém cuidasse de mim. Do campo de minha sofrida experiência, permita-me alertar você sobre um coquetel emocional tóxico: um relacionamento composto por uma pessoa que tem uma necessidade extrema de ser cuidada e alguém que tem a necessidade doentia de cuidar. Tal relacionamento acabou extorquindo a liberdade concedida por Deus e provou ser fraudulento.

Qualquer lugar em que tenhamos nos escondido, não é seguro. Em Cristo, encontramos liberdade para sermos expostas com segurança! Que possamos simplesmente compreender que a autoridade de Deus não aprisiona; ela nos liberta! A seguir, continuaremos nossa análise sobre rebelião e a sabedoria da obediência.

PERGUNTAS PARA DISCUSSÃO

1. Por que a obediência é tão necessária para a liberdade em Cristo?
2. Como você vivenciou ganhar liberdade em uma área de sua vida, apenas para que a escravidão aparecesse em outra?
3. Como nós hoje nos assemelhamos aos israelitas descritos em Isaías 30?
4. Quais características de um filho rebelde de Deus você tem ou teve?

CAPÍTULO 29

BARRO DESPEDAÇADO

*...a calamidade virá sobre vocês de repente, como
um muro inclinado que se rompe e desmorona.
Num instante desabará e cairá por terra.
Serão despedaçados como vasilha de barro...*
ISAÍAS 30:13,14

CONTINUAREMOS NOSSA LISTA de indícios de rebelião em Isaías 30:8-21. Dentro do que já vimos, a quarta característica foi a que mais transpassou meu coração. Oro para que Deus exponha todos os vínculos fraudulentos em nossa vida e nos atraia para a luz de relacionamentos saudáveis tanto com pessoas quanto com coisas. Agora, vejamos a quinta característica.

5. *Um filho de Deus rebelde confia em mentiras* (v.12). A palavra hebraica para "confiar" é *sha'an*: "suportar-se, apoiar-se em". Toda ocasião em que viu alguém andar com uma bengala ou

muleta, você testemunhou a palavra dessa frase retratada na imagem que presenciou.

Esta afirmação bíblica: "...preferem confiar em opressão e mentiras" (Isaías 30:12), impressiona-me de modo excepcional. Sempre que nos vinculamos à segurança ou a buscamos em um salvador fraudulento, tornamo-nos dependentes de mentiras a fim de manter o hábito. Muitos, tragicamente, encontram-se nessa realidade. Observe este exemplo:

> Uma jovem cristã tem um pai severo e abusivo. Ela cresce com medo de homens e aversão a eles. Satanás providencia uma mulher um pouco mais velha que parece ser sensível e atenciosa. O relacionamento reconfortante se transforma em um relacionamento físico, então a jovem presume ser homossexual. Em seu coração ela sabe que o que está fazendo é errado, mas sente-se desamparada sem sua nova consoladora. Em pouco tempo, começa a socializar-se com outras mulheres que praticam a homossexualidade, porque sustentarão seu novo hábito com as mentiras das quais precisa para continuar. Ela evita a Bíblia e escolhe livros que advogam a homossexualidade. Ela abandona todos os relacionamentos exceto aqueles que apoiam seu vínculo fraudulento com mentiras.

Assustador, não? Usei um cenário óbvio para estabelecer meu ponto de vista, mas Satanás usa incontáveis vínculos a coisas ou pessoas que nos são altamente nocivos. É interessante o fato de o mundo decaído rotular os cristãos como pessoas emocionalmente carentes que utilizam a religião e a fé como muletas. Como estão equivocados! A maior muleta de todas é o engano. As mentiras de Satanás nos mantêm caminhando em nossos grilhões.

6. *Um filho de Deus rebelde foge das respostas verdadeiras* (vv.15-17). Deus disse: "...Vocês só serão salvos se voltarem para mim e descansarem...", mas o povo respondeu: "...Nada disso! Entraremos na batalha, montados em cavalos velozes..." (vv.15,16). Você já experenciou uma época em sua vida na qual sabia o que poderia resgatá-la, mas preferiu fugir? Talvez, como eu, você classifica essas memórias dentre seus maiores arrependimentos. Praticamente, num momento ou outro, todos fugiram das respostas verdadeiras.

Em Isaías 30:15, a palavra *salvos* não é utilizada em um sentido estritamente eterno. A palavra representa ser salvo ou liberto de qualquer tipo de calamidade ou ataque também no presente. Deus apresentou essa verdade em forma de equação:

> Arrependimento + descanso = salvação

A salvação eterna exige que nos arrependamos de nossos pecados e dependamos da obra de Cristo. Contudo, nossa necessidade de libertação não é eliminada uma vez que nos tornamos cristãs. Ainda precisamos de muito auxílio para evitar armadilhas e ciladas. Por isso, a equação acima se aplica a esta afirmação: "Vocês só serão salvos se voltarem para mim e descansarem".

A palavra *voltarem* é uma tradução mais acurada da palavra hebraica *shuwbah* traduzida como *arrependimento*, o que na verdade significa "retornar" (*Strong*). A palavra *arrependimento* usada em outros trechos da Palavra de Deus geralmente significa "abandonar o pecado", mas frequentemente omitimos o passo seguinte! Atos 3:19,20 expressa uma dúplice etapa: "Agora, arrependam-se e voltem-se para Deus, para que seus pecados sejam apagados. Então, da presença do Senhor virão tempos de renovação...". Se nós simplesmente abandonarmos nossos pecados, mas não nos voltarmos a Deus, nos faltará o poder para vencer a tentação na próxima vez que ela surgir! A palavra *voltarem* em Isaías 30:15 abrange tanto arrependimento quanto voltar-se para Deus!

Agora olhemos para a segunda variável na equação: "...Vocês só serão salvos se voltarem [ou *arrependerem-se*] para mim e descansarem...".

A palavra *descansarem*, provavelmente denota o que você acredita que ela significa. Seu equivalente no hebraico é *nachath*. O dicionário *Strong* dá uma definição que me faz rir: "pousar". Consigo ver minha avó em nossa cozinha no Arkansas com um mata-moscas em sua mão e uma expressão sobretudo séria em sua face. "Tá fazendo o quê, vó?", eu perguntava. "Estou esperando aquela mosca nojenta pousar por um segundo para eu esmagá-la."

Em poucos segundos ouvia: "Pá!". E ela dizia: "Tome isso sua praga!". De alguma forma, frequentemente cremos que somos como essa mosca. Achamos que se pousarmos por um segundo, Deus vai nos dar uma pancada. Está enganada! Nós não somos moscas e minha avó não era Deus! O Senhor deseja que descansemos nele, que repousemos em Sua verdade e estejamos firmados em quem Ele é.

Ao nos voltarmos para Deus e descansarmos com confiança em Suas promessas e Seu poder, encontraremos a salvação continuamente. Amo o significado hebraico da palavra *salvação*. *Yasha* significa "ser aberto, vasto, ou livre... é o oposto de *tsarar*, grampear". *Yasha* traça a imagem de um lugar espaçoso no qual podemos nos movimentar. Tenho vivenciado pessoalmente a liberdade ampla que provém da obediência a Cristo! Contudo, também conheci o miserável e agudo sentimento da rebelião.

Todas nós sabemos que Deus quer que nos voltemos a Ele e descansemos, mas muitas de nós tentamos a seguinte equação:

arrependimento + agir de uma maneira melhor na própria força. Essa fórmula foi frequentemente a minha ruína.

Outra equação pode ser encontrada em Isaías 30:15 — "tranquilidade + confiança = sua força". Força, nesse versículo significa "vitória implícita". Desejo profundamente ser vitoriosa, você não? Considere dois elementos primordiais envolvidos na vitória: tranquilidade e confiança. A palavra para "tranquilidade" é *shaqat*, que significa "deitar-se tranquilamente, ser sereno... acalmar". Você algumas vezes experienciou alguma derrota por se recusar a tranquilizar-se na presença de Deus e confiar nele?

A palavra hebraica traduzida por "confiança", no citado versículo, aparece somente uma vez no Antigo Testamento. A palavra *bitchah* significa "não há nada mais que se possa fazer". Uma vez que tenhamos obedecido a Deus, não podemos fazer mais nada. Então esperamos que Ele traga a vitória, sabendo que as consequências de nossa obediência são responsabilidade do Senhor e não nossa. O normal de nossa natureza humana é fugir quando estamos em apuros, mas Isaías 30:15 nos ensina dois preceitos muito importantes:

1. Fugir da salvação de Deus é rebelião.
2. Fugir da força de Deus é fugir da vitória.

Conforme nos aproximamos da nossa conclusão, lembre-se de todas as seis características da rebelião.

1. Um filho de Deus rebelde não age como um filho de Deus (Isaías 30:9).
2. Um filho de Deus rebelde não está disposto a ouvir a instrução do Senhor (Isaías 30:9).
3. Um filho de Deus rebelde prefere ilusões agradáveis à verdade (Isaías 30:10,11).

4. Um filho de Deus rebelde confia na opressão (Isaías 30:12).
5. Um filho de Deus rebelde confia em mentiras (Isaías 30:12).
6. Um filho de Deus rebelde foge das respostas verdadeiras (Isaías 30:15-17).

Quais dessas características foram tendências em sua história com Deus? Com o que você tem lutado atualmente? Invista algum tempo em oração com essa lista. Confesse quaisquer tendências à rebelião ou áreas de rebelião fundamentadas nas seis características abordadas. Depois revise as equações apresentadas. Não reaja à sua confissão declarando como você agirá melhor daqui para frente. Corra para o Pai e descanse nele.

Deus deseja respondê-la, e Sua resposta já está revelada: "...o SENHOR esperará até que voltem para ele, para lhes mostrar seu amor e compaixão" (Isaías 30:18). Podemos imaginar Deus sendo misericordioso e perdoador quando acidentalmente nos colocamos em uma confusão, mas quase não conseguimos acreditar como Deus pode ser compassivo quando somos abertamente rebeldes.

Ó, que desserviço quando tentamos humanizar Deus considerando-o como o melhor da humanidade e não como integralmente Deus! A compaixão do Senhor exige que Ele nos alcance mesmo em nossa rebelião, mas Sua justiça demanda que Ele aplique dolorosa punição sobre nós se não agarrarmos Sua mão estendida e nos voltarmos a Ele sinceramente.

Lembre-se de Isaías 30:12-14; se continuarmos em rebelião, rejeitando a Palavra de Deus, confiando na opressão e em mentiras, os muros de proteção ao redor de nossa vida se esfacelarão como vasos de barro quebrados. Os cristãos salvos não perdem sua salvação, mas se ariscam a desperdiçar boa parte de sua proteção por conta disso. O ponto principal destes dois capítulos (28 e 29) é: o barro que insiste em agir como o Oleiro inevitavelmente acabará em pedaços. Não esperemos até estarmos despedaçadas para voltar e confiar no Senhor.

PERGUNTAS PARA DISCUSSÃO

1. Como um filho rebelde de Deus passa a confiar em mentiras?
2. Por que filhos rebeldes de Deus fogem das respostas verdadeiras?
3. O que você acha mais difícil: retornar para Deus ou descansar nele? Por quê?
4. Quais características da rebelião têm sido sua tendência?

CAPÍTULO 30

O DIREITO DIVINO DE GOVERNAR

*...somente eu sou Deus; eu sou Deus,
e não há outro semelhante a mim.*

ISAÍAS 46:9

ESTAMOS NOS CENTRANDO na obediência: a fonte crucial que aciona a liberdade que vem de Cristo e a torna realidade em nossa vida. Adquirimos a liberdade em Cristo no momento em que o recebemos como nosso Salvador; mas se essa dádiva interior não for externalizada por meio da obediência, podemos nunca experimentá-la. Vejamos como isso funciona.

Somente o Senhor possui verdadeira liberdade. "Pois o Senhor é o Espírito, e onde está o Espírito do Senhor, ali há liberdade" (2 Coríntios 3:17). Jesus falava frequentemente sobre essa verdade. Observe o termo *receber* e suas variações nos versículos a seguir.

- "Mas, a todos que creram nele e o aceitaram, ele deu o direito de se tornarem filhos de Deus" (João 1:12).
- "Pois vocês não receberam um espírito que os torne, de novo, escravos medrosos, mas sim o Espírito de Deus, que os adotou como seus próprios filhos. Agora nós o chamamos '*Aba*, Pai'" (Romanos 8:15).
- "E nós recebemos o Espírito de Deus, e não o espírito deste mundo, para que conheçamos as coisas maravilhosas que Deus nos tem dado gratuitamente" (1 Coríntios 2:12).

Note abaixo o ensino claro dessa recepção divina.

Se vocês me amam, obedeçam a meus mandamentos. E eu pedirei ao Pai, e ele lhes dará outro Encorajador, que nunca os deixará. É o Espírito da verdade. O mundo não o pode receber, pois não o vê e não o conhece. Mas vocês o conhecem, pois ele habita com vocês agora e depois estará em vocês. —JOÃO 14:15-17

Quando recebemos Cristo como nosso Salvador, nós literalmente recebemos Cristo! Seu Espírito faz morada em nós. Caso contrário: "...se alguém não tem o Espírito de Cristo, a ele não pertence" (Romanos 8:9).

Quando recebemos Cristo como Salvador, recebemos Seu Espírito libertador, mas devemos compreender que a liberdade nunca ultrapassa os limites de Seu Espírito. Portanto, nossa libertação é expressa como realidade somente nas áreas de nossa vida onde o livre Espírito de Deus é liberado. Somos livres quando, e somente quando, Ele está no controle.

Reflita novamente nestas palavras: "Pois o Senhor é o Espírito, e onde está o Espírito do Senhor, ali há liberdade" (2 Coríntios 3:17). Liberdade e senhorio são parceiros inseparáveis na vida do cristão. Quando lemos que a liberdade pode ser encontrada em qualquer lugar em que o Espírito de Deus está, podemos interpretar isso literalmente.

A liberdade se torna realidade quando nos rendemos à autoridade de Deus. Seremos tão cheias com o Espírito na mesma proporção em que formos submissas ao Seu senhorio. Embora o Espírito do Senhor sempre esteja em nós, Ele inunda somente as áreas de nossa vida em que Ele é autoridade máxima. A liberdade flui onde o Espírito Santo transborda.

Esse ponto traz à tona uma questão interessante: você já percebeu que pode viver a liberdade em uma parte de sua vida e permanecer escravizada em outra? Algumas vezes permitimos que Deus tenha autoridade plena em uma área enquanto recusamos que Ele tenha acesso a outra.

Como, então, podemos ser plenamente libertas? Podemos estudar a Palavra de Deus até finalmente vivenciarmos a liberdade? Podemos orar até passarmos a viver em liberdade? Podemos repreender o inimigo tão rigorosamente a ponto de vivenciarmos a liberdade? Não! Até que escolhamos não restringir o acesso da autoridade de Deus à certas áreas de nossa vida, não vivenciaremos a liberdade plena. A resposta para a liberdade é não limitar parte alguma de nossa vida à autoridade do Senhor.

Novamente, permita-me reforçar que vidas obedientes não são vidas perfeitas. Obediência não significa estar sem pecado, mas sim confissão e arrependimento quando pecamos. Obediência não é alcançar um estado perpétuo de piedade, mas buscar a Deus continuamente, cada dia com mais intensidade. Obediência não é viver miseravelmente de acordo com um conjunto de leis, mas convidar o Espírito Santo de Deus para fluir livremente através de nós. Obediência é aprender a amar e valorizar a Palavra de Deus e enxergá-la como nossa segurança.

Você sabe qual foi o propósito definitivo de Cristo em Sua vida terrena? Ele proclamava continuamente esse desígnio.

- No Getsêmani, ele orou: "...faça-se a tua vontade" (Mateus 26:42).
- "Então Jesus explicou: 'Meu alimento consiste em fazer a vontade daquele que me enviou e em terminar a sua obra'" (João 4:34).
- "Pois desci do céu para fazer a vontade daquele que me enviou, e não minha própria vontade" (João 6:38).

O Filho unigênito do Pai veio para fazer a vontade de Seu Pai. Até mesmo o Pai e o Filho tinham um relacionamento de Oleiro e barro. Cristo obedecia ao Oleiro. Como um vaso de barro, Jesus tinha que confiar completamente na vontade de Seu Pai. Embora rejeição, sofrimento e vergonha fizessem parte de Sua experiência, Cristo aceitou Seu ministério concedido por Deus em todas as recorrências difíceis, pois confiava no coração de Seu Pai.

Creio que a obediência implacável de Cristo ao Pai vinha não apenas do Seu amor por Ele, mas também de duas motivações adicionais: Cristo estava comprometido com o direito que Deus tinha de governar e estava convencido de que o governo de Deus era justo. Consideremos o direito que Deus tem de governar e, no próximo capítulo, analisaremos a retidão do governo de Deus.

Até aqui, vimos uma das mensagens mais claras do livro de Isaías: a obediência é um ingresso à liberdade, e a rebelião uma entrada para a escravidão. Não coincidentemente, o livro de Isaías também tem muito a dizer sobre o direito que Deus tem de governar e a retidão de Seu governo. Nos capítulos 40, 45 e 46 de Isaías, o profeta aborda poderosamente a supremacia de Deus sobre a criação, os ídolos e a humanidade. Esses capítulos também contêm proclamações pessoais da total singularidade de Deus. Encorajo você a fazer este exercício de estudo bíblico individual: leia em Isaías as seguintes passagens: 40:12-28; 45:5-25; 46:1-13. Na sequência escreva ou sublinhe as afirmações que demonstram a superioridade de Deus sobre a criação, os ídolos ou a humanidade e Sua total singularidade. Eis um exemplo de cada uma dessas categorias:

- *Criação:* Ele mede as águas com Sua mão (Isaías 40:12).
- *Ídolos:* os ídolos são feitos por mãos de homens (Isaías 40:19).
- *Humanidade:* nenhum ser humano pode compreendê-lo ou instruí-lo (Isaías 40:13).
- *A total singularidade de Deus:* "...Quem é igual a mim?..." (Isaías 40:25).

Conforme leio as referidas passagens, ganho mais uma vez sobriedade e humildade. Algumas vezes o que precisamos para curar nosso ego inflado é uma forte dose de Deus. Muito antes que um certo "visionário" descobrisse que a Terra é redonda, Deus assentou-se entronizado acima do círculo da Terra. Muito antes que os homens fossem tão "esclarecidos", Deus formou a luz e a escuridão. Muito antes que o primeiro bilhão de dólares fosse investido na exploração do espaço, as mãos do próprio Deus estenderam os céus. Muito antes que houvesse um "princípio", Deus já havia planejado o fim. Como Pedro no monte da transfiguração, ficamos tão apegadas aos tabernáculos que desejamos construir que, algumas vezes, perdemos uma revelação revigorada da glória de Deus bem diante de nossos olhos.

Tornamos a vida muito mais complicada quando pensamos que tudo nela "se trata de mim". O resto do mundo nunca coopera. Ninguém mais recebeu os memorandos. Quando nos enxergamos como o centro do Universo, vivemos em constante frustração visto que o restante da criação se recusa a girar em torno de nós.

A vida é simplificada largamente e a satisfação torna-se mais presente quando começamos a perceber quão incríveis são nossos papéis. Deus é Deus. De nossa perspectiva, tudo é sobre Ele. Graças a Deus por Ele ser o centro do Universo. Então, de que maneira podemos viver com a mentalidade tão centrada em Deus? Livremente! Pois da perspectiva de Deus, tudo se trata de nós. Quando buscamos agradá-lo; Ele busca nos aperfeiçoar — e assim a vida acontece. Não sem dor, mas com propósito.

Sem o Oleiro, o barro é apenas pó. "Então o Senhor Deus formou o homem do pó da terra. Soprou o fôlego da vida em suas narinas, e o homem se tornou ser vivo" (Gênesis 2:7).

> ...somente eu sou Deus; eu sou Deus, e não há outro semelhante a mim. —ISAÍAS 46:9

PERGUNTAS PARA DISCUSSÃO

1. Quando vivenciamos a liberdade em Cristo?
2. Qual é a diferença entre trabalharmos para conseguirmos liberdade e não ocultar da autoridade de Deus parte alguma de nossa vida?
3. Como o acreditar no direito que Deus tem de governar afeta sua obediência?
4. De que forma o acreditar que o governo de Deus é justo afeta sua obediência?
5. Como o ver a Deus no centro do seu universo faz diferença em sua vida?

CAPÍTULO 31

O GOVERNO DE DEUS É JUSTO

*...mas minha salvação é permanente;
meu governo justo não terá fim!*

ISAÍAS 51:6

TENHO UM PESADELO: ter que obedecer a uma autoridade injusta. Caso você pense que obediência é algo fácil para mim, permita-me esclarecer algumas coisas: submissão e subserviência são tão fáceis para mim quanto afagar uma ninhada de porcos-espinho. Uma criança que foi forçada a fazer coisas que não queria fazer, geralmente cresce sem desejar que jamais lhe digam o que fazer — ninguém mesmo.

Até o dia da morte de minha mãe, todas as vezes que eu me impunha, ela me lembrava da vez em que o médico de nossa família disse que eu não podia nadar por conta de uma infecção no meu ouvido. Mamãe contava que eu apertei os olhos com a expressão mais brava que pude e disse: "Ah é? Mas você não manda em mim!". Infelizmente, o médico era o presidente do clube de campo de nossa cidadezinha. Ele replicou: "Não, mas mando naquela piscina e é melhor que eu não veja você por lá". Prontamente comecei a pressionar meus pais para termos uma piscina em nosso jardim e eu pudesse mandar em mim mesma.

O problema é que Deus não nos projetou para que mandássemos em nós mesmos. Ele formou nossa psique para que reclame por autoridade, assim viveríamos na segurança de Seu cuidadoso governo. Satanás tenta nos afastar da autoridade de Deus fazendo-nos pensar que podemos ser nossos próprios produtores e diretores. O apóstolo Paulo abordou de maneira sábia a impossibilidade de governarmos nossa própria vida e destino.

> *Vocês não sabem que se tornam escravos daquilo a que escolhem obedecer? Podem ser escravos do pecado, que conduz à morte, ou podem escolher obedecer a Deus, que conduz à vida de justiça.* —ROMANOS 6:16

Temos exatamente duas opções: podemos ser escravas do Deus amoroso ou do pecado. Uma terceira porta existe somente em programas de auditório na TV. Não precisamos nos angustiar pelo versículo nos caracterizar como escravas. O fato é que por sermos criaturas sempre seremos governadas por algo ou alguém, logo a questão é a seguinte: Quem será o nosso senhor? Por mais importante que o capítulo anterior tenha sido para mim, o direito que Deus tem de governar não é uma de minhas motivações primordiais para buscar viver em obediência. Resisto a obedecer alguém baseada somente em sua posição. Isto talvez lhe chocará, mas eu provavelmente arriscaria de na eternidade estar no inferno se fosse necessário dobrar meu joelho diante de qualquer governante apenas por ele estar no comando.

Minha principal motivação para buscar viver em obediência é a absoluta certeza de que Aquele que tem o direito de governar é também Aquele cujo governo é justo. Procuro obedecer a Deus porque acredito de todo o coração que Ele é sempre bom, está sempre certo e me ama de maneiras que eu não consigo compreender.

Você não tem como avaliar plenamente minhas emoções enquanto me preparo para escrever estas próximas palavras: Eu confio em Deus! Após uma vida inteira de problemas com confiança, não consigo compreender como tal milagre de graça aconteceu comigo, contudo aconteceu. Isso pode parecer tolo, mas eu amo tanto o Senhor que algumas vezes não vejo a hora de Ele me pedir algo um tanto difícil, simplesmente por querer lhe obedecer. Não apenas amo a Deus e confio nele; amo confiar nele. Isso é um lembrete constante de um milagre perpétuo em minha vida.

E quanto a obedecer outros seres humanos? Lentamente passei a confiar na soberania de Deus o suficiente para acreditar que qualquer um a quem eu tenha que obedecer nesta Terra deve cuidar de mim muito bem ou terá que responder a Deus!

Já que fui transparente com você, agora é a sua vez. Você também tem problemas com autoridade? Caso sim, de que maneira conscientizou-se desses problemas? E com relação à autoridade de Deus? Quão convencida está de que você pode confiar nele? Nossa próxima abordagem nos encoraja a confiar e a obedecer. Caso você sinta que está timidamente começando a confiar, possivelmente dará um passo de fé e obedecerá para que possa desenvolver confiança.

Isaías 51 começa com a ordenança: "Ouçam-me". Vez após vez Deus parece estar tentando conseguir a total atenção de Seu leitor.

Ouçam-me, todos que procuram justiça, todos que buscam o Senhor! Olhem para a rocha da qual foram cortados, para a pedreira de onde foram extraídos. Sim, pensem em Abraão, seu antepassado, e em Sara, que deu à luz sua nação... —ISAÍAS 51:1,2

Em Gálatas constatamos que esses versículos se aplicam aos cristãos gentios e aos judeus: "E agora que pertencem a Cristo, são verdadeiros filhos de Abraão, herdeiros dele segundo a promessa de Deus" (3:29). Ao olharmos para a rocha de onde fomos extraídas, podemos...

- Crer que Deus pode fazer o impossível (Gênesis 18:14).
- Admitir a futilidade de tomar as rédeas da situação (Gênesis 16).
- Crer que Deus ainda nos ama e pode nos usar mesmo quando nos desviamos da rota — se concordarmos em voltar a Seu caminho (Gênesis 17).
- Crer que Deus ainda poderia nos chamar de justas com base em nossa fé nele, mesmo que nossos atos de justiça sejam como trapos imundos (Gênesis 15:6; Isaías 64:6).
- Crer que a bênção, no fim das contas, acompanha a obediência (Gênesis 22:18).

Pelo fato de o Senhor ser tão compassivo, Ele pode realizar maravilhas a partir das ruínas, dos desertos e terras devastadas na vida de Seus filhos.

O Senhor voltará a consolar Sião e terá compaixão de suas ruínas. Seu deserto florescerá como o Éden, sua terra desolada, como o jardim do Senhor... —ISAÍAS 51:3

Você já sentiu como se as ondas do mar estivessem lhe esmurrando e você se afogando em uma maré implacável? Isaías lembra que Deus pode fazer por você o que Ele fez por Moisés: Ele "...fez um caminho no fundo do mar para que seu povo atravessasse" (Isaías 51:10).

Você já se sentiu como uma prisioneira acuada? Eu já! Já pensou que jamais seria livre? Amo estas palavras de Isaías: "Em breve, todos vocês cativos serão libertos..." (51:14). Creia nisso e reivindique! Obedeça e veja que você pode confiar! Não permita que o inimigo seja mais uma vez bem-sucedido em utilizar seu histórico contra você. Deus declarou que está fazendo algo novo.

Esqueçam tudo isso, não é nada comparado ao que vou fazer. Pois estou prestes a realizar algo novo. Vejam, já comecei! Não percebem? Abrirei um caminho no meio do deserto, farei rios na terra seca. —ISAÍAS 43:18,19

Quero bradar aleluia! Sim, companheira peregrina, Deus tem o direito de governar. E, ainda melhor, o governo de Deus é justo! Ele não pode nos pedir algo que seja errôneo, nem pode nos ludibriar. O Senhor sabe de todos os nossos problemas relacionados com autoridade. Ele sabe quais são os momentos em que nossa confiança foi traída. Como um pai segurando o rosto de seu filho rebelde com suas fortes mãos, Ele diz: "Ouçam-me […] Ouçam-me […] Sim, sou eu quem os consola […] Pois eu sou o Senhor, seu Deus..." (Isaías 51:1,7,12,15). Em suma, Deus está nos dizendo: "Eu sou por você, filho! Não contra você! Quando você vai parar de resistir a mim?".

PERGUNTAS PARA DISCUSSÃO

1. Como você reage a ter que obedecer a uma autoridade injusta?
2. Por que queremos tão desesperadamente ser senhoras de nós mesmas? É algo possível?
3. Que influências fizeram sua confiança em Deus aumentar?
4. Você tem problemas com autoridade? De que maneira se conscientizou deles?

CAPÍTULO 32

O GOVERNO DIÁRIO DE DEUS

Mas tem misericórdia de nós, Senhor, pois esperamos em ti. Sê nosso braço forte a cada dia, nossa salvação em tempos de angústia.

ISAÍAS 33:2

HÁ ALGUNS ANOS meu amável pai teve um AVC e eu o acompanhei na ambulância. Os paramédicos foram maravilhosos, e, embora eu tenha ficado muito grata pelo que fizeram, não trocamos números de telefone ou combinamos de almoçar juntos! Algumas vezes temos a tendência de abordar Deus da mesma forma. Ele nos ajuda nas emergências e nós ficamos gratas, mas não necessariamente mantemos contato próximo depois que a crise passa. Não é durante os momentos de crise que desenvolvemos apreço pela presença de Deus; o puro apreço por Sua presença surge da nossa caminhada diária com Ele — talvez mais no corriqueiro do que no milagroso.

Uma mudança profunda ocorreu em meu relacionamento diário com Deus quando entendi que o Senhor queria que eu caminhasse com Ele. Durante anos, eu pedia a Deus que caminhasse comigo. Lembra-se do barro que tenta moldar o Oleiro? Pois é, eu queria tomar meus pés de barro e caminhar por onde meu coração me guiasse e contar com o Oleiro para abençoar meu coraçãozinho doce, embora egoísta. Meus pés de barro se causticaram caminhando por incêndios terríveis que foram desencadeados pela paixão insensata de meu próprio coração. Finalmente percebi que a bênção de Deus viria quando eu obedecesse ao que Ele pedia. Por segurança e para simplesmente desfrutarmos de Deus, é sábio que aprendamos a caminhar com Ele em vez de implorarmos ao Senhor que caminhe conosco. Caminhar com Deus praticando diariamente nossa submissão a Ele é o meio garantido de que cumpriremos cada um de Seus maravilhosos planos.

Imagine ir ao Céu e estar ao lado de Deus enquanto Ele amorosamente mostra a você o plano dele para a sua vida. Tudo começa no dia em que você nasceu. E, a partir do momento que você recebeu Cristo como Salvador, todos os dias seguintes estão demarcados em vermelho. Você vê pegadas ao longo da caminhada diária em sua vida. E em vários dias, aparecem dois pares de pegadas.

—Pai, essas pegadas que aparecem todos os dias são as minhas e este segundo par de pegadas, que aparecem de tempos em tempos, são as Tuas, dos dias em que se juntou a mim? — Você indaga.

—Não, meu precioso filho. As pegadas que você vê o tempo todo são as minhas. O segundo par de pegadas são dos dias em que você caminhou comigo. — Ele responde.

—Onde você estava indo, Pai?

—Ao destino que planejei para você, ansiando que você o siga.

—Mas Pai, onde estavam as minhas pegadas em todos esses momentos?

—Algumas vezes você voltou para contemplar ressentimentos e hábitos antigos... em outras escolheu seu próprio caminho. Por vezes, suas pegadas apareciam no calendário de outra pessoa por preferir o plano dela. E, em certas ocasiões, você simplesmente parou porque não abria mão de algo que não podia levar consigo.

—Veja Pai, no fim das contas, deu tudo certo apesar de eu não ter caminhado com o Senhor todos os dias, não é mesmo?

Ele lhe abraça, sorri e diz:

—Sim, minha filha, até que deu sim. Mas, entenda: *dar certo nunca foi o melhor que eu tinha em mente para você.*

Esse cenário parece inverossímil? Na verdade, é bastante bíblico. As Escrituras frequentemente nos dizem por que devemos andar no caminho de Deus e não no nosso: "...Deus, que, em Cristo, sempre nos conduz triunfantemente..." (2 Coríntios 2:14).

Lembre-se: caminhar consistentemente não significa caminhar em perfeição. Significa que podemos tropeçar, mas não cairemos! Vejamos o que Deus tem a nos dizer, por meio do profeta Isaías, sobre o Seu cotidiano. Usando Isaías 33:2-6, vejamos os três primeiros de cinco resultados da caminhada diária com Deus.

1. *Deus nos oferece o tesouro diário de Sua força.* "...Sê nosso braço forte a cada dia, nossa salvação em tempos de angústia" (Isaías 33:2). O salmista declara: "Como são felizes os que de ti recebem forças, os que decidem percorrer os teus caminhos" (Salmo 84:5). Com que frequência nos lembramos de que estamos

em uma jornada em direção à gloriosa cidade celestial? Podemos ir de prova em prova, mas, de acordo com o Salmo 84:7, prosseguiremos "de força em força" (ARA).

2. *Deus nos oferece o tesouro diário de Seu firme alicerce.* "Ele será seu firme alicerce..." (Isaías 33:6). Vidas obedientes derivam de dias em obediência, e vidas vitoriosas derivam de dias vitoriosos. Da mesma forma, vidas construtivas derivam de dias construtivos, edificados sobre o firme fundamento de Jesus Cristo. A versão King James usa a palavra *estabilidade* para *firme alicerce* em Isaías 33:6. Amo pensar em Deus como sendo nossa estabilidade, você não? Quando foi a última vez que você sentiu que tudo em sua vida estava estremecendo exceto sua estabilidade em Cristo? A letra de um hino familiar ressoa em minha alma: "A minha fé e o meu amor estão firmados no Senhor;/ Estão firmados no Senhor" (CC 366). Os benefícios de Deus incluem os tesouros diários de Sua força e firme alicerce.

3. *Deus nos oferece o tesouro diário de sabedoria e conhecimento.* "...lhe proverá farto suprimento de salvação, sabedoria e conhecimento..." (Isaías 33:6). Quando estamos ombro a ombro com Cristo diariamente, Sua sabedoria e Seu conhecimento nos contagiam aos poucos. Sabedoria é a aplicação do conhecimento — saber o que fazer com o que sabemos. Deus deseja nos guiar diariamente em Sua própria sabedoria e conhecimento. Lembre-se: Ele é Aquele que tem o plano. O Salmo 119:105 traça uma imagem belíssima para nós. O salmista afirma que a Palavra de Deus "...é lâmpada para os meus pés...", o que significa um guia para os passos que estou dando agora mesmo. Sua Palavra é também "...luz para o meu caminho.", o que significa um guia para meu futuro imediato. Ou seja: ela ilumina nosso caminho "no presente" e nosso futuro subsequente para que

saibamos quais passos dar, mas para termos instrução adicional teremos que caminhar hoje e conferir novamente! Se você for como eu, talvez não continue verificando com o Senhor se conhece todo plano.

Agora, vejamos os resultados 4 e 5 usando Isaías 50.

4. *Deus nos oferece o tesouro diário de uma palavra revigorada pela manhã.* "...Todas as manhãs ele me acorda e abre meu entendimento para ouvi-lo" (Isaías 50:4). Creio que Deus nos acorda pela manhã com uma capacidade sobrenatural de ouvi-lo. No começo do dia, nós ainda não passamos pelo caminho errado.

5. *Deus nos oferece o tesouro diário da vitória.* Não podemos escapar das batalhas da vida cristã. Satanás não tira folga por bom comportamento. Que maravilhosas as palavras do profeta!

> *Porque o Senhor Soberano me ajuda, não serei envergonhado. Por isso, firmei o rosto como uma pedra e sei que não serei envergonhado. Aquele que me faz justiça está perto; quem se atreverá a se queixar de mim? Onde estão meus acusadores? Que se apresentem!*
> —ISAÍAS 50:7,8

Todos os dias podem trazer provas, mas todos os dias temos um solucionador de problemas. Satanás procura nos desonrar, acusar e condenar. Devemos, diariamente, firmar o nosso "rosto como uma pedra" na face de Cristo e segui-lo passo a passo até a vitória.

> *Quem entre vocês teme o Senhor e obedece a seu servo? Se vocês caminham na escuridão, sem um raio*

de luz sequer, confiem no Senhor *e apoiem-se em seu Deus. Mas tenham cuidado, vocês que vivem em sua própria luz e se aquecem em seu próprio fogo. Esta é a recompensa que receberão de mim: em breve cairão em grande tormento.* —ISAÍAS 50:10,11

Não importa há quanto tempo caminhamos com Deus, ainda teremos dias que parecerão escuros. Quando isso acontecer, Deus nos diz para confiar em Seu nome e confiar em quem Ele é. Jó 23:10 continua sendo uma bênção para mim quando não sei o que fazer: "E, no entanto, ele sabe aonde vou…". Quando você sentir que se perdeu no caminho, tenha bom ânimo! Ele sabe aonde você vai. Aquiete-se, clame e rogue a Deus para que venha até você! Ele a guiará a partir daí e, milagrosamente, quando mais uma vez você vir a luz, conseguirá ver as pegadas que deixou quando estava escuro. Em nenhum outro momento Ele segurará sua mão tão firmemente como quando estiver conduzindo você em meio à escuridão.

Qual é sua maior tentação quando você sente que Deus não está iluminando seu caminho claramente? Isaías 50:11 descreve a minha tentação perfeitamente. Tenho a tendência de querer acender meu próprio fogo e caminhar com a iluminação de minha própria tocha. Sim, você e eu ainda desviaremos eventualmente do caminho, embora desejemos seguir em obediência, pois somos peregrinas com pés de barro. A beleza da luz de Deus é esta: ela sempre nos levará diretamente de volta ao caminho. Não importa quanto tempo o desvio tenha durado, o retorno está a um atalho de distância. "Sou teu; salva-me…" (Salmo 119:94).

PERGUNTAS PARA DISCUSSÃO

1. Por que lutamos tanto com o aspecto diário da obediência a Deus?
2. Quais dos cinco benefícios de uma caminhada diária com Deus tem mais significado para você?
3. Que importância tem para você uma palavra renovada pela manhã?
4. Qual é sua maior tentação quando você não sente que Deus está iluminando seu caminho explicitamente?

PARTE 5

AMOR INFALÍVEL

VOCÊ JÁ PERCORREU um longo caminho nesta jornada. Espero que esteja encontrando o Mestre a cada página.

Você se lembra da festa de casamento em Caná da Galileia? O mestre de cerimônias fez uma afirmação sobre Jesus que sempre toca o meu coração; ela simplesmente o descreve tão bem: "'O anfitrião sempre serve o melhor vinho primeiro', disse ele. 'Depois, quando todos já beberam bastante, serve o vinho de menor qualidade. Mas você guardou o melhor vinho até agora!'" (João 2:10). Jesus sempre parece ter algo maior esperando na próxima curva. Eu nunca alegaria inspiração divina, mas Cristo mais uma vez foi fidedigno. Creio que Ele tem coisas maiores logo à frente.

De que precisamos quando nossos montes se movem? Quando nossas colinas desaparecem (Isaías 54:10)? Bebês morrem sem ela. Crianças precisam dela. O jovem implora por ela. Adultos procuram por ela. Porém encontraremos a liberdade verdadeira somente no amor que não falhará ou desaparecerá. A chave para a paz pode ser encontrada apenas em tal amor. Venha comigo ponderar sobre o infalível amor de Deus.

Memorize a promessa do Benefício 4: vivenciar a paz de Deus.

Tu guardarás em perfeita paz todos que em ti confiam, aqueles cujos propósitos estão firmes em ti. —ISAÍAS 26:3

CAPÍTULO 33

ENCONTRANDO O AMOR INFALÍVEL

"Pois, ainda que os montes se movam e as colinas desapareçam, meu amor por você permanecerá. A aliança de minha bênção jamais será quebrada", diz o Senhor, que tem compaixão de você. ISAÍAS 54:10

ESTOU SAINDO DE um ano de transição inigualável, nada parece ter ficado intacto. Relacionamentos, circunstâncias, entornos — tudo mudou. Apeguei-me com todas as forças a tudo o que se manteve imóvel. Uma manhã, a caminho do trabalho, fiz a mesma parada que fazia há 18 meses em minha cafeteria favorita. Entrei toda contente e fiz meu pedido de sempre: "um pãozinho de banana e nozes com *cream cheese*, por favor". A atendente olhou para mim com um sorriso e disse: "Não servimos mais esse item. Há outra coisa que gostaria de experimentar hoje?".

Fiquei em choque com minhas sobrancelhas como que coladas no alto da testa. Devo ter ficado "paralisada" por algum tempo, até que alguém atrás de mim finalmente me deu um empurrãozinho para eu sair do meio do caminho, provendo tudo o que precisava para eu cair no choro. Enquanto caminhava até o carro, olhei para cima e indaguei: "Será que tem alguma coisa por aqui com a qual eu possa contar?".

Ao entrar no carro, senti o Pai falar Sua Palavra ao meu coração: "Beth, eu nunca a deixarei, jamais abandonarei você".

Estamos prestes a estudar o amor salvador de Deus. A palavra *compaixão* em Isaías 54:10 vem da palavra hebraica *racham*, que significa "aliviar, prezar, amar profundamente como pais, ser compassivo, ser terno... esse verbo geralmente se refere a um forte amor que está enraizado em algum tipo de vínculo natural, frequentemente de um superior a um inferior". Agora vem a minha parte favorita da definição: "bebês despertam esse tipo de sentimento".

Nunca vivenciei um sentimento mais impressionante e inexpressível do que o sentimento que meus dois pequenos infantes despertaram em mim. Meus bebês trouxeram à tona uma capacidade de amor que jamais havia experimentado antes e, contudo, ao mesmo tempo, nunca fui tão completamente vulnerável.

Certa vez, ouvi um psicólogo infantil cristão discorrer sobre a necessidade de certo conflito e luta de poder com adolescentes. Ele explicou que certa quantidade de dificuldade deve surgir naturalmente conforme os filhos começam a se tornar jovens adultos, ou os pais jamais serão capazes de "ajudá-los" a sair do ninho para a independência. Ele comentou: "Se o vínculo que tínhamos com os filhos quando eram crianças não mudasse, nunca seríamos capazes de deixá-los ir".

Observe novamente a definição de compaixão. Durante toda nossa vida, Deus mantém esses fortes sentimentos por nós, sentimentos que filhos pequenos despertam em seus pais, pois Ele nunca precisa nos deixar ir! O Senhor não está nos criando para que saiamos de casa! Deus está nos criando para que voltemos para casa!

Amo o Salmo 136. Talvez você se lembre dele, pois todos os 26 versículos começam com frases como: "Deem graças ao Senhor, porque ele é bom", "Deem graças ao Deus dos deuses" dentre outras. E todos os versículos terminam com o refrão: "Seu amor dura para sempre!". Esse salmo celebra Deus como Criador, Conquistador e Aquele que é Compassivo. É de máxima importância para quem é cativo e que está buscando liberdade completa saber disto: as obras de Deus mudam, mas Seu amor permanece firme e forte. No momento em que pensamos que compreendemos Seus caminhos e deciframos Seus métodos, eles mudarão.

Reis se levantarão e cairão, mas Seu amor dura para sempre. Riquezas virão e desaparecerão, porém Seu amor dura para sempre. Algumas vezes seremos curadas de sofrimentos físicos e algumas vezes não, contudo Seu amor dura para sempre. Os céus e a terra passarão, mas Seu amor dura para sempre.

O apóstolo Paulo redigiu a mesma verdade quando declarou: "E estou convencido de que nem morte nem vida, nem anjos nem demônios, nem o que existe hoje nem o que virá no futuro, nem poderes, nem altura nem profundidade, nada, em toda a criação, jamais poderá nos separar do amor de Deus revelado em Cristo Jesus, nosso Senhor" (Romanos 8:38,39).

Você percebe que acabamos de desvendar a resposta à nossa maior necessidade psicológica? Veja o que a Palavra de Deus diz sobre as necessidades emocionais de todos os seres humanos: "O que se deseja ver num homem é amor perene..."

(Provérbios 19:22 NVI). Esse versículo encapsula em uma frase aquilo que mais desejamos: amor inabalável; amor focado; amor radical; amor com o qual podemos contar. O motorista de táxi, o encanador, o corretor da bolsa, a modelo de passarela, a atriz, a prostituta, o traficante de drogas, o professor, o programador de computador, o especialista em foguetes, o médico, o advogado, o presidente e o zelador, todos anseiam a mesma coisa: amor infalível.

Provérbios 20:6 sugere algo importante com relação ao amor infalível: "Muitos se dizem amigos leais, mas quem pode encontrar alguém realmente confiável?". Paulo descreveu o amor *ágape* como um amor sobrenatural que somente Deus possui plenamente e somente Deus pode dar. No Novo Testamento, *ágape* é a palavra que designa o amor de Deus, assim como no Antigo Testamento a palavra para esse tipo de amor é *chesed*. O único modo pelo qual podemos amar com *ágape* é esvaziar o nosso coração de tudo o que tem abrigado e pedir a Deus que o transforme em cântaro de Seu *ágape*. Antes que possamos começar a compartilhar o amor de Deus, temos que aceitá-lo plenamente. Deus ama você com amor perfeito, e "...o perfeito amor afasta todo medo. Se temos medo, é porque tememos o castigo, e isso mostra que ainda não experimentamos plenamente o amor" (1 João 4:18).

Você já temeu alguém deixar de amar você? Eu não apenas temi; vivi isso! Deus permitiu de modo cuidadoso e gracioso que alguns de meus medos se concretizassem a fim de que eu descobrisse que não desintegraria. Deus me ensinou a sobreviver em Seu infalível amor. Não foi divertido, mas foi transformador!

A única coisa que jamais suportaria vivenciar seria perder o amor de Deus, graças a Ele essa é uma perda que nunca precisarei experimentar. Seu amor dura para sempre. Foi isso que Ele quis dizer com "o perfeito amor afasta todo medo". A Palavra de Deus usa diversas vezes a expressão *amor infalível* ou equivalentes, porém nenhuma delas é atribuída a seres humanos. Toda vez que foi usada, a expressão se refere a Deus e somente a Ele. Por mais rico que seja o amor que alguém possa estender a outros, somente o amor de Deus é infalível.

Em seu maravilhoso livro *O desafio da santidade* (Ed. Vida, 2002), Francis Frangipane escreveu: "Há muitos aspectos da natureza de Cristo. Ele é o Deus pastor, nosso salvador e nosso médico. Nossa percepção de Deus se dá mediante a necessidade que temos dele. Ele assim determinou, pois Ele mesmo é nossa única resposta para milhares de necessidades".

Quão gloriosamente verdadeiro! Mas Deus não é apenas a resposta para milhares de necessidades; Ele é a resposta para milhares de desejos. Ele é o cumprimento de nosso principal desejo em toda a vida, pois, reconheçamos ou não, o que mais desejamos é amor infalível. Ó Deus, desperte nossa alma para enxergar que o Senhor é o que de fato queremos, não apenas aquilo do que precisamos. Sim, a proteção de nossa vida, mas também a inclinação do nosso coração. Sim, a salvação de nossa alma, mas também a euforia do nosso coração. Amor infalível — um amor que jamais nos abandonará!

PERGUNTAS PARA DISCUSSÃO

1. Que risco corremos quando fundamentamos nosso relacionamento com Deus em Suas obras?
2. Qual é sua necessidade emocional mais profunda?
3. Como Cristo supre essa necessidade?
4. Como você aprendeu que Deus é a resposta não apenas às suas necessidades, mas também aos seus desejos?

CAPÍTULO 34

A LIBERDADE DO AMOR INFALÍVEL

Que louvem o Senhor *por seu grande amor e
pelas maravilhas que fez pela humanidade.
Pois ele quebrou as portas de bronze da prisão
e partiu as trancas de ferro.*

SALMO 107:15,16

TEMPOS ATRÁS FIZ um pequeno experimento enquanto falava a um grupo de mulheres sobre o amor de Deus. Pedi que cada uma delas olhasse nos olhos da pessoa ao lado e dissesse: "Deus me ama tanto!". Quase que instintivamente, elas se voltaram uma para as outras e disseram: "Deus *te* ama tanto!" Eu as interrompi, chamei a atenção delas para a troca que fizeram do pronome, e perguntei por que tiveram dificuldades em seguir minha orientação. Perceba o quão prontamente aceitamos o amor de Deus por outros, mas o quanto lutamos para acreditar que Ele nos ama de forma igual, radical, completa e infalível.

Uma razão pela qual costumava lutar com essa verdade era porque conhecia meus próprios pecados e fraquezas — todas as razões pelas quais Ele *não* devia me amar. Certamente todas as outras pessoas não eram o caos interior que eu era! Hoje, olhando para trás, alegro-me por não ter caído no outro extremo. Pois algumas pessoas podem ficar tão cheias de justiça própria a ponto de parecerem estar convencidas de que Deus as ama mais do que ama a todos os demais.

Por que temos tanta dificuldade em crer que Deus poderia amar com o mesmo infalível amor tanto aqueles que consideramos bons e como aqueles que consideramos maus? Porque insistimos implacavelmente em tentar humanizar Deus. Tendemos a amar as pessoas de acordo com suas ações e persistimos em tentar criar um Deus à nossa imagem.

Agora voltemos nossa atenção para a perspectiva de Deus sobre o coração do absurdamente rebelde. O Salmo 107 nos serve como um alerta quanto ao nosso coração errante.

> *Estavam sentados na escuridão e em trevas profundas,*
> *presos com as algemas de ferro do sofrimento.*
> *Rebelaram-se contra as palavras de Deus e desprezaram*
> *o conselho do Altíssimo.* —SALMO 107:10,11

O versículo 12 chega como uma vigorosa bofetada: "Por isso ele os sujeitou a trabalhos pesados...". Acreditamos que Satanás aprisiona suas vítimas, mas não gostamos de pensar que Deus sujeita humanos rebeldes ao sofrimento.

No versículo seguinte vemos o propósito da disciplina do Senhor: "Em sua aflição, clamaram ao SENHOR..." (v.13). Assim que o povo de Deus clamou a Ele, "...ele os livrou de seus sofrimentos", para que pudessem novamente louvá-lo.

O versículo 20 nos dá outra peça maravilhosa desse quebra-cabeça: "Enviou sua palavra e os curou, e os resgatou da morte". Quando Deus cura qualquer sofrimento, Ele o faz enviando Sua Palavra.

Poucas pessoas têm o coração tão agradecido como os escravos que foram libertos e os aflitos que foram curados. Observe a diretriz de Deus para eles: "...anunciem suas obras [de Deus] com canções alegres" (v.22). Que salmo adequado para nosso estudo! Nosso coração jamais será sadio a menos que aprendamos a aceitar o amor infalível de Deus e a permanecer nesse amor. Gostaria de traçar dois pontos desse salmo para nos encorajar a alcançarmos nosso objetivo.

1. *O amor infalível de Deus se estende aos escravos mais rebeldes e aos tolos mais afligidos.* O Salmo 107 é revigorantemente claro: o amor infalível de Deus motiva atos maravilhosos para os piores homens que clamam em suas aflições. A palavra hebraica para "maravilhoso" é *pala*, que significa "extraordinário, milagroso, maravilhoso, admirável". Esses tipos de adjetivos parecem ser limitados aos bons filhos de Deus, não é? Contudo, a Palavra de Deus nos diz que o Senhor faz coisas extraordinárias, miraculosas, maravilhosas e admiráveis para o pior dos piores que clama a Ele. Por quê? Porque Ele os ama com amor infalível.

Uma das obras que estou convencida que Deus deseja realizar por meio deste estudo é ampliar nossa visão espiritual ao olharmos para Seu amor. Entenda, nós não apenas enxergamos o amor infalível de Deus mediante grilhões quebrados e aflições curadas; Seu amor infalível também se manifesta em Sua indisposição de permitir que a rebelião passe despercebida e sem disciplina. Vejo várias maneiras por meio das quais Deus lida com os rebeldes para que venham e clamem a Ele.

a) *Ele permite que permaneçam sentados na escuridão e em trevas profundas* (v.10). As prisões, que se enchem cada vez mais, provam que a rebelião pode levar ao encarceramento literal. Pode facilmente levar a celas emocionais de escuridão e trevas. Embora certamente nem toda depressão seja resultado de rebelião, a obstinação pode levar à depressão. Penso que a depressão é especialmente possível se o rebelde era, anteriormente, alguém próximo a Deus. Agora que eu conheço a indescritível alegria da intimidade com Deus, viver fora de Sua comunhão me deprimiria. Sou grata por Deus permitir que a escuridão siga a rebelião. Algumas vezes Ele usa a escuridão para nos levar à luz!

b) *Ele os sujeitou a trabalhos pesados* (v.12). A rebelião pode começar com diversão e jogos, mas eventualmente leva a trabalhos árduos. Após um período, Deus permite que a rebelião se torne um fardo pesado.

c) *Ele permite que caiam* (v.12). Sem dúvida cada uma de nós pode pensar em algumas formas pelas quais Deus permite que o rebelde caia. Quando eu era adolescente, podia ter aceitado a pequena verdade que conhecia, mas não aceitei. Então, não apenas caí, como me esborrachei! Sou tão grata por isso. Caso nunca tivesse caído, não sei se teria clamado por ajuda.

d) *Ele permitiu que não houvesse quem os ajudasse* (v.12). Como agradeço a Jesus por Seu infalível amor garantir que outros "falhassem" em suas tentativas de me ajudar! Parece estranho, não é mesmo? Acredito que a maioria de nós nunca reconheceria Deus como o único Deus se não vivenciássemos crises quando ninguém mais pôde nos ajudar.

e) *Ele permitiu que alguns sofressem* (v.17). Mais uma vez, certamente nem todo sofrimento físico é causado por rebelião, mas a rebelião pode resultar em sofrimento físico. Lembro-me de uma época na faculdade em que me rebelei contra Deus; perdi meu apetite e fiquei fisicamente doente. Não fui a primeira pessoa na história a adoecer por causa do pecado.

Olhe para todas essas maneiras pelas quais Deus pode reagir à rebelião. Hebreus 12:5-11 demonstra que todas essas respostas são evidências do infalível amor de Deus e não de Sua condenação cheia de ira.

> *"Meu filho, não despreze a disciplina do Senhor; não desanime quando ele o corrigir. Pois o Senhor disciplina quem ele ama e castiga todo aquele que aceita como filho".* [...] *Nenhuma disciplina é agradável no momento em que é aplicada; ao contrário, é dolorosa. Mais tarde, porém, produz uma colheita de vida justa e de paz para os que assim são corrigidos.* —HEBREUS 12:5-11

Veja, Deus nos ama o suficiente para nos deixar totalmente miseráveis em nossa rebelião! Abaixo o segundo ponto para nos encorajar.

2. *Deus peleja com Seus filhos cativos até que estejam livres.* O pior resultado possível de nossa desobediência seria Deus desistir de nós. No Salmo 107, os próprios filhos de Deus se

rebelaram. Vez após vez, Ele os disciplinou, mas nunca os abandonou. Aleluia!

Uma das ocorrências mais comuns na vida daqueles que são enviados à prisão é logo depois receber os papéis de divórcio de seu cônjuge. Poucos prisioneiros têm pessoas do lado de fora que permanecem ao seu lado durante encarceramentos prolongados. A maioria das pessoas rapidamente esqueceria que existem prisioneiros. Eles são a negação da condição humana em nossa sociedade. A mesma tendência aparece em termos menos tangíveis entre os cristãos. As melhores de nossas igrejas tendem a receber os cativos (do álcool, das drogas, da homossexualidade, da promiscuidade e assim por diante) no início; mas, caso eles não se "consertem" relativamente rápido, provavelmente serão desprezados em breve. Nós gostamos de histórias de sucesso — testemunhos poderosos. Um cativo em nosso meio desgasta sua acolhida caso não faça alguma coisa e mude.

Em gracioso contraste, Deus permanece ao nosso lado até que sejamos livres. Ele nunca nos abandona. Deus é o Único que não é repelido pela profundidade e extensão de nossas necessidades. Embora nunca aceite nosso pecado e rebelião como justificativa, Ele está plenamente consciente do que impulsiona nossas ações. Enquanto eu crescia, não tinha ideia do motivo pelo qual tomava algumas decisões tão ruins, mas Deus sabia o por quê. Embora minha rebelião ainda fosse pecado, o coração de Deus estava cheio de compaixão. Por meio de Sua amorosa disciplina, Ele continuou a pelejar comigo e aguardou pacientemente até que eu saísse de minha prisão.

Não importa há quanto tempo lutamos, Deus não desiste de nós. Mesmo que esgotemos todos os recursos humanos ao nosso redor, Ele é nossa fonte inesgotável de água viva. Ele pode permitir que a vida de uma pessoa cativa fique mais e mais difícil de modo que ela fique cada vez mais desesperada para fazer o que a liberdade em Cristo exige; mas o Senhor nunca se divorciará dela. Ele a corteja e espera. As medidas que Deus toma para nos cortejar e atrair para a liberdade podem ser lancinantes em alguns momentos, mas são frequentemente provas mais contundentes de Seu infalível amor do que todas as bênçãos evidentes que poderíamos listar. Poucos conhecem verdadeiramente o infalível amor de Deus como um cativo que é liberto. "Que louvem o Senhor por seu grande amor [...] e anunciem suas obras com canções alegres" (Salmo 107:21,22). Amada, se Ele se tornou seu Deus, você tem uma história poderosa para contar. Comece a falar...

PERGUNTAS PARA DISCUSSÃO

1. Por que você acha que temos tanta dificuldade para crer que Deus realmente nos ama?
2. Como Deus ama todas as pessoas apesar do comportamento delas?
3. De que maneira o amor de Deus se relaciona, algumas vezes, à Sua severa disciplina?
4. Como a rebelião pode levar a cativeiros?
5. O que Deus faz para garantir que Seus filhos cativos encontrem liberdade?

CAPÍTULO 35

A PLENITUDE DO AMOR INFALÍVEL

*Satisfaze-nos a cada manhã com o teu amor,
para que cantemos de alegria até o final da vida.*

SALMO 90:14

ONDE EU ESTARIA sem o amor de Deus? Tudo o que tenho, de qualquer valor que seja, é produto direto do amor de Deus. Gostaria de enfatizar para você uma das obras mais maravilhosas do *chesed* ou *ágape* de Deus em minha vida: o amor que supriu minhas necessidades assombrosas.

Consideremos o relato no evangelho de João sobre quando Jesus encontrou a mulher à beira de um poço. Desse encontro, podemos observar várias realidades:

- Nossa insaciável necessidade ou avidez por qualquer coisa em demasia que seja sintoma de necessidades não supridas ou do que chamamos de "lugares vazios".
- A salvação não é equivalente à satisfação. (Você pode ser salva e ainda estar insatisfeita.)
- A satisfação vem apenas quando todo lugar vazio é preenchido com a plenitude de Cristo.
- Enquanto a salvação vem a nós como uma dádiva de Deus, encontramos satisfação nele conforme entregamos deliberadamente todas as áreas de nossa vida a Ele.

Vou lhe contar um grande segredo: os cristãos, que deveriam ser plenamente satisfeitos em Jesus, frequentemente ainda abrigam um vazio ou necessidade inidentificáveis. Nossa indisposição de sermos sinceros com relação à nossa falta de satisfação na vida cristã nos impede de fazer as perguntas certas: Por que penso que a vida cristã é insuficiente? Como posso me sentir mais satisfeita? Pelo fato de não fazermos perguntas dentro do círculo de cristãos, o inimigo nos tenta a procurar respostas fora de Deus.

Lembre-se de que encontrar satisfação em Deus é um dos cinco benefícios de nosso relacionamento de aliança com Cristo. Encontrar satisfação e plenitude em Cristo nunca deveria ser um tesouro escondido que somente alguns poderiam encontrar. Satisfação é uma consequência agraciada de nosso relacionamento com Deus e é destinada a todos os que creem.

Pedro expressou claramente a intenção de Deus: "Deus, com seu poder divino, nos concede tudo de que necessitamos para uma vida de devoção, pelo conhecimento completo daquele que nos chamou para si por meio de sua glória e excelência" (2 Pedro 1:3). Ou Cristo pode nos satisfazer e suprir nossas necessidades mais profundas, ou a Palavra de Deus é enganosa. Antes que começasse a usufruir da plenitude de Cristo, eu sabia, de alguma forma, que a Palavra de Deus era verdadeira e que o dilema estava em mim; mas dou a minha palavra de que não conseguia descobrir qual era o problema. Eu servia o Senhor e até mesmo tinha amor por Ele, embora imaturo; contudo ainda lutava com um vazio que me mantinha procurando amor e aceitação em todos os lugares errados.

Sequer uma única vez em minha juventude ouvi um ensino claro sobre a vida cheia do Espírito. Talvez essa seja a razão por que me recuso a deixar de falar sobre ela agora. Vamos nos concentrar no básico.

João 4:24 nos diz que a essência de Deus ou Seu estado de existência é ser espírito. Não fique com a ideia de que a palavra *espírito* sugere invisível. Deus definitivamente tem uma forma visível embora gloriosa e indescritível; mas nós atualmente não temos olhos que possam contemplar o mundo espiritual. Tão certo quanto Deus é espírito, Ele é amor (1 João 4:16). O amor não é apenas algo que Deus faz; o amor é algo que Ele é. Deus teria que deixar de ser para deixar de amar. Novamente, nossa tentativa é de humanizar Deus, pois somos limitadas a compreender o amor como um verbo. Com Deus, o amor é primeiro um substantivo. É o que e quem Ele é.

Somos inteiradas, por meio de 1 João 4:13-15 e Romanos 8:9, que, na forma do Espírito Santo, Deus reside na vida de todos que recebem Seu Filho, Jesus, como Salvador. Deus não pode deixar de ser amor tanto quanto não pode deixar de ser espírito; portanto, quando o Espírito de Deus passa a habitar em nossa vida, o amor de Deus o acompanha. Lembre-se desta promessa: "…onde está o Espírito do Senhor, ali há liberdade" (2 Coríntios 3:17).

Percebe como tudo se encaixa? Onde quer que Deus seja bem-vindo, Seu Espírito é liberado. Onde quer que o Espírito seja liberado, o amor também o é. E onde quer que você encontre o amoroso Espírito do Senhor, lá encontra liberdade. Como o Espírito de Deus é liberado? Por meio da confissão ou concordância com a Sua Palavra. Focaremos neste último elemento mais tarde, mas agora gostaria que você enxergasse que todas as peças se encaixam.

Meu ponto é este: somente os lugares onde permitirmos que o amor de Deus adentre serão plenamente satisfeitos e, portanto, libertos. Nada expressa melhor essa verdade do que as palavras divinamente inspiradas do apóstolo Paulo:

Por essa razão, ajoelho-me diante do Pai, do qual recebe o nome toda a família nos céus e na terra. Oro para que, com as suas gloriosas riquezas, ele os fortaleça no íntimo do seu ser com poder, por meio do seu Espírito, para que Cristo habite no coração de vocês mediante a fé; e oro para que, estando arraigados e alicerçados em amor, vocês possam, juntamente com todos os santos, compreender a largura, o comprimento, a altura e a profundidade, e conhecer o amor de Cristo que excede todo conhecimento, para que vocês sejam cheios de toda a plenitude de Deus. Àquele que é capaz de fazer infinitamente mais do que tudo o que pedimos ou pensamos, de acordo com o seu poder que atua em nós, a ele seja a glória na igreja e em Cristo Jesus, por todas as gerações, para todo o sempre! Amém!
—EFÉSIOS 3:14-21 (NVI)

Nessa passagem o apóstolo ensina o que Deus deseja profundamente para nós.

1. *Estar arraigados e alicerçados em amor* (v.17). Amor de quem? No amor do Senhor. A palavra grega para "arraigados"

é *rhizoo*, que significa "estar enraizado, fortalecido com raízes, firmemente fixado, constante". A força de uma planta ou árvore é diretamente proporcional à profundidade de suas raízes. Quanto mais profundamente eu e você estivermos enraizadas no infalível amor de Deus, menos oscilaremos quando os ventos da vida soprarem fortemente contra nós.

2. *Poder compreender o amor de Cristo* (v.18). A palavra para "compreender" é *katalambano*, que significa "apreender, capturar com afã, repentinidade... uma alusão aos jogos públicos, obter o prêmio com a ideia de esforço ávido e extenuante". Deus anseia que nós entendamos avidamente a profundidade, amplitude e altura do amor de Cristo.

Estudamos tantas outras coisas, mas que tal aplicar alguma energia em apreender o amor de Cristo? Mais adiante descobriremos algumas razões pelas quais procurar aceitar e apreender o amor de Deus e habitar plenamente nele é uma energia tão bem "empregada". Olhe mais uma vez, por um momento, para a definição acima e observe o sinônimo *repentinidade*. Amo essa parte da definição, pois experimentei ocasiões em que parecia apreender repentinamente, e por um momento, a grandiosidade do amor de Cristo.

Lembro-me de uma época quando estava vivendo uma profunda dor em meu coração. Keith e eu geralmente caminhamos juntos no começo da noite, mas, naquela noite em particular, ele não estava em casa. Tudo o que eu queria fazer era chorar de soluçar, mas decidi colocar fones de ouvido, ouvir uma boa canção de adoração e caminhar sozinha pelo campo de golfe da vizinhança. A noite estava um breu, e parecia que não havia ninguém no campo além de mim. Quanto mais a música ressoava em minha alma, mais as lágrimas de minhas feridas se transformavam em lágrimas de adoração. Finalmente, parei de andar, levantei ambas as mãos em louvor e adorei o Senhor. Lampejos de relâmpagos distantes começaram a resplandecer no céu como fogos de artifício no Ano Novo. Quanto mais eu cantava, mais o Espírito de Deus parecia dançar entre os lampejos. Não tive muitas experiências como essa, mas acredito que Deus me permitiu ter uma repentina e flamejante compreensão de Seu maravilhoso amor.

Você consegue pensar em uma ocasião em que foi bruscamente inundada com a magnitude do amor de Deus por você pessoalmente? Caso não consiga, peça a Ele que deixe você mais alerta. O amor de Deus é comprobatório. Peça a Ele que amplie sua visão espiritual para que você possa contemplar provas inesperadas de Seu incrível amor.

3. *Conhecer o amor de Cristo que excede todo conhecimento* (v.19). Observe atentamente as palavras *conhecer* e *conhecimento*. Nós podemos presumir que essas duas palavras são as mesmas, mas a língua grega é mais específica. A palavra *conhecer* nesse versículo é *ginosko*, que significa "vir a conhecer — em sentido judicial, conhecer por meio probatório — desvendar, descobrir — no sentido de perceber — poderia ser dito que *ginosko* significa acreditar". Agora vejamos como ela difere da palavra *conhecimento* usada no fim da frase. *Conhecimento*, nessa passagem, vem da palavra grega *gnosis*, que significa "conhecimento presente e fragmentário conforme contrastado com *epignosis*, que quer dizer entendimento claro e exato". O apóstolo Paulo quis dizer que viríamos a conhecer e aprender por experiência o amor de Cristo que excede todo conhecimento presente e fragmentário. Paulo orou para que percebêssemos uma profundidade de amor que excede qualquer tipo de entendimento limitado que nossa mente poderia agora apreender. Cristo anseia que você conheça — por experimentação através da caminhada

diária com Ele — um amor que você não consegue nem começar a compreender.

4. *Ser cheios de toda a plenitude de Deus* (v.19). Agora veja tudo isso se juntar. A palavra *cheios* é a palavra grega *pleroo*, que significa "tornar completo, preencher, em particular preencher um recipiente ou lugar côncavo". Lembra-se daqueles lugares vazios? Eles provavelmente causam mais devastação do que qualquer outra coisa em nossa vida! Eles se desenvolvem a partir de dificuldades, injustiças, perdas e necessidades não supridas; isso sem mencionar a mão de Deus que esculpe lugares que somente Ele pode preencher. Quando você recebeu Cristo, o Espírito Santo fez morada em seu interior. Por meio do preenchimento do Espírito Santo, Deus deseja permear cada centímetro de sua vida e preencher cada espaço vazio com a plenitude de Seu amor.

Você se lembra de nosso maior desejo segundo Provérbios 19:22? Deus tem o que você precisa. Somente Ele tem amor infalível e Ele que inundar sua vida com esse amor. A plenitude de Deus não é uma ocorrência única como nossa salvação. Em todos os dias de nossa vida — para viver vitoriosamente —, devemos aprender a derramar nosso coração diante de Deus, confessar o pecado diariamente de modo que nada atrapalhe o Senhor, reconhecer cada lugar vazio e convidá-lo para nos preencher plenamente! Então precisamos continuar abanando a chama de Seu amor lendo as Escrituras, ouvindo canções edificantes e orando com frequência. Precisamos também evitar coisas que obviamente apagam Seu Espírito. Quando você desenvolve a prática diária de convidar o amor do Senhor para preencher seus espaços vazios e garantir que não esteja travando o processo, Deus começará a satisfazer você com mais do que um simples *cheeseburguer* duplo!

Pratico o que estou "pregando" aqui quase todos os dias. Começo o dia com a Palavra de Deus. Em algum momento no meio de meu tempo com Deus pela manhã, peço a Ele que satisfaça todos os meus anseios e preencha todos os meus lugares vazios com Seu amor abundante e infalível. Isso me liberta do anseio de aprovação de outros e da exigência de que outros encham meu "cálice". Então, se alguém investir tempo para demonstrar amor por mim, isso será o transbordamento! Eu sou livre para apreciar e desfrutar disso, mas não o exijo emocionalmente!

Percebe como o amor de Deus lhe traz liberdade? Não sou apenas liberta, mas posso liberar outros da obrigação de me motivar emocionalmente a todo o momento. Aleluia! Onde o Espírito do abundante amor do Senhor está, há liberdade! Experimente e veja como é verdade!

Caso não estejamos experimentando satisfação em Deus, existe um impedimento, logo devemos identificá-lo e pedir a Deus que o remova. Geralmente, o impedimento inicial à satisfação em nossa vida é negar a Deus o acesso aos nossos lugares vazios.

PERGUNTAS PARA DISCUSSÃO

1. Por que podemos encontrar somente em Deus satisfação genuína?
2. Como encontramos satisfação em Deus?
3. De que maneira o "ser cheio do Espírito" pode ser comparado a "ser satisfeito pelo Espírito"?
4. Como o Espírito de Deus é liberado em nossa vida?

CAPÍTULO 36

A DIFICULDADE DE CRER NO INFALÍVEL AMOR DE DEUS

*Porque Deus amou tanto o mundo
que deu seu Filho único, para que todo o que nele
crer não pereça, mas tenha a vida eterna.*

JOÃO 3:16

ACREDITO QUE A noiva de Cristo, a Igreja constituída de todos os cristãos, está enferma. Ela está pálida e debilitada. Não devido ao julgamento, não devido à negligência, não por ela não ter fartura de alimento e bebida — a carne da Palavra de Deus e a bebida de Seu Espírito estão disponíveis para que ela coma e beba —, não devido à batalha. Ela foi ferida pelo inimigo, mas não é ele quem a está adoecendo. Ele apenas se aproveita da oportunidade. A enfermidade da Igreja vem de dentro. A noiva de Cristo está com a doença da incredulidade. Nós não a reconhecemos porque a maioria de nós sofre dela ao longo de toda a vida.

Há muitos anos, comecei lentamente a perceber que meu nível de ânimo estava mais baixo que o comum. No momento em que fiquei convencida de que algo estava errado, repentinamente tive um pico de energia e me convenci de que estava imaginando coisas. Finalmente, fiz um exame de sangue. Mais tarde, naquele mesmo dia, disse a uma amiga o quanto estava brava comigo mesma por ter gastado dinheiro com tal exame. "Estou me sentindo bem! De vez em quando me sinto um pouco cansada, só isso. Lamento ter tido essa despesa".

Naquela noite o médico ligou. Ele me colocou imediatamente na cama por duas semanas devido a um caso violento de mononucleose.

Perguntei repetidamente se ele tinha certeza e afirmava: "Eu não me sinto tão mal assim, só estou cansada!". Alguns meses depois, não conseguia acreditar no quanto me sentia tão bem. Finalmente me conscientizei que estava doente há tanto tempo que havia esquecido a sensação de se estar bem!

Acredito que a Igreja sofre de um caso de incredulidade que solapa seu vigor, porém sofremos desse mal há tanto tempo que já não sabemos como é bom o sentimento do acreditar autêntico. Os cristãos mais saudáveis que você conhecerá não são aqueles com o organismo completamente bom, mas aqueles que tomam sua dose diária da Palavra de Deus e escolhem crer que ela realmente age!

Quando comecei a pesquisar e orar sobre este estudo, Deus continuava repetindo sem parar uma palavra em meu coração: *incredulidade*. Incredulidade! Eu continuava sentindo que Ele dizia: "Meu povo está sofrendo de incredulidade!". Naquela época, senti que essa palavra era uma mensagem à parte do conteúdo que Ele estava começando a me inspirar para este livro. Finalmente, tive uma ideia! Crer é um pré-requisito indispensável para ser livre! Logo no início de nosso estudo, nós falamos de maneira geral sobre remover a rocha da incredulidade; agora gostaria de conversar com você sobre uma área específica e debilitante da incredulidade.

Continuo a ver a seguinte afirmação em minhas correspondências e e-mails: "Tenho grande dificuldade em realmente acreditar e aceitar que Deus me ame". Então comecei a perguntar a Deus: "Pai, por que é tão difícil crermos e aceitarmos que o Senhor nos ame?". Oferecí a Ele repostas de múltipla escolha à minha própria pergunta: "É por causa de nosso histórico pessoal? Nossas mágoas de infância? O ensino errado que recebemos? Não sermos tratados com amor pelas pessoas ao nosso redor?". Eu teria continuado se Ele não tivesse me interrompido, e Ele teve a audácia de não escolher nenhuma das minhas respostas.

Claro como o Sol, Deus falou ao meu coração por meio de Seu Espírito: "O pecado da incredulidade é a resposta à sua pergunta". Essa ideia nunca havia passado pela minha cabeça. Desde então, ela nunca deixou a minha mente. Acompanhe-me nesta reflexão por um momento. Suponhamos que eu tenha ouvido Deus corretamente. (Eu definitivamente já o entendi mal antes!) Por que você pensa que não crer que Deus nos ama individualmente e de modo abundante poderia ser pecado?

Permita-me responder com uma ilustração: Tenho plena certeza, por vários motivos, que meu marido Keith me ama. Ele me diz isso várias vezes ao dia, demonstra de diversas maneiras e me diz que pensa em mim com frequência ao longo do dia. Sei que isso é verdade, pois ele me liga ao menos uma ou duas vezes durante o trabalho todos os dias. Ele testifica de seu amor por mim para outras pessoas. Com frequência pessoas me dizem que, ao ver Keith, comentam: "Ele parece realmente amar a sua esposa".

Um amigo dele disse: "Vou lhe dizer uma coisa, Keith. Minha esposa é uma grande cozinheira". Keith olhou para ele, pensou em minha habilidade como cozinheira e não sabia o que dizer! Finalmente ele respondeu: "Bem, minha cozinheira é uma grande esposa!". Desde então temos rido disso!

Keith demonstra seu amor por mim dizendo quando acha que estou errada. Ele me ama o suficiente para me impedir de dizer ou fazer algo tolo. Mas, se você é casada e seu cônjuge não é tão amoroso, por favor, não se desespere! Permita-me lembrar você de que Deus graciosamente livrou a mim e o Keith de recorrermos várias vezes ao divórcio. Não desista! Deus pode fazer milagres! Acabei de afirmar algumas razões por que estou convencida de que alguém me ama, para que possa apresentar evidências do extravagante amor de Deus por nós. Aqui está minha lista:

1. *Deus nos diz que nos ama.*

Antes, foi simplesmente porque o Senhor os amou e foi fiel ao juramento que fez a seus antepassados. Por isso o Senhor os libertou com mão forte da escravidão e da opressão do faraó, rei do Egito. —DEUTERONÔMIO 7:8

Ó Senhor, tu és tão bom, tão pronto a perdoar, tão cheio de amor por todos que te buscam. —SALMO 86:5

...se não obedecerem aos meus decretos e não guardarem meus mandamentos, castigarei seu pecado com a vara e sua desobediência, com açoites. Contudo, não desistirei de amá-lo, nem deixarei de lhe ser fiel.
—SALMO 89:31-33

A Palavra de Deus está repleta de Suas declarações de amor por você! Ele fez questão de registrar Seu amor em Sua Palavra para que você nunca tivesse que esperar uma ligação. Você pode ouvir Deus dizer que a ama em qualquer momento em que abrir Sua Palavra. Quando estiver se sentindo pouco amada, mergulhe-se nas proclamações do infalível amor de Deus por você!

2. *Deus* demonstra *Seu amor por nós*. Talvez você seja amada por alguém que não demonstre muito isso. Muitas pessoas têm dificuldade para demonstrar afeição, mas lembre-se de que Deus não é um de nós. Inato à natureza tanto de *chesed* (palavra hebraica para amor de Deus) quanto de *ágape* (palavra grega para amor de Deus) está a demonstração de afeição. Por Deus ser amor, Ele não pode evitar demonstrar Seu amor — mesmo que certas vezes o demonstre por meio da disciplina. Ele nos ama por meio de bênção, orações respondidas, disciplina amorosa, cuidado constante, intervenções e muito mais.

3. *Deus* pensa *em nós constantemente*. Jesus disse: "Pai, quero que os que me deste estejam comigo onde estou..." (João 17:24). Creio que o Céu será Céu porque Ele estará lá, mas Ele pensa que será Céu porque você estará lá. O verso de uma canção expressa isso muito bem: "Quando Ele estava na cruz, estava pensando em mim". Não importa a hora da noite em que você estiver rolando na cama sem conseguir dormir, em meio a isso você encontrará Deus pensando em você.

4. *Deus* testifica *a outros como Ele nos ama*. Essa afirmação é um pensamento novo para você? Veja em João 17:23 o quanto Deus a ama: "...para que todo o mundo saiba que tu me enviaste e que os amas tanto quanto me amas". Cristo quer que o mundo

todo saiba que Deus nos ama assim como Deus ama o Seu Filho, Jesus! Deus se orgulha de amar você!

Por que temos tamanha dificuldade em aceitar e acreditar no amor de Deus por nós? Essa pergunta nos atinge muito mais forte desta vez, não é mesmo? Entenda, incredulidade com relação ao amor de Deus é a bofetada derradeira em Sua face. O mundo veio a existir sobre o fundamento do amor de Deus. Ele cravou o Seu amor por nós na cruz. Você consegue imaginar a tristeza que causamos a Ele pela nossa incredulidade depois de tudo o que Ele já fez? Você pode argumentar: "Mas eu simplesmente não consigo me obrigar a sentir que Deus me ama". Acreditar não é um sentimento, é uma escolha. Poderemos viver muitos dias em que não nos sentimos amadas ou dignas de amor, mas, apesar de nossas emoções, podemos escolher crer que Deus cumpre Sua Palavra.

Talvez também diga: "Você não sabe pelo que eu passei!". Por favor, ouça meu coração. Eu me solidarizo com você, pois também fui ferida por pessoas que deveriam me amar. No entanto, permita-me dizer o seguinte: Nada do que alguém tenha feito para demonstrar que você não é amada é maior do que o que Deus fez para declarar que é amada.

Se necessário, faça uma lista das formas pelas quais você foi convencida de que ninguém poderia verdadeiramente amá-la; depois faça uma lista correspondente das maneiras pelas quais o Deus de toda criação disse o oposto a você. Nenhuma lista poderia se comparar à lista de Deus. Cristã, passemos a andar no caminho para alcançarmos a vida de genuína credulidade. Igreja, levantemo-nos de nosso leito de enfermidade da incredulidade. Por onde começamos? Primeiro nos arrependendo de nossa incredulidade! Depois clamando ao Senhor como certo homem: "...ajude-me a superar minha incredulidade" (Marcos 9:24).

PERGUNTAS PARA DISCUSSÃO

1. De que maneira a incredulidade pode adoecer a igreja?
2. Por que os cristãos têm dificuldade de crer em Deus?
3. Como Deus nos diz que nos ama?
4. De que maneiras Deus demonstra Seu amor por nós?

CAPÍTULO 37

O FRUTO DO AMOR INFALÍVEL

Plantem boas sementes de justiça e terão uma colheita de amor. Arem o solo endurecido de seu coração, pois é hora de buscar o Senhor, para que ele venha e faça chover justiça sobre vocês.

OSEIAS 10:12

AQUELES QUE CREEM que Deus ama diferem-se dos demais. Olhe para o modo como o amor de Deus impactou a vida de pessoas-chave nas Escrituras. Espero que você considere estas razões convidativas o suficiente para desejar estar entre aqueles que escolhem acreditar que Deus cumpre Sua amável Palavra.

Moisés registrou a sua convicção de que Deus, em Seu amor infalível, guiaria o povo à Sua "santa habitação" (Êxodo 15:13). Davi escreveu que "o que confia no Senhor é cercado de amor"

(Salmo 32:10). Após a destruição de Jerusalém, Jeremias reconheceu que Deus "embora traga tristeza, também mostra compaixão, por causa da grandeza de seu amor" (Lamentações 3:32). Paulo escreveu: "Mas Deus é tão rico em misericórdia e nos amou tanto que, embora estivéssemos mortos por causa de nossos pecados, ele nos deu vida juntamente com Cristo" (Efésios 2:4,5).

Esse apóstolo expressa bem o efeito do amor de Deus em Seus filhos: "...como filhos amados de Deus, [...] Vivam em amor, seguindo o exemplo de Cristo, que nos amou..." (Efésios 5:1,2). Deus nos chama a agir como filhas amadas que somos. Reflita um pouco nessa exortação. Para termos maior clareza, tracemos um paralelo entre os filhos de Deus e os filhos de pais terrenos. Não precisamos ter uma especialização em desenvolvimento infantil para supor como as crianças se sentem e se comportam de maneira diferenciada baseadas no fato de elas acreditarem ou não que são verdadeiramente amadas.

Em minha experiência familiar, Deus me ensinou duas coisas:

1. Deus é o único que pode amar qualquer pessoa integralmente.
2. Até mesmo o Deus Todo-poderoso se recusa a obrigar alguém a aceitar Seu amor.

Podemos estabelecer inúmeras similaridades entre pais terrenos e Deus, mas devemos reconhecer esta importante diferença: Algumas vezes os pais terrenos não são amorosos ou são incapazes de expressar amor adequadamente por seus filhos. Deus, por outro lado, não é humano como nós. Não podemos criar Seu amor à nossa imagem!

Deus ama perfeitamente. Seu amor é tanto verbalizado quanto demonstrado. Ele equilibra bênção e disciplina. O amor de Deus é infalível, logo, em qualquer momento que pensamos que Ele não nos ama, nossas percepções estão erradas. Qualquer coisa que percebamos com relação a Deus que não corresponda à verdade das Escrituras ou à descrição de Seu caráter nas Escrituras é uma mentira.

Quando percebemos que temos acreditado em uma mentira, nossas amarras se afrouxam. Nesses momentos, podemos orar assim: "Eu não estou me sentindo amada ou mesmo amável, mas Tua Palavra diz que tu me amas tanto que deste Teu Filho por mim. Não sei por que ainda não me sinto amada, mas, neste momento, escolho crer na verdade de Tua Palavra. Rejeito as tentativas do inimigo de me fazer duvidar do Teu amor. Oro também pedindo perdão pelo pecado da incredulidade. Ajuda-me a superar minha incredulidade".

A libertação em longo prazo vem do acompanhar Deus em uma jornada para (1) identificar o problema, (2) demolir a fortaleza e (3) continuar a caminhar na verdade. O primeiro passo acontece em um instante. O segundo e o terceiro representam um processo, pois conhecer Aquele que cura é mais importante do que a cura. Utilizaremos o restante dessa quinta parte para examinar o fruto do infalível amor de Deus analisando o filho descrito em Efésios 5:1,2, que sabe que é profundamente amado.

1. *O filho de Deus que confia em Seu amor tem segurança em Sua liderança.* "Com o teu fiel amor, conduzes o povo que resgataste..." (Êxodo 15:13). Deus nos promete que não seremos deixadas perambulando sem rumo até que cheguemos ao Céu. De acordo com Jeremias 29:11, Ele sabe quais são os planos que tem para nós. O Senhor guia aqueles que resgatou para que cumpram Seu maravilhoso plano. Que consolo saber que os lugares para os quais Deus escolhe nos guiar sempre são fruto de Seu infalível amor!

2. *O filho de Deus que confia em Seu amor tem segurança na salvação.* Deus nunca deixará de amar. Amo os salmos, como o Salmo 13, em que Davi pergunta com ousadia a Deus: "Até quando, Senhor, te esquecerás de mim? Será para sempre? Até quando esconderás de mim o teu rosto?" (v.1). Nós podemos derramar a frustração de nosso coração com coragem porque sabemos que o Pai não nos rejeitará.

3. *O filho de Deus que confia em Seu amor tem segurança em Sua misericórdia.* No Salmo 51, Davi clamou: "Tem misericórdia de mim, ó Deus, por causa do teu amor..." (v.1). Por favor, receba esta verdade: Deus não tem como ser imparcial com relação a você. Ele não pode deixar de lado o amor que sente por você e tomar uma decisão objetiva. Uma vez que você se torna filha de Deus por aliança, Ele não consegue vê-la com outros olhos que não os olhos de um Pai amoroso.

4. *O filho de Deus que confia em Seu amor tem segurança em Seu consolo.* O Salmo 119 diz: "Agora, que o teu amor me console, como prometeste a este teu servo" (v.76). Então, qual é o seu consolo na morte? O infalível amor de Deus. Qual é o seu consolo na vida? (Algumas vezes mais difícil que a morte.) O infalível amor de Deus.

5. *O filho de Deus que confia em Seu amor tem segurança em Sua proteção.* No Salmo 143, o rei Davi declara: "Por teu amor, acaba com meus inimigos e destrói meus adversários, pois sou teu servo" (v.12). Quando seu coração pertence a Deus, aqueles que estão contra você estão contra Deus. Ele leva para o lado pessoal qualquer injustiça praticada contra você. Deus defende sua causa (Lamentações 3:59). Você percebe que, se nosso coração for humilde e reto diante de Deus,

podemos entregar a Ele todos os conflitos e inimigos que se insurgem contra nós?

Nossa lista poderia continuar crescendo. Na verdade, encorajo-a a procurar todos os versículos que contenham as palavras *amor infalível*, meditar e crer neles!

PERGUNTAS PARA DISCUSSÃO

1. Por que é imprescindível para alguém crer que Deus ama?
2. Por que crer que Deus ama faz nossas amarras perderem sua força?
3. O que a liderança de Deus tem acrescentado à sua percepção de segurança?
4. O que é mais significativo para você: a salvação divina, Sua misericórdia, Seu consolo ou Sua defesa? Por quê?

PARTE 6

LIBERDADE
E ESPLENDOR

ESTAMOS NOS APROXIMANDO do grandioso auge de nossa jornada. Não do fim, mas do começo de uma caminhada com Deus mais grandiosa e plena. O Benefício 5 nos direciona ao maravilhoso marco de nosso destino: a terra onde nos tornamos manifestação de Seu esplendor. O país cujos habitantes compartilham de um mesmo traço: todos usufruem da presença do Rei.

Você consegue imaginar isso? Viver plenamente a vida que Deus planejou. O que poderia ser o retrato mais grandioso de liberdade genuína? Ser verdadeiramente livre é...

- conhecer Deus e nele crer,
- glorificar a Deus,
- encontrar satisfação em Deus,
- vivenciar a paz de Deus, e
- desfrutar da presença de Deus.

Memorize a grande promessa do Benefício 5:

Quando passar por águas profundas, estarei a seu lado. Quando atravessar rios, não se afogará. Quando passar pelo fogo, não se queimará; as chamas não lhe farão mal. Pois eu sou o Senhor, *seu Deus, o Santo de Israel, seu Salvador. Dei o Egito como resgate por sua liberdade; em troca de você, dei a Etiópia e Sebá.*
—ISAÍAS 43:2,3

CAPÍTULO 38

UMA PERSPECTIVA DO ANTIGO

*Tu guardarás em perfeita paz
todos que em ti confiam, aqueles cujos
propósitos estão firmes em ti.*
ISAÍAS 26:3

LIBERTAR-SE DE FORTALEZAS é algo sério. O estudo profundo e a aplicação criteriosa da verdade não são apenas suportes, mas necessidades inquestionáveis para aqueles que escolhem a liberdade. Conquistamos a liberdade no campo de batalha da mente.

Perceba que Isaías 26:3 menciona a confiança como parte da vida de quem possui uma mente inabalável. Somente um coração que confia se aproximará honestamente de Deus com as lutas secretas da mente. Quando oferecemos um coração que confia e uma mente sincera e aberta a Deus, o renovo está a caminho.

Por meio do poder do Espírito Santo, oro para que consigamos cumprir os três objetivos primários desta parte de nosso estudo.

1. Investigar o conceito de mente inabalável nas Escrituras.
2. Ilustrar com um processo de cinco passos como desenvolver uma mente inabalável.
3. Aprender a aplicar o processo de cinco passos a praticamente qualquer fortaleza.

Resista à tentação de tomar atalhos! Creio que estes capítulos serão um ponto de inflexão sobrenatural para todas que aproveitarem o que aprenderam. Pare e peça a Deus que lhe dê profunda percepção de Sua Palavra.

Poucos assuntos bíblicos são mais controversos que a batalha espiritual no campo de batalha da mente. Muitos eventos e passagens das Escrituras demonstram que Satanás lida diretamente com a mente humana. Na parábola do semeador, Jesus disse que Satanás vem e "toma" a Palavra semeada em algumas pessoas (Marcos 4:15). Na história de Ananias e Safira, Pedro disse que Satanás havia enchido o coração deles para mentirem ao Espírito Santo. Paulo alertou que Satanás procura corromper a mente dos cristãos (2 Coríntios 11:3). Claramente Satanás nos ataca até chegar em nossos pensamentos.

Devemos utilizar as Escrituras para vencer no campo de batalha chamado mente. Neste capítulo, exploraremos os significados hebraicos em Isaías 26:3. No capítulo seguinte, examinaremos os significados gregos em 2 Coríntios 10:3-5. Cuidadosamente, leia novamente estas palavras:

Tu conservarás em paz aquele cuja mente está firme em ti; porque ele confia em ti. —ISAÍAS 26:3 (ARC)

Frase 1: "Tu conservarás...". Satanás é astuto. Apenas o nosso conhecimento não nos manterá protegidos, guardados. O que você e eu precisamos é de um vigia guardando os muros de nossa mente. Aqui vem a boa notícia: Temos O vigia que é capaz e está disponível, se nós também ajustarmos a nossa mente nele. Em Isaías 26:3, a palavra hebraica para "guardar" é *nasar*, que significa "guardar, proteger, manter; usada para denotar o guardar uma vinícola e um castelo forte. Aqueles que executam esta função eram chamados de 'vigia'". O Salmo 139 deixa claro que Deus nos conhece completamente. Logo Ele é o candidato perfeito para ser o vigia de nossa mente. Não é surpresa que o salmo termine com estas palavras: "Examina-me, ó Deus, e conhece meu coração; prova-me e vê meus pensamentos. Mostra-me se há em mim algo que te ofende..." (vv.23,24).

Estamos falando de um assunto sério. Romanos 1:28-32 ensina que entregar nossos pensamentos a Deus não é apenas um meio de alcançar vitória mais consistente; é a proteção definitiva contra ser arrastada a uma mente depravada. Podemos persistir por tanto tempo em nosso modo errôneo e obstinado de pensar que Deus pode nos deixar a mercê de nossos desejos.

Frase 2: "...em paz...". Antes de determinarmos o que essa frase significa, vamos deixar claro o que ela não significa. Isaías 26:3 não afirma que Deus nos dará uma mente perfeita se estivermos firmes nele. O que Ele diz é que nos dará perfeita paz em nossa mente imperfeita. O termo hebraico traduzido para "perfeita paz" pode ser conhecido a você. *Shalom* significa "estar seguro, completo; como um adjetivo também significa pacífico/sereno, pleno, seguro, amigável, saudável, são... Embora *shalom* possa significar a ausência de conflito, geralmente significa muito mais. Denota essencialmente uma condição de satisfação, um estado de serenidade, uma noção de bem-estar.

É utilizado quando se fala de um relacionamento próspero entre duas ou mais partes".

Deus é fiel à Sua Palavra. E se você se mantiver firme nele, uma prosperidade dupla é inevitável. Tanto o reino de Deus quanto você serão edificados. Tão certamente quanto o reino de Deus prospera quando somos firmes, também nosso coração e mente se beneficiam.

Frase 3: "...aquele cuja *mente* está *firme* em ti". A palavra hebraica para "mente" é *yetser*. Ela me lembra o que meus irmãos e eu devíamos dizer todas as vezes que nosso pai, um major do exército, nos mandava fazer algo (Sim, senhor! *Yes, sir!* em inglês). Com certeza é na mente que decidimos se responderemos "sim, senhor" ou "não, senhor" todas as vezes que nosso Pai celestial nos diz para fazermos algo! *Yester* significa "estrutura, padrão, imagem; concepção/idealização, imaginação, pensamento; dispositivo/mecanismo; é o que é formado na mente (ou seja, planos e propósitos)". Olhe cuidadosamente a estrutura da palavra na definição hebraica de *yester*. A conotação da palavra deveria ser compreendida mais em termos de uma moldura de um quadro do que em termos da nossa constituição ou corpo físico. Em essência, nossa mente trabalha para "enquadrar" cada circunstância, tentação e experiência pelas quais passamos. Enxergamos os acontecimentos a partir de nossa própria perspectiva e contexto.

Você já percebeu como duas pessoas podem enxergar a mesma experiência de maneiras diferentes? Elas "enquadram" o acontecimento diferentemente e agem de acordo com isso. Nossa reação depende de como emolduramos a situação.

Lembre-se de uma crise em sua casa. Talvez várias pessoas tenham sido envolvidas, mas você provavelmente percebeu como as reações e respostas foram distintas. Veja, a mente de cada pessoa trabalhou de maneira diferente para emoldurar a mesma circunstância. Frequentemente causamos mais dor a nós mesmas pelo modo como compreendemos certa situação do que pela própria situação em si. Vamos imaginar que já vencemos a batalha contra nossos pensamentos. Como você poderia ter "enquadrado" de modo diferente essa situação específica?

A definição original da palavra "firme" nos ajudará a determinar se estamos ou não no caminho certo. *Samak* significa "sustentar, estar apoiado/amparado, apoiar-se em". Parte da definição estabelece uma maravilhosa imagem para nos ajudar a visualizar a vida firmada em Deus: "repousar (a mão em)". Quando tentações e pensamentos atormentadores vêm, cristãos firmes escolhem repousar suas mãos na Palavra de Deus e saber que ela é a verdade.

Quando descobri essa definição, pensei em uma situação em que fui magoada por alguém próximo a mim. A dor em meu coração parecia um ferro incandescente, meus pensamentos ficaram conturbados. Eu sabia que a única forma de batalhar com as mentiras do maligno era me apossando firmemente da verdade. Percebi que, durante o dia, conseguia ler ou citar Escrituras quando meus pensamentos começavam a me derrotar, mas a noite parecia um desafio totalmente diferente. Os piores ataques contra mim aconteciam à noite.

Correndo o risco de ser rotulada como lunática (já fui chamada de coisas piores), contarei a você o que eu fazia durante a parte mais intensa da batalha. Quando eu ia para a cama à noite, eu lia versículos que declaravam a verdade com relação às minhas circunstâncias. Eu literalmente deitava minha cabeça sobre minha Bíblia aberta até cair no sono. O Espírito Santo nunca deixou de trazer consolo e alívio à minha mente. Caso minha ação não se mesclasse à minha fé, teria tido pouco propósito, mas, por eu crer que Deus cumpriria espiritualmente o que minha atitude simplesmente simbolizava, o inimigo não pôde me derrotar.

Concluiremos com uma breve olhada na frase restante de Isaías 26:3.

Frase 4: "...porque ele confia em ti". A palavra hebraica para "confia" é *batach*, que significa "apegar-se, confidenciar, sentir-se seguro, ser confiante, protegido". Imagine uma criança pequena com sua mãe ou seu pai. Quero confiar em Deus como essa criança confia em sua mãe ou seu pai.

Ao concluirmos este capítulo, ponderemos sobre um fato importante: aqueles que nunca entregaram seu coração plenamente a Deus provavelmente não oferecerão a Ele as fendas mais profundas e escuras de suas mentes. Você consideraria concluir com uma oração pedindo para ter uma confiança mais forte de modo que tenha, com maior probabilidade, a mente aberta na qual Deus possa trabalhar? Lembre-se: o plano do Senhor não é de mal, mas é de bem para lhe dar o futuro pelo qual você anseia (Jeremias 29:11). Convide-o para ser o vigia nos muros de sua mente.

PERGUNTAS PARA DISCUSSÃO

1. Por que você acha que a liberdade exige estudo aprofundado e aplicação criteriosa da verdade?
2. Por que aprender a aplicar um processo para a liberdade é muito melhor do que simplesmente obter libertação de uma fortaleza?
3. Que provas você tem em sua vida que demonstram que Deus é o vigia de sua mente?

4. Qual é a diferença entre ter perfeita paz em nossa mente imperfeita e ter uma mente perfeita?
5. Que diferença faz na sua vida o modo como você emoldura os acontecimentos que experiencia?

CAPÍTULO 39

UMA PERSPECTIVA DO NOVO

*Embora sejamos humanos, não lutamos conforme
os padrões humanos. Usamos as armas poderosas
de Deus, e não as armas do mundo,
para derrubar as fortalezas do raciocínio humano
e acabar com os falsos argumentos.
Destruímos todas as opiniões arrogantes que
impedem as pessoas de conhecer a Deus.
Levamos cativo todo pensamento rebelde e o
ensinamos a obedecer a Cristo.*

2 CORÍNTIOS 10:3-5

NO CAPÍTULO ANTERIOR, investigamos a mente firme sob o olhar de Isaías 26:3. Agora compararemos essa maravilhosa passagem do Antigo Testamento com a perspectiva do Novo Testamento em 2 Coríntios. Enquanto as palavras do profeta Isaías exalam refrigério e segurança, as palavras do apóstolo Paulo são uma pancada substancial. Deus inspirou ambos a essencialmente argumentarem a mesma questão. Paulo simplesmente o fez com um par de luvas de boxe. Agora investigaremos o que ele tinha a dizer em 2 Coríntios 10:3-5.

Frase 1: "...armas poderosas de Deus, e não as armas do mundo, para derrubar as fortalezas do raciocínio humano" (v.4). A palavra grega para "derrubar" é *kathairesis*, que significa "demolição, destruição de uma fortaleza". A palavra original para "fortaleza" vem da palavra *echo*, que significa "agarrar, segurar firme". O termo derivado, *ochuroma*, significa "uma fortaleza, fortificação, castelo forte. Usada metaforicamente para qualquer argumento forte ou alegação em que alguém confia". Você pode pensar da seguinte forma: uma fortaleza é qualquer coisa a que nos agarramos a tal ponto que ela acaba nos aprisionando.

Agora consideremos o que Paulo quis dizer ao falar de derrubar as fortalezas. A palavra *derrubar* sugere um tipo de destruição que exige poder gigantesco; para ser mais exata, poder divino. Muitas das razões pelas quais cristãos têm permanecido sob um jugo de escravidão é porque golpeamos nossas fortalezas como se fossem mosquitos. Fortalezas são como castelos fortes de concreto que construímos ao redor de nossa vida, bloco por bloco, normalmente por vários anos. Nós as edificamos, conscientes ou não, para nossa proteção e comodidade. Lembra dos abrigos nos dias de Gideão? Contudo, inevitavelmente, essas fortalezas se tornam prisões. Em determinando momento, percebemos que não as controlamos mais. Ao invés disso, elas que nos controlam.

O esforço humano é inútil para derrubar fortalezas. Nenhuma quantidade de disciplina ou determinação executará tal tarefa.

Fortalezas satânicas exigem demolição divina. A disciplina e a determinação são frequentemente fatores importantes para abrir sua vida ao poder sobrenatural de Deus, mas somente Ele pode prover a necessária dinamite divina para destruir uma fortaleza.

Ano passado tive o privilégio de percorrer os caminhos das viagens do apóstolo Paulo na Grécia e em Roma. Enquanto pisava no solo da antiga Corinto contemplando as ruínas do que antes fora uma cidade próspera, vi a distância uma edificação no topo da montanha mais alta de lá. Pedi à guia que identificasse aquela estrutura, e ela respondeu: "É uma fortaleza antiga. Praticamente toda cidade grega antiga tinha uma fortaleza ou forte no topo do pico mais alto da vizinhança. Em tempos de guerra, era considerada praticamente impenetrável e inacessível. Era o lugar de esconderijo para os governadores das cidades em tempos de insegurança".

Fiquei atônita. Eu estava olhando exatamente para a fortaleza que o apóstolo Paulo usou como uma analogia quando escreveu essas palavras ao povo de Corinto. Enquanto observava a imponente fortaleza que ainda permanecia orgulhosamente no topo da montanha após séculos que corroeram edificações abaixo dela, percebi por que o exército inimigo desistiu. Infelizmente, nós, muito frequentemente, fazemos o mesmo. Minha oração é que cada uma de nós diga: "Basta!".

Lembre-se: o poder de Satanás vem de sua habilidade em blefar. Uma vez que aprendemos a verdade e como usá-la, ele perde seu domínio. Olhe novamente para a última afirmação que a guia me forneceu. Ela descreveu a fortaleza como o lugar de esconderijo em tempos de insegurança.

Pense em uma fortaleza que tenha experienciado. Que papel a insegurança desempenhou nela?

Sem dúvida, a insegurança teve função essencial nas fortalezas que o inimigo construiu em minha vida. Uma parte importante de aprender a viver em vitória tem sido discernir os rumores de insegurança de meu coração. Aprendi a aumentar dramaticamente minha vida de oração e tempo com a Palavra de Deus durante momentos em que minha segurança é ameaçada.

Um exemplo básico ocorreu com a perda de minha preciosa mãe. Eu sabia que, mesmo durante meu tempo de luto, não seria sábio negligenciar a Palavra de Deus ou evitar meu tempo de oração. Mesmo que tudo o que eu fizesse fosse chorar, ao menos me aproximava de Deus o suficiente para que Satanás não pudesse construir um fosso entre nós. Nem sempre reagi corretamente em momentos de insegurança; mas, quando o fiz, Satanás não conseguiu obter vantagem sobre mim.

Frase 2: "Destruímos todas as opiniões arrogantes..." (v.5). A palavra grega para "opiniões" é *logismos*, que significa "cômputo, cálculo, consideração, reflexão. Nos escritores gregos clássicos, [*logismos* era] utilizado para a consideração e reflexão precedentes a uma conduta e que a determinava". Essas opiniões são nossas racionalizações para as fortalezas que ainda possuímos em nossa vida. Mantemos desculpas para não submeter áreas de nossa vida à autoridade de Cristo. Você já teve essas opiniões. Eu já. Nunca esqueça que Satanás persiste onde a fortaleza existe. Ele supre uma lista interminável de racionalizações para as coisas que fazemos e as que nos recusamos a fazer.

Você consegue pensar em uma desculpa ou racionalização que não tem mais poder sobre você? Se sim, nunca esqueça que o mesmo Deus que veio em seu auxílio antes virá em seu auxílio novamente! Você pode sentir que seus obstáculos atuais são maiores, mas eu lhe garanto que para Deus não são. Ele é Todo-poderoso.

Agora, vejamos a outra palavra fundamental nessa frase: *arrogantes*. A palavra grega *hupsoma* significa "algo que foi elevado, superior, um lugar alto; fala figurativamente de um adversário orgulhoso, uma torre eminente ou fortaleza construída orgulhosamente pelo inimigo. Orgulho". Com base nessa definição, acredito que podemos concluir três coisas com relação a fortalezas:

1. Toda fortaleza está relacionada a algo que exaltamos a uma posição acima de Deus em nossa vida.
2. Toda fortaleza finge nos fornecer algo que sentimos que precisamos: auxílio, conforto, o alívio do estresse ou proteção.
3. Toda fortaleza na vida de um cristão é uma tremenda fonte de orgulho para o inimigo. Fique furiosa com esse fato e determine-se a parar de dar essa satisfação a ele.

Com frequência o inimigo fomentará orgulho em nós a fim de impedir que fortalezas sejam derrubadas. A humildade é uma parte necessária ao sistema de crenças para alguém que esteja pronto para ser livre. Tenho um amigo que trabalha com alcoólicos em um ministério com 12 passos centrados em Cristo. Ele sempre enfatiza que o passo crucial para a sobriedade é a humildade. Suas palavras nos lembram de que, no Corpo de Cristo, os orgulhosos jamais são os livres.

Frase 3: "...que impedem as pessoas de conhecer a Deus" (v.5). A palavra grega para a frase "que impedem" é *epairo*, que significa "içar como uma vela; erguer os olhos, significando considerar, apreciar". Gostaria de argumentar algo que será enfatizado em um capítulo posterior: o objetivo de Satanás é ser adorado. Isso é o que ele sempre quis.

O desejo de Satanás de ser adorado alimenta rebelião dele contra Deus. Caso Satanás não consiga que pessoas o adorem diretamente, ele cumpre seu objetivo tentando-as a adorar algo ou alguém que não seja Deus.

Deus nos criou para adoração. Logo, todos adoramos algo. De acordo com a definição de *epairo*, o foco de nossa adoração pode ser determinado pelo fixar do nosso olhar sobre o que ou quem é o objeto de nossa atenção primordial. Não perca este detalhe: tudo o que adoramos, também obedeceremos. Veja a primeira parte da definição: "içar como uma vela". Qual é o propósito de uma vela em uma embarcação?

Tanto opiniões quanto velas servem para impulsionar e determinar a direção da embarcação. Espero que você esteja vendo a prova bíblica de algo que você já conhecia por experiência: fortalezas afetam comportamentos! O inimigo não pode entrar em um cristão. Somos selados pelo Espírito Santo de Deus (Efésios 1:13,14). O inimigo não pode nos obrigar a fazer nada, ele pode apenas nos persuadir a fazer coisas. Fortalezas são as cordas do jugo pelo qual Satanás tenta nos conduzir.

Oseias 11:4 diz sobre Deus: "Guiei Israel com meus laços de amor". Ao refletir em minha história com Deus e em como Ele é exclusivamente responsável por minha liberdade, esse versículo me emociona a ponto de lágrimas. Satanás, o falsificador máximo, também deseja nos guiar. Deus nos guia com "laços de amor". Satanás pressiona o jugo em nosso pescoço enquanto nos conduz com laços de falsidade e mentiras.

Veja outro detalhe dessa frase: "que impedem [...] de conhecer a Deus". Novamente somos lembradas por que conhecer a verdade é a chave para a liberdade (João 8:32). Caso não conheçamos a Palavra de Deus (o conhecimento de Deus expresso a nós), dificilmente poderemos reconhecer o que está se colocando contra o conhecimento de Deus. Quanto mais conhecemos a Palavra do Senhor, mais rapidamente reconhecemos as tentativas de Satanás de encobri-la içando sua vela sobre ela.

Frase 4: "Levamos cativo todo pensamento..." (v.5). Por enquanto, gostaria apenas de investigar o significado da frase. Mais adiante investiremos tempo no como levamos nossos pensamentos cativos a Cristo ou, como o profeta Isaías conceituou, como praticamos a "mente firme". A frase "levamos cativo" vem da palavra grega *aichmalotizo*, que significa "um prisioneiro, cativo, levar cativo; por inferência, subjugar, levar à sujeição". O tempo verbal nessa frase sugere uma ação repetida e contínua.

Todas nós procuramos uma solução rápida, mas Deus está atrás de transformação duradoura — cristianismo como estilo de vida. Ter uma mente resoluta, um propósito firme, é praticar uma mente firme. Você e eu fomos controladas e mantidas prisioneiras por pensamentos destrutivos, negativos e enganadores por muito tempo. Por meio do poder divino do Espírito Santo, podemos tornar nossos pensamentos cativos em nosso lugar!

Frase 5: "...o ensinamos a obedecer a Cristo" (v.5). Deus quer que sejamos vitoriosas. Não nos tornamos vitoriosas vencendo o inimigo, mas, sim, por nos rendermos a Cristo. Não nos tornamos vitoriosas ao sermos independentes do inimigo, mas por dependermos de Deus.

A estrada para a liberdade parece paradoxal. Para experimentar a vitória e a liberdade precisamos nos tornar cativas. Precisamos desenvolver mentes que estejam cativas a Cristo. Nesta vida, o momento em que somos mais livres é quando nossa mente está mais cativa a Ele. Vidas vitoriosas fluem de pensamentos vitoriosos. Ter pensamentos vitoriosos vêm de estabelecer nosso foco no Deus vitorioso.

Esse complexo assunto se conclui de forma bastante simples: podemos ser desviadas pelos laços do jugo maligno, ou podemos ser guiadas à vitória pelos laços do amor divino. Temos um trabalho importante a fazer nos capítulos a seguir. Lembre-se:

essa guerra é pela liberdade, e o campo de batalha é a mente. Antes que você comece o capítulo seguinte, por favor, invista um tempo extra permitindo que Deus limpe seu coração e desobstrua a sua mente. A exortação de Josué aos filhos de Israel aplica-se lindamente a nós hoje: "Purifiquem-se, pois amanhã o Senhor fará grandes maravilhas entre vocês!" (Josué 3:5). As maravilhas que Deus quer fazer em todos os nossos amanhãs são preparadas no nosso hoje.

PERGUNTAS PARA DISCUSSÃO

1. Você consegue descrever uma fortaleza com a qual você lutou em sua vida?
2. Como a fortaleza ganhou força em sua vida?
3. Que papel a insegurança tem nas fortalezas?
4. Que tipo de desculpas você deu para não entregar alguma área de sua vida à autoridade de Cristo?

CAPÍTULO 40

DESTRUINDO OS ALTARES

*...Seus inimigos se encolherão de medo
diante de você, e você lhes pisoteará as costas.*

DEUTERONÔMIO 33:29

JÁ INVESTIGAMOS O conceito do Antigo Testamento sobre a mente firme e o conceito do Novo Testamento sobre a mente cativa. Contudo, reunir informações pouco nos auxiliaria se não aprendêssemos a aplicá-las. Nos próximos três capítulos, estudaremos um processo de cinco passos. As ilustrações a seguir exemplificam a jornada de ser escravo de nossos pensamentos até o ponto de levá-los cativos a Cristo. Antes que analisemos individualmente cada passo, separe um momento para estudar as ilustrações de modo que você possa começar a conceituar o objetivo.

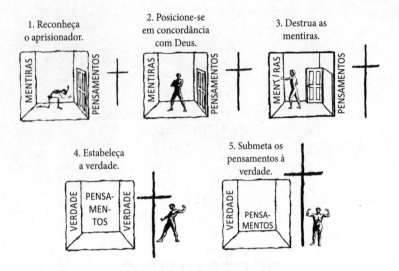

O processo que estudaremos pode ser aplicado inquestionavelmente a qualquer coisa ou pessoa que esteja aprisionando nossos pensamentos. Imagine como ser vítima de estupro poderia aprisionar sua mente e quase destruir você. Profunda compaixão inunda meu coração ao perceber que muitas que leem essa afirmação sabem, por experiência pessoal, do que estou falando. Caso não entreguemos nossa mente a Cristo, a perda de um ente querido pode nos levar do luto adequado para toda uma vida de escravidão angustiante. Lembre-se de que Satanás luta de modo sujo. Ele se apossa de qualquer coisa que possa impedi-la de centrar seus pensamentos em Cristo.

Nem todos os pensamentos aprisionadores vêm de experiências dolorosas. Nossos pensamentos podem ser mantidos prisioneiros a alguém ou algo que eleve nosso ego ou satisfaça nossos desejos carnais. Colocado de forma simples, pensamentos aprisionadores são pensamentos controladores — coisas em que você percebe estar meditando com muita frequência.

Levar os pensamentos cativos a Cristo não significa que nunca teremos esses pensamentos novamente. Significa aprender a "pensar esse pensamento" no que diz respeito a Cristo e a quem somos em Cristo. Sempre terei pensamentos relacionados à minha preciosa mãe, mas, ao relacioná-los a Cristo, eles me causarão cada vez menos desespero. Eles não me controlarão. Com o poder do Espírito Santo, eu os controlarei. Parece impossível ou difícil demais atingir isso? Não desista. Fique comigo ao longo deste processo e creia que Deus fará uma obra miraculosa em seu coração e sua mente. Começaremos a estudar cada ilustração que nos ensinará como sair da posição de derrotada para a de vencedora.

1. Reconheça o aprisionador.

Este desenho ilustra o cristão aprisionado sendo mantido cativo por pensamentos controladores. A cruz mostra que ele conhece Cristo, mas que algo se ergueu entre ele e seu Senhor. Esse algo cresceu de tal forma que acabou por torna-se o aprisionador e o cristão se tornou um prisioneiro. Assim, os pensamentos controladores se tornaram um altar idólatra.

Você já percebeu que não existe desobediência pequena? Negligenciar os mandamentos de Deus, cedo ou tarde, sempre gera frutos amargos. Mesmo alguns dos reis de Israel que seguiram os caminhos de Deus foram incapazes de destruir os altares. No fim das contas, a omissão teve grande impacto. O resultado foi um reino em que o próprio povo de Deus sacrificava seus filhos em altares de deuses pagãos.

Podemos comparar nossas fortalezas aos altares idólatras na antiga Israel. Qualquer coisa que exaltamos em nossos pensamentos ou imaginação no lugar de Deus é um ídolo. A idolatria não é apenas uma terrível afronta a Deus, é também um convite aberto a ruína. Nunca se esqueça que a natureza do pecado é sempre crescente (Romanos 6:19). Acredito que não esteja sendo excessivamente dramática quando digo que ou destruímos nossas fortalezas com o grandioso poder de Deus ou elas eventualmente nos destruirão.

Por favor, tenha em mente que não precisamos amar algo ou alguém para que o idolatremos ou o exaltemos em nossa mente. Podemos facilmente idolatrar algo que odiamos. Nunca me esquecerei de quando percebi que certa pessoa, que eu não conseguia perdoar, tornara-se um ídolo em minha vida devido à falta de perdão. Humanamente falando, eu nem mesmo gostava daquela pessoa, contudo Satanás aproveitou-se da minha imaginação até que toda a situação roubasse o meu foco, assim ela se transformou em idolatria em mim.

Agora vejamos a próxima ilustração.

2. Posicione-se em concordância com Deus.

Em nossa segunda ilustração, o cristão se colocou de pé. Ele ainda não está livre dos pensamentos escravizantes e controladores, mas algo importante aconteceu: ele confessou seu pecado. Em 1 João 1:9, a palavra *confessamos* significa mais do que simplesmente admitir nosso pecado para Deus. A palavra grega é *homologeo*. A primeira parte da palavra, *homo*, significa "o mesmo", e a segunda parte, *logeo*, significa "falar". A confissão significa chegar ao ponto de dizer a mesma coisa que Deus diz sobre uma questão específica.

Para o cristão, o primeiro passo para ser livre de qualquer fortaleza é concordar com Deus com relação ao pecado pessoal envolvido. Por favor, compreenda que o objeto de nossa imaginação em si nem sempre é pecado. O pecado pode estar exclusivamente no fato de que o exaltamos em nossa mente. Por exemplo, nada poderia refletir melhor o coração de Deus do que o amor de uma mãe por seu filho. Mas se ela extrapola os limites da afeição saudável e chega à superproteção, obsessão e idolatria, ela construiu uma fortaleza.

Levemos o mesmo relacionamento adiante com um passo um tanto doloroso. É extremamente natural que uma mãe sofra com a perda de um filho. Entretanto, se 10 anos depois essa mãe continuar sendo consumida pela dor e amargura que inibem todo consolo e cura, ela está presa em uma fortaleza entre o luto apropriado e a restauração gradual. O inimigo tirará proveito de emoções normais de amor ou perda para expandi-las de modo que ultrapassem a proporção saudável. Elas podem consumir nossa vida se não atentarmos para os esquemas de Satanás. Amar nunca é pecado. Contudo, a obsessão que flui de colocar algo no lugar de Deus é pecado. Da mesma forma, o sofrimento nunca é pecado, mas o impedir Deus por um longo período de ministrar consolo e cura a você é.

Praticamente qualquer coisa que a ludibrie com relação ao que Deus tem para sua vida pode ser considerada pecado. Digo isso com compaixão, mas devo dizê-lo, pois algumas de nós podem não estar reconhecendo como Satanás tirou vantagem de emoções normais e saudáveis. Nós facilmente vemos adultério, roubo ou assassinato como pecado, mas frequentemente não percebemos que o pecado também pode ser algo que permitimos que cresça entre nós e a obra consumada de Deus. Então o primeiro passo para a liberdade é concordar com a Palavra de Deus com relação à nossa fortaleza ou nosso altar. Como você pode ver na ilustração, o cristão ainda não está totalmente liberto da escravidão, no entanto não está mais se curvando ao inimigo em seus pensamentos.

Ao concluirmos esta lição, considere estas questões.

- Se está consciente de uma fortaleza ou altar existente neste momento em sua vida, você já se posicionou em concordância com a Palavra de Deus confessando todo o pecado envolvido?
- Se está ciente de uma fortaleza em sua vida sobre a qual você nunca concordou com Deus confessando todo o pecado envolvido, você estaria disposta a fazer isso agora?
- Se você não tem ideia de qualquer fortaleza em sua vida, consegue se lembrar de uma época no passado em que Cristo levou você à liberdade por meio de honestidade e confissão do pecado envolvido?

O poder divino está disponível a todas nós que concordamos em aplicá-lo. Uma vez que você aprenda a utilizar a Palavra de Deus e a viver em Seu Espírito, "...Seus inimigos se encolherão de medo diante de você, e você lhes pisoteará as costas" (Deuteronômio 33:29).

PERGUNTAS PARA DISCUSSÃO

1. Que tipo de coisas tentaram impedi-la de centralizar sua mente em Cristo?
2. No que diz respeito a Cristo, o que significa para você aprender a "pensar um pensamento perturbador"?
3. Por que a idolatria é um convite aberto ao desastre?
4. Como a falta de perdão faz a pessoa ofensora se tornar um ídolo?
5. Você tem a tendência de pensar em confissão como admitir que fez algo vergonhoso ou como afirmar a mesma coisa que Deus diz em relação à questão?

CAPÍTULO 41

DESPROGRAMANDO E REPROGRAMANDO

Advirtam uns aos outros todos os dias, enquanto ainda é "hoje", para que nenhum de vocês seja enganado pelo pecado e fique endurecido.

HEBREUS 3:13

AGORA ESTAMOS PRONTAS para a terceira ilustração.

3. Destrua as mentiras.

A ilustração 3 mostra que surgiu um ponto de inflexão importante. Uma vez que estamos dispostas a reconhecer o pecado envolvido na fortaleza e a concordar com Deus por meio da confissão, começamos a enxergar as mentiras ao nosso redor. Destruir as mentiras que revestem nossa mente sacode a porta da prisão para que se abra.

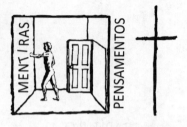

Satanás não tem poder ou autoridade para trancafiar cristãos em celas de opressão, mas ele trabalha, e faz hora extra, para convencê-los a permanecerem nelas. Ele nos atrai a prisões com toda sorte de iscas que aperfeiçoou, mas não pode trancar as portas. Infelizmente, Satanás não precisa que o convidemos por escrito. Nossa inabilidade de afixar uma placa de "Mantenha a distância", por meio do estudo bíblico e da oração, cumpre a função de convidá-lo.

Veja novamente a ilustração 3. Imagine a escravidão de seus pensamentos como uma cela de prisão coberta com papel de parede de mentiras. A demolição de fortalezas realmente começa quando expomos e destruímos as mentiras que sustentam nossas fortalezas. Nunca repetiremos suficientemente este fato: *O engano é a cola que une e sustenta uma fortaleza.* Quando uma fortaleza passa a existir, nossa mente já está revestida com mentiras.

Onde essas mentiras se originam? João 8:43-45 nos diz que Satanás é o pai da mentira e que "...Quando ele mente, age de acordo com seu caráter...". Satanás precisa usar mentiras porque ele é um inimigo totalmente derrotado. Mentiras é tudo o que lhe resta. É por isso que ele precisa ser tão hábil em utilizá-las.

Agora pense em uma fortaleza com a qual você lutou ou esteja lutando. Imagine-se na ilustração 3. Imagine que você concordou com Deus com relação à fortaleza e confessou o pecado envolvido. Deus começou a abrir seus olhos para as mentiras que estavam fixadas como pichações nas paredes de sua mente. A ilustração retrata você reconhecendo as mentiras que revestem toda a cela da prisão e recebendo força divina para arrancá-las.

Ao imaginar-se com olhos abertos para as mentiras, gostaria que você pensasse em como eram inúmeras. Compartilharei algumas das minhas como um trampolim para as suas. A fortaleza mais poderosa de minha vida se estabeleceu quando era ainda jovem por conta do abuso sofrido na infância. Como se as experiências em si já não fossem traumáticas o suficiente, eu também acreditava em muitas mentiras.

- Eu sou inútil.
- Todos homens a ferirão.
- Quando homens a machucarem, não poderá fazer nada a respeito.
- Você não pode dizer não.
- Não sou tão boa quanto meus amigos.
- Se as pessoas soubessem o que está acontecendo comigo, teriam nojo.
- Nunca poderei contar o que aconteceu comigo, caso contrário estarei arruinada.
- Eu sou a única com quem isto aconteceu e é minha culpa.

Essa é apenas uma das paredes! Eu poderia continuar sem parar, pois a lista de todas as mentiras em que acreditava é infindável.

Satanás ficou muito mais sofisticado quando me tornei adulta. Ele colocou um jugo sobre mim que envolvia alguém que me procurou em busca de ajuda. Satanás deturpou a verdade a ponto de eu acreditar que era responsável por essa pessoa. O inimigo falsificou os conceitos de Deus sobre misericórdia, compaixão e aceitação. O Espírito Santo me alertou que eu não deveria me envolver na situação, mas escolhi o que achava ser meu dever religioso, ao invés de obedecer a voz do Senhor. Quando sugeria que fôssemos até outros para buscar auxílio, a resposta era sempre a mesma: "Eu não quero mais ninguém envolvido". Era uma cilada armada pelo inimigo. A pessoa em questão certamente era digna de ajuda, mas eu não era a pessoa certa para ajudá-la. Seu problema estava além do meu alcance. Essa situação me ensinou o seguinte: se não ouvirmos a Deus e o obedecermos já nos primeiros estágios, quanto mais esperarmos para fazer isso, menos discernimento e força teremos.

Ouça! Nem toda pessoa que vem a você pedindo ajuda foi enviada por Deus! Nós devemos discernir os esquemas do maligno. Deus usou esse embate para me ensinar mais do que um curso universitário ensinaria, mas as lições foram torturantes.

Uma fortaleza pode ser qualquer coisa entre ingestão compulsiva de alimentos até paranoia, entre amargura até amor obsessivo. Não importa o que seja, todas as fortalezas têm algo em comum: Satanás está abastecendo o tanque mental com engano para manter a fortaleza em funcionamento.

Gostaria de lhe dizer algo com ternura e muita compaixão. Caso você saiba da existência de uma fortaleza em alguma área de sua vida, mas não consegue identificar as mentiras que a sustenta, você ainda está aprisionada. Caso não tenha ainda reconhecido as mentiras que mantêm você grudada à cela dessa prisão, por favor peça a Deus que retire as escamas de seus olhos e a ajude a enxergá-las! "Então conhecerão a verdade, e a verdade os libertará" (João 8:32).

Vamos nos concentrar, agora, na próxima ilustração.

4. Estabeleça a verdade.

Aleluia! Nosso cativo escapou da prisão de seus pensamentos controladores e está muito próximo de controlá-los e não mais ser controlado por eles.

O que aconteceu para que ele fosse liberto? Primeiro, ele foi perdoado de todos os pecados envolvidos em sua fortaleza quando concordou com Deus e os confessou (Ilustração 2). Por ele ter cooperado totalmente com Deus, seus olhos foram abertos e enxergaram as mentiras que enlaçam a mente, diante disso buscou a força divina necessária para destruí-las (Ilustração 3). Excelente progresso, mas ainda não é tudo. Felizmente, ele percebeu que algo mais precisava ser feito para tornar a liberdade em Cristo uma realidade em sua vida.

Ele não apenas destruiu o revestimento de mentiras das paredes de sua prisão, mas também determinou-se a instituir a verdade no lugar das mentiras. Dê sua atenção plena a esta próxima afirmação: as paredes de sua mente jamais ficarão descobertas. Nunca. Uma vez que desbancamos mentiras, devemos recobrir as paredes com verdade, ou o inimigo, com alegria, fornecerá um novo rolo de papel de parede do estoque dele. Talvez um padrão diferente — uma aparência mais moderna — mas o mesmo velho e enganador fabricante.

Não conseguirei enfatizar este passo o suficiente. A ilustração 4 representa nosso único meio de desprogramar e reprogramar nosso caminho para sairmos da escravidão. A verdade é a única saída. Recite João 8:32 em voz alta até que penetre suas entranhas: "Então conhecerão a verdade, e a verdade os libertará". Aceite esse versículo de forma totalmente literal.

Nós possuímos a mente de Cristo (1 Coríntios 2:16), mas ainda temos capacidade plena de pensar com a mente carnal. Pode-se dizer que somos mentalmente bilíngues. Minha filha mais velha é praticamente fluente em espanhol, mas ela ainda pensa em inglês por praticá-lo mais. O mesmo conceito é verdadeiro para nós. Pensaremos com a linguagem mental que mais praticarmos. No Novo Testamento, Paulo retratou a luta com os dois tipos de "idiomas". Confira as palavras do apóstolo:

> *Assim, descobri esta lei em minha vida: quando quero fazer o que é certo, percebo que o mal está presente em mim. Amo a lei de Deus de todo o coração. Contudo, há outra lei dentro de mim que está em guerra com minha mente e me torna escravo do pecado que permanece dentro de mim.* —ROMANOS 7:21-23

O quanto você se identifica com a luta de Paulo? Caso responda "totalmente", pode contar que fazemos parte do mesmo grupo! Entretanto, aprendi a pensar muito mais vitoriosamente. Eis o que aprendi: Deus não nos libertará de nada que nos escraviza até que tenhamos a mente de Cristo com relação à questão. Tome a escravidão da falta de perdão, por exemplo. Quando queremos nos livrar do fardo de não perdoar, desejamos simplesmente que Deus tire a pessoa de nossa mente. Ansiamos que Ele movimente como que uma varinha de condão para que nunca mais pensemos novamente nessa pessoa. Mas não é assim que Deus age. Ele deseja transformar e renovar nossa mente (Romanos 12:2) para que tenhamos os pensamentos de Cristo com relação à pessoa que devemos perdoar.

Não seremos livres até que adotemos a mente de Cristo com relação à questão que nos escravizou. Caso um cristão tenha permitido a Satanás construir uma fortaleza por meio de um relacionamento adúltero e finalmente venha a se arrepender desejando ser livre, sua mente não será liberta até que destrua as mentiras e reprograme sua mente com a verdade. Esse cristão provavelmente imploraria a Deus que removesse a pessoa com quem se envolveu de sua mente. Entretanto Deus sabe que se agisse assim seria pouco proveitoso, e esse homem ou mulher estaria novamente vulnerável a um ataque semelhante. Ao invés de apagar a pessoa de sua mente, o Senhor deseja que esse cristão adquira os pensamentos de Cristo com relação à pessoa e à situação.

Este processo de aplicar a verdade de Deus à questão é o que coloca a cruz entre o antigo escravo e seus pensamentos. Uma vez que a mente de Cristo assume, o poder da fortaleza é quebrado de modo que a pessoa e a situação finalmente começarão a abandonar tais instalações.

Estou tão orgulhosa de você. Aguente firme, minha amiga. A liberdade em Cristo está prestes a se tornar uma realidade em sua vida! A seguir aprenderemos modos apropriados de remodelar a mente.

PERGUNTAS PARA DISCUSSÃO

1. O que lhe possibilitou enxergar um pecado específico envolvido em uma fortaleza em sua vida?
2. Quais são algumas das mentiras que você começou a identificar que cercam uma fortaleza em sua vida?
3. Qual é o significado da afirmação: "O engano é a cola que mantém uma fortaleza em equilíbrio"?
4. Você já lutou com a mentira de que é responsável por ajudar todas as pessoas que têm necessidade?
5. Por que identificar as mentiras que cercam uma fortaleza é uma necessidade inquestionável à vida de liberdade?

CAPÍTULO 42

LEVANDO PENSAMENTOS CATIVOS

*Portanto, permitir que a natureza humana
controle a mente resulta em morte,
mas permitir que o Espírito controle a mente
resulta em vida e paz.* ROMANOS 8:6

O OBJETIVO DE Deus para nossos pensamentos é que aprendamos a pensar com a mente de Cristo. Raramente Deus nos libertará de pensamentos escravizantes ou controladores arrancando-os subitamente de nossa mente. Ele raramente faz lobotomias, pois, se simplesmente esquecêssemos a causa de nossa fortaleza, poderíamos também nos esquecer de louvar a Deus pela libertação. Os testemunhos mais enriquecedores vêm de pessoas a quem Cristo tornou plenas e que ainda se lembram de como era ser alguém arruinado.

Em minhas viagens, um número surpreendente de mulheres confessam estar envolvidas em casos extraconjugais. Por vezes, sinto-me aliviada ao ouvi-las dizer que se arrependeram e abandonaram o caso em obediência a Deus. Contudo com a mesma frequência, elas declaram: "Ele está fora da minha vida, mas não consigo tirá-lo da minha mente". Posso ver a sinceridade delas. Deus perdoou o pecado, mas a fortaleza mental ainda é esmagadora. A mesma quantidade de mulheres vem até mim desejando perdoar pessoas que as feriram. Elas dizem: "Eu acho que perdoei, mas a questão continua voltando à minha mente".

Quando eu comecei a fazer pesquisas para escrever este livro, sabia que existia uma chave em algum lugar para nos ajudar a obter vitória no campo de batalha da mente. Acredito que essa chave se encontra em 2 Coríntios 10:5. Antes que possamos eliminar pensamentos controladores de nossa mente, eles precisam se tornar pensamentos subjugados por Cristo enquanto ainda permanecem ali. É isso que significa levar todos os pensamentos cativos para torná-los obedientes a Cristo. Esse processo começa na ilustração 4 quando revestimos as paredes da mente com a verdade — verdade específica. Pois, se vamos sair da prisão dos pensamentos controladores, teremos que remodelar o local utilizando a Palavra de Deus. Por favor, permita-me compartilhar algumas atividades que Deus utilizou profundamente no renovar da minha mente e prover subsequente liberdade de algumas fortalezas.

1. *Pesquise a Palavra de Deus procurando passagens que falem da mente de Deus com relação à sua fortaleza específica.* Use uma concordância bíblica ou uma ferramenta bíblica temática; se você for nova no estudo das Escrituras, peça a um pastor ou um professor de estudo bíblico que a ajude a começar. Custe o que custar, faça uma lista de passagens. Não procure apenas

por uma ou duas, e nem por aquelas que somente repreendem. Encontre também passagens que falem do infalível amor de Deus por você e do perdão que Ele lhe concede.

2. *Escreva as passagens que encontrou em cartões de anotações.* A melhor maneira de mantê-las compiladas é um fichário. Eu os chamo de meus Cartões da Verdade. Com eles, eu uso as Escrituras não apenas como defesa para destruir fortalezas existentes, mas ofensivamente para que Satanás não possa construir outras novas.

3. *Leve os Cartões da Verdade aonde quer que você for até que o poder da fortaleza seja quebrado.* Esteja preparada para lutar por sua liberdade com algumas escolhas radicais. É de se esperar que a batalha fique acirrada assim que você começar a destruir mentiras. No calor da batalha pela liberdade, consigo me lembrar de um momento em que levava meu fichário de Cartões da Verdade para o mercado! Eu os colocava na cadeira para bebês do carrinho e, a cada dois corredores, eu lia um cartão! Nossa despensa ficava repleta com a mistura de coisas mais estranhas que alguém já viu, mas hoje eu sou livre!

4. *Evite o máximo de formas de engano possível.* Até que você esteja menos vulnerável, inunde sua mente com a verdade de Deus e com materiais que estejam alinhados à essa verdade. Quando estamos saindo de uma fortaleza, ainda precisamos ser cuidadosas com o que programamos em nossa mente, mas devemos exercitar prudência radical quando estamos escapando. A Palavra de Deus é seu soro da verdade. Quanto mais você o usa, mais clara sua mente se tornará.

Agora vamos considerar nossa última ilustração.

5. Submeta os pensamentos à verdade.

Olhe novamente a ilustração que contém os cinco passos na página 324. Faça uma comparação entre a primeira e a última imagem. Por um momento, não olhe para as três imagens entre elas. Invista um tempo para notar cada detalhe que mudou entre essas duas ilustrações.

Leia 2 Coríntios 10:3-5. Você percebe o que aconteceu? A pessoa em nossa ilustração deixou de ser prisioneira e passou a ser a que aprisiona. Agora olhe as ilustrações 2, 3 e 4. Considere todo o processo e responda: Como essa pessoa passou de cativa a capturadora?

Logo, a pergunta final é esta: Como o cristão fez seus pensamentos se submeterem à verdade? Crendo, declarando e aplicando a verdade como um estilo de vida. Esse passo é algo que vivemos, não apenas algo que fazemos. O tempo verbal da frase "...levamos cativo todo pensamento..." é o presente do indicativo que expressa ação contínua ou repetida. Nossos pensamentos na ilustração 4 são como um cachorro bem treinado. Não podemos simplesmente gritar: "Senta!", e esperar que o cão fique sentado por uma semana. Mesmo tendo trabalhado por muito tempo para fazer o cão obedecer a esse comando; ainda assim ele não permanecerá sentado para sempre. Nós não alcançamos a vitória uma vez e pronto, nunca mais precisaremos nos incomodar com esse problema no pensamento. Nossos pensamentos são algo com o qual lidaremos pelo restante de nossa vida se desejamos ser piedosas. Entretanto leve muito a sério dois fatos importantes:

1. *Lidar com nossos pensamentos é a única coisa que os impedirá de nos sabotar.* Ou nossos pensamentos nos controlam por meio do poder do inimigo, ou nós temos controle sobre eles por meio do poder de Deus. Não existe o ponto morto nas marchas mentais. Isso não quer dizer que as outras marchas não existam. Não há descanso que se compare ao alívio de pensamentos que estão cativos a Cristo.

2. *Continuar trabalhando em nossos pensamentos é a exata essência da piedade.* A piedade não é perfeição. Se você está lutando diariamente para dar a Deus seu coração e sua mente e é sensível ao pecado em seus pensamentos, eu chamaria você de piedosa. Mas eu nunca conseguiria me chamar de piedosa. Talvez deva ser assim.

Aqui vai um princípio básico para os pensamentos que será um catalisador de vitória em todas as áreas da vida: *sufoque a carne e alimente o espírito.* As duas partes dessa frase são cruciais para mim, e espero que sejam para você também. Pois, cada dia que o cristão da ilustração 5 praticar esse princípio, a vitória será a regra e a derrota a exceção em sua vida.

Quando não fazemos a escolha deliberada de pensar segundo o Espírito, damos "lugar" à carne. Você notou que nunca precisamos escolher ser autocentradas? Eu automaticamente recorro ao comportamento autocentrado a menos que me submeta deliberadamente à autoridade de Cristo e à plenitude de Seu Espírito de liberdade.

Ore para que Deus amplie a sua percepção sobre o modo como você está pensando. Fique alerta a momentos em que esteja pensando segundo a carne. Pense sobre o sentimento que isso semeia em seu coração. Frequentemente ouço pessoas dizerem: "Não consigo mudar o modo como me sinto". Não, mas podemos mudar o modo como pensamos, e isso mudará o modo como nos sentimos. Todos os dias, em todas as situações, somos convidadas a pensar segundo o Espírito ou segundo a carne. Contudo, se queremos pensar segundo o Espírito, temos que aprender a alimentar o Espírito de Deus em nós e a deixar a nossa carne passar fome.

Quanto menos alimentarmos o Espírito de Deus em nós com coisas que o nutram para que Ele nos encha, mais a Sua presença "encolherá" em nosso interior. Graças a Deus o oposto também é uma verdade. Quanto mais alimentarmos o Seu Espírito em nós e cedermos a Ele o controle, mais Sua presença nos encherá e nos saciará com vida e paz.

Lembra-se de nosso desejo de que certas coisas ou pessoas deixem nossa mente uma vez que nos arrependemos? Deixar a carne passar fome e alimentar o Espírito de Deus em nós é o processo pelo qual pessoas ou coisas fora da vontade de Deus finalmente sairão de nossos pensamentos. Para concluir, retomo um exemplo que usei anteriormente.

Caso uma pessoa tenha se arrependido de um relacionamento ímpio e se afastado dele fisicamente, a primeira coisa que deve fazer é destruir as mentiras e estabelecer a verdade. Ela deve começar a meditar na verdade de Deus que fale especificamente a seu desafio. Ela precisa encher sua mente com coisas que alimentem o Espírito de Deus em seu interior e evitar situações que nutram sua carne. (Se a pessoa está no mesmo local de trabalho, eu sugiro fortemente uma mudança de departamentos ou uma mudança de emprego — sim, é realmente muito importante!) Com o tempo, a pessoa que antes preenchia seus pensamentos os preencherá cada vez menos até que, finalmente, os pensamentos serão negligenciados e morrerão de fome. Esse processo exige perseverança! Muitas pessoas desistem antes que os antigos pensamentos morram! Mas esse processo funciona! Dê a Deus sua total cooperação e seu tempo para renovar sua mente. Você será vitoriosa e Satanás será derrotado.

PERGUNTAS PARA DISCUSSÃO

1. Por que Deus geralmente se recusa a remover uma tentação ou um pensamento controlador?
2. Como você pode desenvolver uma lista de verdades específicas para neutralizar mentiras satânicas que sustentam uma fortaleza?
3. Que valor você vê em registrar verdades específicas nos "Cartões da Verdade"?
4. Por que devemos ser especialmente vigilantes para evitar fontes de engano quando estamos lutando em uma batalha espiritual?
5. Você crê que lidar com nossos pensamentos tóxicos é a única coisa que impedirá que eles nos afetem? Por quê?

CAPÍTULO 43

UM PLANTIO DO SENHOR

*Eles serão chamados carvalhos de justiça, plantio
do* Senhor, *para manifestação da sua glória.*

ISAÍAS 61:3 (NVI)

EU MAL CONSIGO acreditar que estamos nos aproximando dos últimos quilômetros de nossa jornada juntas. Minha oração é para que concluamos com uma imagem vívida da liberdade. Nós temos aprendido a demonstrar ativamente o amor ágape que Cristo deseja de nós. Jesus afirmou claramente o mandamento divino crucial para nós: "Ame o Senhor, seu Deus, de todo o seu coração, de toda a sua alma, de toda a sua mente e de todas as suas forças" (Marcos 12:30). Considere as quatro áreas que Jesus denominou (coração, alma, mente e forças). Nós amamos a Deus ativamente de todo o nosso coração quando nos rendemos à Sua autoridade, por conhecermos o amor que Deus tem por nós e nele nos apoiamos (1 João 4:16).

Em minha opinião, amar a Deus de toda nossa mente é a mais difícil das quatro áreas. Tudo o que estudamos em alguns dos capítulos anteriores reflete amar a Deus com nossa mente. Entregar os lugares mais íntimos de nossos pensamentos e pedir a Ele diariamente que tome o controle são formas de amar a Deus com nossa mente.

O desafio de amar a Deus de toda a nossa força toca meu coração neste momento, pois acompanhei alguém que amo enfraquecer, lentamente, em todos os aspectos da força física. Nesta porção do mandamento primordial de Deus, acredito que Ele esteja dizendo: "Me ame com qualquer força física que você tenha. Ofereça-me seu templo para ser minha habitação plena na fraqueza ou na força, na vida ou na morte". Eu assisti à minha mãe fraca e moribunda tentar mover seus lábios para cantar hinos comigo em suas últimas horas. Naqueles momentos derradeiros, ela amou a Deus de toda a sua força até que Ele finalmente veio e lhe tirou seu fardo. Nós amamos a Deus com toda a nossa força quando damos a Ele tudo o que temos, independentemente de ser muito ou pouco.

Ao longo deste estudo, você está vivendo ativamente Marcos 12:28-30. Esta jornada exigiu a participação plena de seu coração, sua alma, mente e força. Isso tem sido um exercício de amar a Deus. Como oro para que todas as porções recentemente expostas de seu coração, alma, mente e força tenham concedido a você capacidade nova e elevada de amar a Deus! E se hoje você o ama mais do que o amava quando começou esta jornada, então essa difícil estrada foi digna de ser percorrida. Não consigo pensar em nada mais apropriado do que repetir Isaías 61:1-4. Espero que neste ponto você já conheça bem esses versículos.

Ao longo destes capítulos finais, ressaltaremos a última sentença de Isaías 61:3. Todo o objetivo de nossa jornada é encerrado com esta única afirmação: Cristo veio para libertar cativos para que possam ser chamados "...plantio do Senhor, para manifestação da sua glória".

Primeiramente olhe para a frase: "Eles serão chamados...". A palavra hebraica *qara*, que pode ser traduzida como "chamado", significa "clamar, chamar em voz alta, bramar, proclamar; ser nomeado, ler em voz alta". Provavelmente a parte da definição que é mais fiel ao nosso contexto é o ato ser nomeado. Eu já fui chamada de várias coisas em minha vida e não consigo pensar em nenhuma que não trocaria com alegria para poder ser chamada de manifestação da glória do Senhor!

Talvez o mais relevante seja *quem* está nomeando. Quem olhará para prisioneiros libertos e nos chamará de manifestação da Sua glória? Deus. Assim eu creio. Nosso Pai celestial celebra nossa disposição de sermos vitoriosas por meio de Seu poder. "...Ele se agradará de vocês com exultação..." (Sofonias 3:17), então coloque seus sapatos de dança e celebre! Ele, que é poderoso para salvar, está libertando você!

E se você for como eu, pode ficar bem empolgada por ser chamada de manifestação da glória de Deus, mas pode não estar nem um pouco entusiasmada com a parte em que é chamada de árvore. Contudo cativos libertos serão chamados "...carvalhos de justiça, plantio do Senhor..." (Isaías 61:3 NVI). A palavra hebraica para "justiça" é *tsedheq*, que reflete "honestidade, integridade, libertação/emancipação. É conduta justa que parte de um novo coração".

Independentemente de quais foram nossas fortalezas, Deus pode nos plantar com raízes profundas em Seu amor, fazer-nos crescer pela água de Sua Palavra e nos chamar de "carvalhos de justiça". Podemos ser chamadas de pessoas de justiça, integridade e libertação. Como você pode ver na definição, esses resultados vêm somente àqueles que permitem que Deus gere neles um coração novo e limpo.

Ser uma árvore não é tão ruim quando você é plantada pelo Senhor com o propósito de manifestar a Sua glória! Consideremos o que Deus quer dizer com "manifestar Sua glória". No idioma original, as palavras *manifestar* e *glória* em Isaías 61:3 são a mesma palavra hebraica: *pa'ar*, que significa "ornamentar, embelezar, adornar; glorificar, ser glorificado; trazer honra, dar honra, vangloriar". Manifestar a glória de Deus é irradiar Sua beleza. Você consegue imaginar um chamado tão maravilhoso e elevado? Somos chamadas para ser o resplendor da beleza de Deus nesta Terra.

Como Moisés, cuja face brilhou com a glória de Deus em Êxodo 34, a vida de um escravo liberto irradia o esplendor de Deus. Isso é alguma surpresa? Qualquer escravo que tenha conseguido, de forma vitoriosa, fazer da liberdade em Cristo uma realidade em sua vida investiu muito mais do que míseros minutos na presença de Deus. O Salmo 45:11 poderia ser recitado adequadamente por qualquer escravo que foi liberto: "...pois o rei, seu marido, se encanta com sua beleza; honre-o, pois ele é seu senhor".

Olhe para o último sinônimo na definição de *pa'ar*. Ser manifestação da glória de Deus é ser alguém de quem Deus pode se vangloriar! Minha amiga, se você concordou em caminhar mais uma milha com Deus e fazer o que quer que seja que a liberdade exige, Ele está orgulhoso de você! Deus sempre nos ama de forma abundante, mas imagine Ele orgulhoso de nós e tendo o privilégio de alegrar-se em nós.

Imagine Cristo, seu Noivo, gloriando-se no quanto você, Sua noiva, é bela devido ao tempo que você investiu contemplando "...a beleza do SENHOR..." (Salmo 27:4). Não sei quanto a você, mas meu coração salta de alegria com essa ideia! Eu tenho segurança do amor de Deus por mim, mesmo quando não estou muito bela, mas a ideia de dar a Ele algo do que se gloriar me deixa eufórica! Veja, quanto mais contemplamos a beleza do Senhor buscando-o em Seu templo, mais nossa vida absorve e irradia Sua glória. O objetivo final de Deus é mostrar uma foto nossa e dizer: "Ela não se parece com meu Filho? É uma semelhança notável, não é mesmo?". É isso que significa ser uma "manifestação da sua glória". Uma representação viva e visível da beleza de Deus.

No restante de nossa jornada, discutiremos a vida da qual Deus pode se gloriar. Esse é o seu destino.

PERGUNTAS PARA DISCUSSÃO

1. De que maneiras se submeter a este estudo tem sido um exercício de amar a Deus de todo o coração, alma, mente e força?
2. O que você daria em troca para ser chamada de manifestação da glória de Deus?
3. O que vem a sua mente ao pensar que Deus "se agradará de você com exultação"? Como se sente quando pensa que Ele se orgulha de você?

CAPÍTULO 44

A GLORIFICAÇÃO
DO SEU NOME

*Senhor, ao seguir tuas justas decisões,
depositamos em ti nossa esperança; o desejo de
nosso coração é glorificar teu nome.*

ISAÍAS 26:8

ESTAMOS EXPLORANDO QUALIDADES das quais Deus pode se gloriar — elementos em vidas que manifestam Seu esplendor. O apóstolo Pedro nos diz que "Deus, com seu poder divino, nos concede tudo de que necessitamos para uma vida de devoção..." (2 Pedro 1:3,4). Nós cumprimos o elevado chamado de manifestar Sua glória quando nos achegamos ao Senhor e recebemos integralmente os benefícios que Ele pagou para nos conceder.

Cristo deu Sua vida para que você pudesse ser livre. Livre para viver a realidade de 1 Coríntios 2:9. Livre para se tornar manifestação da glória de Deus. Livre para desfrutar dos cinco benefícios de seu relacionamento de aliança com Deus.

1. Conhecer a Deus e crer nele.
2. Glorificar a Deus.
3. Encontrar satisfação em Deus.
4. Vivenciar a paz de Deus.
5. Usufruir da presença de Deus.

Uma das verdades mais importantes que eu espero que tenhamos aprendido é que a ausência de qualquer um desses benefícios em nossa vida é um indicador de uma fortaleza, uma área de derrota. Ao nos aproximarmos da conclusão de nossa jornada, analisaremos cada benefício novamente. Desta vez, contudo, nós os veremos aplicados e exibindo ativamente a manifestação da glória de Deus. Descobriremos como cada benefício é em seu momento mais belo.

Isaías 43:9 afirma o primeiro propósito de uma testemunha: "Onde estão as testemunhas dessas previsões? Quem pode comprovar que disseram a verdade?". Não existe outra possibilidade de sermos representações mais belas de mortais que conhecem Deus e nele creem do que quando outros olham para nossa vida, ouvem nosso testemunho e exclamam: "É verdade!". Isso é o que significa ser prova viva. E se você se deleita em conhecer a Deus e ousa crer nele, estando ciente ou não da eficácia de seu testemunho, alguém já viu verdade por meio de seu testemunho. "'Você é minha testemunha, ó Israel!', diz o Senhor. 'Você é meu servo. Foi escolhido para me conhecer, para crer em mim, para entender que somente eu sou Deus...'" (Isaías 43:10).

Agora veja o retrato da fé em Isaías 43:9,10 evoluir tornando-se uma radiante manifestação da glória de Deus. Isaías 26:8 nos diz que "...o desejo de nosso coração é glorificar teu nome.", daqueles que seguem "...tuas justas decisões...", seguem as Suas leis. O que você acha que Isaías quis dizer ao afirmar que glorificar o nome de Deus é o desejo de nosso coração?

A palavra hebraica para "nome" é *shem*. A designação "semitas" para os judeus vem dessa palavra. Deus escolheu Israel para ser chamada por Seu nome. Os "semitas" ou israelitas eram literalmente o povo do nome de Deus. *Shem* significa "a ideia de posição definitiva e conspícua; uma marca ou um memorial de individualidade. Por inferência: honra, autoridade, caráter" (*Strong*). Logo, os israelitas foram convocados como nação para demonstrar a posição definitiva e conspícua do único e verdadeiro Deus em suas vidas. Eles foram chamados para ser uma marca de Sua individualidade e deveriam demonstrar Sua honra, autoridade e Seu caráter.

O nome pelo qual eu e você mais somos chamadas em referência a nossas crenças espirituais é cristã. Somos um povo do nome de Cristo. Deus nos chamou para demonstrar a posição definitiva e conspícua de Seu único Filho em nossa vida.

Isaías também disse que *glorificar* o nome de Deus era o desejo do coração deles. O conceito de glória de Deus significa crescimento na aceitação do nome de Deus. Nós poderíamos reformular o versículo com precisão da seguinte forma: Seu nome e Sua fama são o desejo de nosso coração. Acompanhe-me aqui!

Na sequência do versículo 8, Isaías escreveu: "À noite eu te procuro, ó Deus; pela manhã te busco de todo o coração..." (26:9). Sem dúvida, quanto mais você conhece Deus, mais você deseja conhecê-lo. Quanto mais tempo você passa com Ele, mais ansiará por Ele. Penso no Salmo 63: "Eu te vi em teu santuário e contemplei teu poder e tua glória" (v.2). Veja, o anseio descrito em Isaías 26:8,9 e no Salmo 63 vem do coração e da alma de uma pessoa que verdadeiramente conheceu Deus. Pessoas que conhecem bem ao Senhor querem que Ele seja bem conhecido.

Ninguém precisa forçar uma pessoa que seja intimamente familiarizada com Deus a ser uma testemunha viva. Aqueles que verdadeiramente conhecem Seu nome (e tudo o que a ele é conectado) sempre desejam que Ele seja reconhecido.

Faço a você a seguinte pergunta (por favor, peço-lhe que acredite que meu coração está inclinado ao seu, pois, independentemente de sua resposta, não há em mim nenhuma sombra de julgamento ou condenação): Você tem atualmente anseio pela presença de Deus? Não estou falando de sentimentos de culpa ou até mesmo de convicção do pecado pelo Senhor não ser sua prioridade. Estou me referindo a um anseio por Deus que atrai você mais e mais à Sua presença. Um anseio que faz você sentir que alguns dias sem oração e a Sua Palavra são como uma eternidade.

Sua motivação original para ler este estudo pode ter sido encontrar libertação, mas oro para que você tenha encontrado mais do Libertador! Deus pode usar qualquer motivação para nos levar à Sua Palavra e à oração, mas Ele quer refinar nossas motivações até que se tornem o desejo por Ele.

Minha motivação para o estudo da Bíblia e a oração poderia ainda estar centrada em mim. *Solucione minhas circunstâncias, Senhor. Use-me poderosamente, Senhor. Oriente-me de maneiras óbvias hoje, Senhor. Abra um caminho para mim, Senhor. Torne-me bem-sucedida, Senhor.* Nenhuma dessas petições está incorreta. Mas, se minha motivação para meu relacionamento com Deus é somente o que Ele pode fazer por mim, uma cobiça por Seu poder pode crescer, mas não o anseio por Sua pessoa. Deus deseja profundamente ouvir nossas orações, porém Sua maior alegria é ouvi-las fluir dos lábios daqueles que desejam Sua presença mais do que qualquer coisa que Ele possa lhes conceder.

A última coisa que eu quero que você sinta é culpa, caso reconheça que Deus não é sua principal motivação para oração e estudo. Desenvolver consciência é meu objetivo. Consciência é sempre o primeiro passo para a liberdade. É exatamente essa consciência que me motivou ao final dos meus 20 anos a começar a pedir a Deus que me desse um coração para amá-lo e conhecê-lo mais do que qualquer outra coisa em minha vida. Não tenho palavras nem o espaço necessário para explicar a transformação que ocorreu por meio dessa petição. Até hoje, é o pedido mais repetido que faço a Deus em meu favor. Oro para conhecê-lo, mais do que oro por qualquer coisa na Terra.

Você percebe o que aconteceu em meu coração como resultado da mudança de tornar minha motivação para o estudo da Palavra e a oração centrada em Deus? Não é suficiente para mim conhecê-lo e crer nele. Eu quero que todos o conheçam também! Não costumo usar a mim mesma como um bom exemplo disso, mas, neste caso, desejo que você entenda que Deus é fiel para transformar em qualquer pessoa a passagem de Isaías 43:10 em Isaías 26:8! Uma vez que você realmente conhece Seu nome, desejará Seu reconhecimento! O que Ele tornou conhecido para você, você desejará que seja reconhecido por todos os demais. Esse é o desejo do coração de buscar a glória do nome de Deus!

Conhecer Deus e nele crer manifesta Sua glória muito mais quando o desejo de nossa alma é que outros o conheçam e creiam nele também. Contudo, tenha cuidado com o que você presume. Você pode pensar que lhe falta anseio por Deus por não ter coragem de bater à porta de estranhos e evangelizar. Embora eu tenha grande respeito por bater às portas e distribuir folhetos, esses não são os únicos meios nem mesmo os meios mais eficazes de tornar Deus conhecido. Abaixo você poderá constatar algumas outras formas pelas quais podemos compartilhar nosso amor por Cristo.

- Convide pessoas para estudo bíblico. Jamais esquecerei a carta que recebi de um grupo que havia estudado

A woman's heart: God's Dwelling Place (O coração da mulher: habitação de Deus). Na última reunião, a líder perguntou: "Alguém tem algo a dizer antes que terminemos nossa jornada juntas?". Uma mulher que havia terminado cada uma das lições daquele estudo disse: "Sim, eu gostaria de orar para receber Cristo".

- Convide pessoas para peças de teatro ou apresentações musicais cristãs.
- Visite amigos ou vizinhos para tomar um café ou desenvolva um pequeno grupo de atividades a fim de criar oportunidades para uma conversa casual em que Cristo possa ser visto como parte de sua vida.
- Dê suporte a missões nacionais e mundiais por meio de oração e doação financeira.

Ó Deus, que permitamos que o Senhor tenha a alegria de se gloriar em nós dizendo estas palavras: Glorificar o meu nome e torná-lo conhecido era o desejo do coração deles.

PERGUNTAS PARA DISCUSSÃO

1. Que beleza você enxergou ao observar o testemunho da vida de alguém que demonstra que conhece verdadeiramente a Deus?
2. Por que as "pessoas que conhecem bem a Deus, querem que Deus também seja conhecido"?
3. Neste momento, você tem anseio pela presença de Deus?
4. Como você pode desenvolver o seu anseio por conhecer Deus?
5. Qual é a diferença entre desejar o que Deus pode fazer e ansiar por Sua presença?

CAPÍTULO 45

A MANIFESTAÇÃO DA SUA GLÓRIA

...nenhuma arma voltada contra você prevalecerá. Você calará toda voz que se levantar para acusá-la. É assim que o Senhor agirá em favor de seus servos; eu lhes farei justiça. Eu, o Senhor, falei!

ISAÍAS 54:17

AO CAMINHARMOS NOSSOS últimos quilômetros juntas, vamos desacelerar o ritmo e refletir nas cinco manifestações da glória de Deus. Encontramos essas manifestações primeiro como os cinco benefícios que Deus concede a Seus filhos: conhecer Deus e crer nele, glorificá-lo, encontrar satisfação nele, vivenciar Sua paz e usufruir de Sua presença. Vamos imaginá-los tanto manifestações de Seu esplendor quanto pinturas de paisagens apoiados em cavaletes em direção ao fim de nossa jornada. Eles nos auxiliam a lembrar como é a liberdade completa. Cada um deles representa vidas das quais Deus pode se gloriar.

O Benefício 2 é glorificar a Deus. Definimos a glória de Deus como o modo pelo qual Ele se faz conhecido ou demonstra ser poderoso. Portanto, quando Deus busca glorificar-se por meio de um indivíduo, Ele prova quem Ele é ao fazer o cristão ser algo ou agir de uma forma que, sem Ele, seria impossível.

Um exemplo maravilhoso de pessoas vivendo além de suas reações humanas aparece em 2 Coríntios 4:8,9. Paulo descreveu sua condição desta forma: "De todos os lados somos pressionados por aflições, mas não esmagados. Ficamos perplexos, mas não desesperados. Somos perseguidos, mas não abandonados. Somos derrubados, mas não destruídos".

Os versículos que envolvem o testemunho de Paulo demonstram por que Deus frequentemente insiste em nos levar além de nossas limitações humanas.

> *Agora nós mesmos somos como vasos frágeis de barro que contêm esse grande tesouro. Assim, fica evidente que esse grande poder vem de Deus, e não de nós. [...] Pelo sofrimento, nosso corpo continua a participar da morte de Jesus, para que a vida de Jesus também se manifeste em nosso corpo.* —2 CORÍNTIOS 4:7,10

Qualquer momento em que glorificamos a Deus, somos manifestações da Sua glória, mas, neste instante, eu quero traçar a imagem de uma vida que verdadeiramente não recusa nada a Deus. Uma vida por meio da qual Deus faz algo que somente Ele pode fazer. Veremos o cativo derradeiro ser liberto! Aguardei propositadamente até agora para olharmos para o primeiro relato em toda a Bíblia registrando as aventuras de cativos sendo libertos. Vamos voltar à terra do Egito e ouvir as lamentações dos israelitas, os filhos de Deus, mantidos sob cruel escravidão.

> *...Os israelitas, porém, continuavam a gemer sob o peso da escravidão. Clamaram por socorro, e seu clamor subiu até Deus. Ele ouviu os gemidos e se lembrou da aliança que havia feito com Abraão, Isaque e Jacó. Olhou para os israelitas e percebeu sua necessidade.*
> —ÊXODO 2:23-25

> *Por certo, tenho visto a opressão do meu povo no Egito. Tenho ouvido seu clamor por causa de seus capatazes. Sei bem quanto eles têm sofrido. Por isso, desci para libertá-los do poder dos egípcios...* —ÊXODO 3:7,8

Praticamente todas as vezes que você vê Deus descrito como tendo memória de algo ou de alguém, Ele se move para agir em favor de quem foi lembrado, como você vê em Êxodo 3:8. Ele se lembrou deles e desceu para resgatá-los. Como essa cena se aplica a nós? Deus conhece nosso sofrimento desde a primeira aflição. Ele deseja, contudo, nos ouvir clamar especificamente por Sua ajuda. Deus jamais ignora um único gemido ou clamor de Seus filhos. Ele sempre tem uma missão de resgate planejada. Estando no tempo certo, Deus agirá em favor de Seus filhos.

Deus, contudo, quando se colocou para resgatar Israel, tinha um plano singular. Êxodo relata que Deus instituiu a Páscoa. Todas as famílias judaicas sacrificaram um cordeiro pascal e espalharam seu sangue nos batentes das portas. Então o anjo da morte passou pelo Egito, matando os primogênitos de todas as famílias, mas desconsiderando as casas que estavam marcadas com o sangue do cordeiro.

Caso você seja tão compassiva quanto eu, essa cena pode ser difícil de imaginar, mas tenha em mente que nosso Deus sabia quanto custaria a libertação de Seus filhos. Ele, um dia, entregaria a vida de Seu primogênito para que qualquer cativo, judeu ou gentio, pudesse ser liberto. Enquanto Deus colocava Seu plano em ação, Ele exigiu que Seu povo se preparasse. Creio que o mesmo é verdade com relação a nós. Deus enviou Cristo para libertar os cativos, mas indubitavelmente Ele exige nossa atenção e preparação. Ele deseja que jamais nos esqueçamos que o sangue do Cordeiro de Deus foi derramado para que pudéssemos ser livres. Não temos porta de escape a menos que o seu batente tenha sido marcado com o sangue de Cristo.

Caso Deus simplesmente libertasse Seu povo, naquela época e agora, isso já seria mais do que podemos conceber, mas ainda há mais detalhes na história. "Seguindo as instruções de Moisés, pediram aos egípcios que lhes dessem roupas e objetos de prata e ouro. O Senhor fez os egípcios serem bondosos com o povo, de modo que lhes entregaram tudo que pediram. Assim, os israelitas tomaram para si as riquezas dos egípcios" (Êxodo 12:35,36).

A palavra hebraica para "tomaram" é *nasal*, que significa "arrancar" (*Strong*). Quando Deus liberta Seus filhos, eles nunca precisam escapar por um fio! Os israelitas eram escravos desfavorecidos, mas, quando Deus os libertou, eles saíram com as riquezas dos egípcios. Podemos fazer um paralelo maravilhoso a partir desse evento. No clássico *Mananciais no deserto* (Ed. Betânia, 2010), a autora Lettie Cowman, esposa de Charles E. Cowman, expressou esse maravilhoso fenômeno melhor do que eu conseguiria:

> O Evangelho é preparado de tal forma e o dom de
> Deus é tão grande, que podemos encarar os inimigos
> que nos vêm ao encontro e as forças que nos são

contrárias, e fazer deles degraus para as portas do Céu e a presença de Deus... É o que Deus quer de cada um de Seus filhos, que sejam mais do que vencedores... Quando um exército é mais do que vencedor, ele arranca o outro do campo de batalha, tira-lhe toda a munição, alimento e suprimento, e toma posse de tudo... Há despojos a serem tomados!

Amado leitor, você já obteve os despojos? Quando você passou por aquele terrível vale de sofrimento, saiu dele com despojos? Quando aquela ofensa o atingiu e você pensou que tudo estava acabado, confiou em Deus de tal forma que saiu mais rico do que entrou? Ser mais do que vencedor é tomar do inimigo os despojos e apropriar-se deles. A arma que ele havia preparado para a sua derrota, tome-a para si, e use-a para o seu próprio bem.[5]

E quanto a você? Saiu do Egito, de seu tempo de escravidão, com espólios do inimigo? Você golpeou ofensivamente o inimigo permitindo que Deus o libertasse do cativeiro tornando-se alguém duplamente melhor do que quando fora escravizada? Lá nos tempos de Abraão, Deus prometeu: "Mas eu castigarei a nação que os escravizar e, por fim, eles sairão de lá com grande riqueza" (Gênesis 15:14).

Não esqueça: o que Deus atribuiu à nação de Israel em um sentido tangível nós podemos quase ver aplicado aos cristãos do Novo Testamento em um sentido espiritual. Ele quer nos libertar da escravidão e deseja que saiamos de lá com bens!

---

[5] Parte da meditação do dia 18 de dezembro do devocional *Mananciais no Deserto*.

Você não tem que escapar da escravidão de mãos vazias. Depois de tudo o que o inimigo fez você passar, tome os despojos. Permita que Deus a liberte da escravidão, e ao deixá-la, leve ouro, prata e pedras preciosas. Saia mais forte que nunca, pois, em sua fraqueza, Deus era forte. Uma ameaça poderosa ao reino das trevas como Satanás jamais imaginou que você seria. Não apenas recupere o terreno que você havia cedido. Deus quer alargar suas fronteiras e ensinar-lhe a possuir terras que você sequer sabia que existiam. Faça o inimigo pagar por maquinar contra você tão odiosamente. Aproprie-se dos despojos!

Ó, como eu oro para que você já esteja consciente dos despojos que tomou do inimigo depois que Deus a libertou da escravidão! Deixe seus fracassos com Deus. Entregue a Ele seus momentos de cativeiro mais pavorosos. Suas derrotas mais humilhantes. Deus e somente Deus pode utilizá-los para fazer de você uma guerreira duas vezes melhor do que você jamais sonhou ser. Que venham os despojos!

Há mais! Veremos os despojos se tornarem manifestação da glória de Deus. Quando Deus ordenou aos israelitas libertos que construíssem um tabernáculo e seu mobiliário, de onde você acha que vieram o ouro e a prata? Caso você tenha respondido que vieram dos despojos dos egípcios, você acertou em cheio. Os israelitas reinvestiram os despojos ao oferecê-los de volta a Deus. O Deus que pode tomar alguns poucos peixes e pães e multiplicá-los para alimentar milhares. O Deus de recompensas impressionantes. Como uma pessoa pode reinvestir o despojo que traz do cativeiro? Você já teve uma oportunidade de oferecer seus despojos a Deus como um reinvestimento e vê-lo trazer recompensas grandiosas?

Enquanto ainda era pecadora, Cristo morreu por mim. Ele ouviu os gemidos da minha escravidão autoimposta e o Deus do Universo olhou para minha feiura e libertou esta escrava.

E houve despojos? Você está olhando para ele neste momento. Este livro, independentemente do valor que tenha, não passa de um despojo. Todas as linhas são o que Deus me permitiu levar de minhas épocas na humilhação do Egito. Eu merecia ser colocada numa prateleira e simplesmente viver meus dias pacientemente até chegar à glória do Céu. Mas, em vez disso, Deus escolheu usar as mesmas coisas que Satanás havia usado para me derrotar, para agora me ensinar. Como eu poderia deixar de derramar minha vida diante de Deus? Ele é a única razão pela qual sobrevivi — quanto mais ter progredido.

Você se torna manifestação da Sua glória todas as vezes que toma os despojos do Egito e os oferece de volta a Deus por Sua glória magnificente. Caso você tenha se arrependido e escapado do Egito, não baixe a cabeça nem um minuto a mais. Deus forçará o inimigo a abrir mão de despojos para você; mas, se não levantar sua cabeça em expectativa, você pode não apanhá-los.

Gostaria de compartilhar uma palavra final de testemunho com você. Alguns dias não tenho vontade de ser vulnerável e transparente, independentemente de quem seria ajudado com isso. Alguns dias quero esquecer que já estive no Egito. Alguns dias desejo simplesmente agir como se sempre tivesse feito as coisas certas. Alguns dias eu não quero dar, quero tomar. E em outros quero apenas que todos parem de se meter em minhas questões pessoais. Meus dias no Egito são lembranças dolorosas para mim. São vergonhosos e não quero admitir. Não sobra nada para que outros admirem. Alguns dias penso que simplesmente não consigo. Mas, todas as manhãs, o Espírito Santo me atrai novamente ao lugar onde me encontro com Deus. O Deus de graça se inclina e encontra-se comigo. Na simplicidade de meu momento de oração, sou repentinamente confrontada pela majestade de meu Redentor. Aquele que é responsável por qualquer coisa boa em mim. Meus pecados de outrora são perdoados e novas misericórdias caem como maná do Céu. E mais uma vez, meu coração é comovido e eu entrego tudo ao Senhor. Manhã após manhã.

PERGUNTAS PARA DISCUSSÃO

1. Como a sua luta para ser livre pode se tornar degraus para os portões do Céu?
2. Que despojos específicos você se apropriou em suas lutas contra o inimigo para cumprir a vontade de Deus?
3. De que maneira você pode reinvestir os despojos de suas lutas passadas para trazerem ganho ao reino de Deus?

CAPÍTULO **46**

A MANIFESTAÇÃO DE SATISFAÇÃO E PAZ

O Senhor o guiará constantemente;
satisfará os seus desejos numa terra ressequida
pelo sol e fortalecerá os seus ossos.
Você será como um jardim bem regado, como
a fonte cujas águas nunca faltam.

ISAÍAS 58:11 (NVI)

AGORA VAMOS ANALISAR os benefícios 3 e 4. Nosso objetivo é ver esses dois benefícios no ápice de sua beleza; como manifestações da glória de Deus.

1. *A manifestação da satisfação encontrada em Deus*
Nós simplesmente devemos encontrar satisfação em Deus (Benefício 3) porque a insatisfação ou o vazio levantam uma

bandeira vermelha para o inimigo. Os lugares vazios em nossa vida se tornam área de lazer para o inimigo. Imagine um campo de golfe espaçoso e verde. As bandeiras sinalizam ao golfista onde estão os buracos. Algo similar acontece conosco no oculto. Nenhuma de nós chegou à vida adulta sem alguns buracos em nossa vida. Algumas têm mais buracos que outras devido a mágoas e traumas, mas todas nós os temos. Tenha certeza de que o inimigo identifica cada buraco em nossa vida como um alvo. Desperdiçamos energia incalculável em ira e amargura pensando no porquê da existência desses buracos e em quem seria o culpado por eles. A cura começa quando reconhecemos quão vulneráveis esses espaços vazios nos deixam, calculamos o custo de preenchê-los com coisas inúteis e procuramos plenitude somente em Cristo. Em minha opinião, a plenitude em Cristo é aquele estado no qual chegamos quando todos os buracos foram preenchidos por Cristo.

Ninguém pode eliminar os buracos que os traumas de minha infância deixaram. O dano não pode ser desfeito; deve ser curado. Os buracos não podem ser eliminados, mas podem ser preenchidos. Ao darmos uma última olhada na satisfação em Cristo, nosso objetivo é ver tal satisfação em sua mais grandiosa beleza. Queremos ver uma imagem de uma pessoa satisfeita manifestando plenamente a glória de Deus. Isaías 58 traça essa imagem perfeitamente. Aproximemo-nos e observemos.

Este é o tipo de jejum que desejo: Soltem os que foram presos injustamente, aliviem as cargas de seus empregados. Libertem os oprimidos, removam as correntes que prendem as pessoas. —ISAÍAS 58:6

O Senhor o guiará constantemente; satisfará os seus desejos numa terra ressequida pelo sol e fortalecerá os seus ossos. Você será como um jardim bem regado, como a fonte cujas águas nunca faltam. —ISAÍAS 58:11 (NVI)

Deus inspirou o profeta Isaías a redigir o que pode ser considerado um jogo de palavras. O Espírito Santo expressou um belo paradoxo nesses versículos. A meditação cuidadosa traz dois temas à tona; temas que parecem ser praticamente conceitos opostos.

- *Tema 1:* "O tipo de jejum que [Deus] desejo" (v.6).
- *Tema 2:* "O SENHOR [...] satisfará os seus desejos numa terra ressequida pelo sol" (v.11).

Enquanto o jejum fala de vazio, satisfação fala de plenitude. Como Deus coloca os dois conceitos juntos? O Senhor promete que aqueles que se esvaziam de outros prazeres serão cheios por algo que somente Ele pode dar.

Agora veja as palavras no versículo 10: "Deem alimento aos famintos e ajudem os aflitos. Então sua luz brilhará na escuridão, e a escuridão ao redor se tornará clara como o meio-dia". Se derramarmos nossa vida para satisfazermos as necessidades dos oprimidos, Deus será fiel e satisfará nossas necessidades.

Vamos refletir nesse tipo singular de jejum que Deus escolheu. Geralmente pensamos em jejum como evitar alimento para o propósito da oração. O vazio em nosso estômago nos lembra de orar. Embora passagens no Novo Testamento falem frequentemente sobre jejuar alimentos com o propósito da oração, Isaías 58 fala de um jejum que eu creio que Deus pode honrar acima de todos. Investi algum tempo nesta questão e não acho que seja fácil de responder. O que Deus propõe que jejuemos? Do que temos que abrir mão ou o que temos que jejuar para alcançar os oprimidos?

Deus me levou ao outro lado do mundo para fornecer algumas respostas a essas perguntas. Em minha estada de duas semanas na Índia, esses versículos me vieram à mente mais do que qualquer outro. Caso você esteja procurando por uma breve e divertida viagem missionária, deixe a Índia fora de seus planos. Você nunca escapa do sofrimento daquele lugar. A dor segue você pelas ruas na forma de pedintes órfãos e imundos. Ele permeia seu quarto de hotel com o som inquietante de música hindu tocada para acalmar 300 milhões de deuses. A agonia aguilhoa seus olhos ao ver o mar de pobreza; trava sua garganta quando você sente o odor da carne apodrecida há quadras de distância da colônia de leprosos. Quando voltei para casa, as pessoas me perguntavam se eu havia me divertido. Não! Eu não me diverti. Foi um tempo profundo. Jamais serei a mesma. Não consigo esquecer o que presenciei.

Que tipo de jejum Deus exigiu de mim ao me enviar para ministrar individualmente aos oprimidos? Um jejum de conforto. Um jejum de meu mundinho cor-de-rosa. Um jejum de copos de vidro rosado. Em Houston, as vias rápidas contornam o centro da cidade evitando de eu me deparar com os pobres. Consigo viver dias seguidos em minha vizinhança e escolher lidar apenas com problemas bonitos que têm aroma mais agradável. Posso escolher jejuar pobreza e opressão. Mas, se o fizer, jamais terei um coração como o de Deus.

Um dos propósitos para o jejum é que o esvaziamento nos motive à resposta espiritual. O vazio no povo da Índia trouxe, em certo momento, memórias vívidas sobre mim mesma. Tantas coisas rasgaram meu coração. Os rostos que mais ficaram gravados em meu coração foram os das mulheres. Cabeças cobertas, mansas, muitas ao ponto de parecerem humilhadas. Lá, estive em um vilarejo em que o esgoto corria a céu aberto apenas alguns metros de mim e conversei com quatro mulheres por meio de uma intérprete. Eu não havia planejado, mas o Espírito de Deus simplesmente veio sobre mim. Toquei a face delas lhes dizendo o quanto eram lindas e que Deus as enxergava com grande dignidade e honra, como princesas. Em poucos minutos, muitas outras mulheres se juntaram àquelas quatro. Ainda não consigo lembrar disso sem chorar. Elas choravam, seguravam meu braço e estavam dispostas a fazer qualquer coisa para receberem o maravilhoso Salvador. Elas sabiam que as circunstâncias em que se encontravam poderiam nunca mudar, mas que um dia deixarão essa vida e acordarão no esplendor da presença de Deus. Você sabe o que Deus usou para provocar um vínculo entre mim e aquelas mulheres? A intensa memória de meu antigo vazio e opressão.

Nós não precisamos ir ao outro lado do mundo para alcançar os oprimidos. Ó, como oro para que cada pessoa descubra a gloriosa satisfação que há em Cristo! Porém quando isso acontece verdadeiramente, precisamos encontrar um lugar para despejarmos o que transborda em nossa vida. Os cativos que foram realmente libertos são as pessoas mais compassivas no mundo. Elas não consideram as demais como inferiores, visto que elas próprias, por certo período, também viveram na sarjeta.

Nossas motivações para alcançar outros e servi-los nem sempre são puras. Minha querida amiga Kathy Troccoli, que ministra em tempo integral, questionou-se de forma crucial: "Estou ministrando por necessidade minha ou pelo transbordar de meu relacionamento com Deus?". Seria sábio fazer a mesma pergunta a nós mesmas. Ansiamos afirmação daqueles a quem servimos? Eles nos ajudam a nos sentirmos importantes? Ou servimos porque Jesus encheu nosso coração de tal maneira que precisamos encontrar um lugar para derramar o que superabundou? Um ministério voltado aos verdadeiramente oprimidos ajuda a purificar nossas motivações para o serviço. Entenda, eles não têm muito o que dar em troca. A alma satisfeita é a mais bela manifestação da glória de Deus quando se dispõe a esvaziar a si mesma em favor da vida de outros.

Tendo visto a manifestação da satisfação em Deus, passemos agora para outra demonstração.

2. *A manifestação da paz de Deus*

O quarto benefício de nosso relacionamento de aliança é vivenciar a paz de Deus. Como é a paz de Deus, em seu momento mais belo, na alma de uma pessoa? Quando a paz se torna uma manifestação fascinante da glória de Deus?

No início de nossa jornada, observamos Isaías 48:18. Nesse versículo, vimos que a chave para a paz é submeter-se à autoridade de Deus. Isaías sugere que temos "...paz que flui como um rio..." quando damos atenção aos mandamentos de Deus. Portanto, a resposta para a paz em nossa vida é nos submetermos à autoridade de Deus por meio da obediência.

A obediência à autoridade de Deus não acontece facilmente para nenhuma de nós. Ouvi um dos pregadores que admiro dizer que a vida do discípulo exige "longa obediência na mesma direção". Não é essa uma grande expressão da verdade? Então estamos seladas com nada além de sacrifícios nesta longa jornada de seguir obedientemente na mesma direção? Dificilmente. Vamos dar uma olhada na paz em seu momento mais belo.

Isaías retratou um relacionamento maravilhoso entre paz e alegria.

> *Como são belos sobre os montes os pés do mensageiro que traz boas novas, boas novas de paz e salvação, de que o Deus de Israel reina! Os vigias gritam e cantam de alegria, pois, com os próprios olhos, veem o* Senhor *voltar a Sião. Que as ruínas de Jerusalém gritem de*

alegria, pois o Senhor *consolou seu povo; ele resgatou Jerusalém.* —ISAÍAS 52:7-9

Não pare aqui! Veja adiante...

Guardem o sábado como dia santo; não usem esse dia para cuidar de seus interesses. Desfrutem o sábado e falem dele com prazer, como dia santo do Senhor. *Honrem o sábado com tudo que fizerem nesse dia; não sigam seus desejos, nem falem coisas inúteis. Então o* Senhor *será sua alegria; grande honra lhes darei e os sustentarei com a propriedade que prometi a seu antepassado Jacó. Eu, o* Senhor, *falei!*
—ISAÍAS 58:13,14

De que forma Isaías disse que eles encontrariam alegria no Senhor? Obediência a Deus frequentemente implica em não caminhar em nosso próprio caminho, não fazer e nem mesmo falar aquilo que nos agrada. Mas, se a paz é o fruto da justiça (Isaías 32:17), então a alegria é o vinho do fruto! A alegria fluirá em última instância da obediência e poucas coisas manifestam a glória de Deus mais atraentemente do que a alegria!

Você acha que estou indo longe demais com a analogia? Veja João 15: "Eu sou a videira verdadeira, e meu Pai é o lavrador. [...] Quem permanece em mim, e eu nele, produz muito fruto. [...] Quando vocês produzem muitos frutos, trazem grande glória a meu Pai [...] Quando vocês obedecem a meus mandamentos, permanecem no meu amor [...] Eu lhes disse estas coisas para que fiquem repletos da minha alegria. Sim, sua alegria transbordará!" (vv.1,5,8,10,11).

Coloque Isaías 32:17 ao lado de João 15 e o resultado é este: a paz é o fruto da justiça que, em essência, é obediência às ordenanças de Deus — o produto de permanecer na videira. O vinho que flui do fruto maduro é alegria!

Paulo declarou que "...o reino de Deus não diz respeito ao que comemos ou bebemos, mas a uma vida de justiça, paz e alegria no Espírito Santo. Se servirem a Cristo com essa atitude, agradarão a Deus e também receberão a aprovação das pessoas" (Romanos 14:17, 18).

O vinho de alegria eventualmente fluirá do fruto de paz produzido pela justiça. "O choro pode durar toda a noite, mas a alegria vem com o amanhecer" (Salmo 30:5). Deus assistirá a você na colheita integral de sua obediência e talvez Ele diga algo como minha avó costumava dizer quando eu estava toda arrumada (mesmo com os dentes todos tortos): "Mocinha, que belezura!". Ou talvez Ele diga: "Você certamente é manifestação da Minha glória."

PERGUNTAS PARA DISCUSSÃO

1. Por que feridas antigas, não curadas, servem como bandeiras que indicam ao inimigo nossas áreas de vulnerabilidade?
2. Qual é a melhor forma de um cristão satisfeito manifestar a glória de Deus?
3. O que Deus nos pediria para jejuar a fim de que alcancemos os oprimidos?
4. De que maneira descreveria a paz de Deus na alma de uma pessoa em seu momento mais belo?

CAPÍTULO 47

A MANIFESTAÇÃO DA SUA PRESENÇA

*O Senhor é a fortaleza de minha vida;
então, por que estremecer?*

SALMO 27:1

NUNCA DEIXO DE chorar ao começar a escrever o capítulo final de qualquer jornada de estudo bíblico, mas agora estou soluçando de tanto chorar. Cada uma das jornadas que Deus me permitiu fazer por meio de Sua Palavra foi extremamente significativa para mim. Esta jornada, contudo, está separada em uma classificação exclusiva. *Livre! Torne a liberdade em Cristo realidade em sua vida* foi o livro mais difícil que já escrevi. Deus desejava que este fosse fruto de um coração revigorado que somente o quebrantamento poderia produzir. Dores e perdas ocorreram durante o período em que escrevi este estudo que não poderiam ser meras coincidências. Não faço ideia de como este livro será recebido, não sei nem mesmo se é bom; mas sei que é verdadeiro. E Deus é bom.

Sinto-me um pouco como me senti quando voltei da Índia. Não posso dizer que esta jornada foi divertida, mas não me esquecerei dela tão cedo. Jamais serei capaz de expressar minha gratidão a você por continuar comigo até aqui. Ó, como eu oro para que Deus entalhe a verdade dele em seu coração para sempre! Qualquer coisa que tenha sido conquistada com este livro veio de Deus.

O livro de Isaías é tão rico que eu não conseguiria imaginar como poderia escolher uma passagem para finalizar esse tempo juntas. Creio que Deus a escolheu para nós: o melhor lugar possível em Isaías para nos despedirmos com votos de sucesso mútuo. Concluiremos nossa jornada com uma última análise do quinto benefício de nosso relacionamento de aliança em sua manifestação plena da glória de Deus. Leia estas conhecidas palavras e saboreie cada uma delas.

> *Você não ouviu? Não entendeu? O* S<small>ENHOR</small> *é o Deus eterno, o Criador de toda a terra. Ele nunca perde as forças nem se cansa, e ninguém pode medir a profundidade de sua sabedoria. Dá forças aos cansados e vigor aos fracos. Até os jovens perdem as forças e se cansam, e os rapazes tropeçam de tão exaustos. Mas os que confiam no* S<small>ENHOR</small> *renovam suas forças; voam alto, como águias. Correm e não se cansam, caminham e não desfalecem.* —ISAÍAS 40:28-31

Estou orando por três objetivos a serem conquistados ao nos despedirmos:

1. Para que, caso você ainda não seja livre, coopere totalmente com Deus até que seja.
2. Para que você saiba como manter sua liberdade.
3. Para que você sempre saiba como voltar ao trajeto da liberdade caso você se perca.

Algumas vezes me canso de combater o bom combate, você não? Como podemos reunir energia para persistir e continuar lutando por nossa liberdade? Até mesmo os jovens se cansam e perdem as forças e os rapazes tropeçam e caem. Caso você seja como eu, não é jovem nem homem! Assim, poderíamos estar em apuros! O que uma alma nessas condições deve fazer?

Acredito que Isaías 40:28-31 nos diz exatamente o que fazer quando nos cansamos durante a caminhada. Observe de quem é a força que o Senhor renova: "...os que confiam no SENHOR...". A palavra hebraica para "confiam" ("esperam no" na versão Almeida Revista e Corrigida) é *qawah*, que significa "interligar (entrelaçar)... ser reunido, agregado". Se queremos manter a força renovada para enfrentar nossos desafios diários ou recuperar a força que se dissipou, a Palavra de Deus nos diz para nos aproximarmos da Sua presença de tal forma que fiquemos praticamente entrelaçados a Ele!

A ideia de passarmos a vida lutando para seguir o caminho é exaustiva. Você consegue pensar em algo mais árduo do que acordar tendo que vencer todos os dias? Eu provavelmente suportaria quatro dias na semana. Nos outros três, eu desejaria apertar o botão "soneca" e voltar a dormir. Deve existir uma opção melhor.

Acredito que Isaías 40:31 está nos dizendo para nos envolvermos tão firmemente em Deus a ponto de automaticamente irmos para onde Ele está indo, e o único caminho o qual Ele segue é o da vitória (2 Coríntios 2:14). Deus não quer que nosso objetivo seja vencer. Ele deseja que nosso objetivo seja ganhar Cristo. Considere estas palavras de Paulo: "...a fim de poder ganhar a Cristo" (Filipenses 3:8). Ninguém jamais teve mais a dizer sobre batalha e combater o bom combate do que o apóstolo Paulo; contudo seu objetivo primordial não era vencer, mas ganhar a Cristo. A frase seguinte explica o que o apóstolo quis dizer ao afirmar isso; ela traz: "e nele ser encontrado..." (v.9).

Ser encontrado em Cristo é exatamente a mesma ideia de *confiar no Senhor* em Isaías 40:31. Ambos os conceitos descrevem o vincular-se a Deus. Quando minhas filhas eram pequenas, elas costumavam se segurar na minha cintura e envolver suas pernas ao redor de uma de minhas pernas. Eu assobiava, saía andando e dizia: "O que será que a Amanda (ou a Melissa) está fazendo agora?". Elas caiam na gargalhada. Meu coração sempre inundava de amor, pois eu percebia o quanto pendurar-se em mim era a brincadeira favorita delas! Meus músculos podiam ficar doloridos depois, mas valia a pena.

Confiar no Senhor é fazer com Deus o que minhas filhas faziam comigo — envolver-nos nele o mais firme que conseguirmos! Por que Isaías 40:31 apresenta o conceito de nos amarrarmos a Deus no contexto de estarmos cansadas e exaustas? Pense na ilustração da brincadeira que minhas filhas e eu fazíamos. Quem tinha mais trabalho? Eu! Qual era a parte delas na brincadeira? Aproximar-se de mim e se agarrar com toda firmeza. Você percebe o paralelo? Quando começamos a nos sentir cansadas, provavelmente estamos tomando muito da batalha para nós.

Quando estamos exaustas demais, estamos gastando mais energia lutando contra o inimigo do que buscando a presença de Deus. Mais do que buscar vencer, busque Cristo! Mais do que você busca derrotar o inimigo, busque Aquele que se opõe a ele! Mais do que você busca vitória, busque o Vencedor! Você nunca será mais bela para Deus do que quando Ele olhar para baixo e vir você agarrada a Ele com todas as suas forças!

Nós compartilhamos alguns momentos incríveis ao longo destes capítulos, mas agora é hora de nos separarmos e seguirmos o nosso caminho com Deus. Sentirei sua falta e, creio eu, você sentirá a minha também; mas, por favor, nunca confunda o *sentir* falta de minha companhia com *precisar* de minha companhia. Você não precisa de mim! Você precisa de Deus. Apegue-se somente a Ele, Aquele que guiará você adiante até o momento de levá-la para casa — onde de uma vez por todas, você finalmente será livre.

Sinto-me um pouco como me senti quando deixei minha Amanda na universidade pela primeira vez. Acompanhe-me por um momento e me permita dizer algumas coisas de mãe antes de irmos. Lembre-se: nós nunca encontramos liberdade da escravidão a partir da independência. Nós a encontramos ao pegarmos as mesmas algemas que nos prendem ao pecado e nos prendermos ao punho de Cristo. Quando você é aprisionada à vontade de Deus, sua cela se torna o Santo dos Santos. Nunca se esqueça: existe apenas uma Fortaleza que liberta ao nos prender.

Estou tão orgulhosa de você que mal consigo aguentar. Muito mais importante é que Deus está muito orgulhoso de você. Você é alguém em quem Deus deseja gloriar-se. Por um momento apenas, quero que você não pense no quanto precisa avançar. Quero apenas que você pense no quanto já avançou. Apenas descanse por alguns minutos. Não precisa ser transparente, nem vulnerável, nem se delatar. Nada de olhar para dentro de si. Apenas olhe para o alto. Por um momento, relaxe e permita-me orar o Salmo 32:7 sobre você: *Que Deus seja seu esconderijo; que Ele a proteja da aflição e abra seus ouvidos espirituais para que você o ouça atentamente enquanto Ele a cerca de felizes cânticos de vitória.*

Ajoelho-me em honra a Deus e à sua vida. Você, minha companheira de peregrinação, é uma manifestação da glória do Senhor. Fico humildemente lisonjeada com o privilégio de caminhar por esta estrada com você.

Nada poderia ser mais adequado do que concluir com Isaías 61:1-4. Leia ou cite os versículos e permita que Deus traga à sua memória as torrentes de verdade que estudamos.

Que esta oração que Deus escreveu em meu coração acrescente ainda mais à sua jornada e proveja a despedida adequada.

UM CATIVO EM RESTAURAÇÃO

Ó Deus, que libertas o cativo,
Não libertes esta escrava carnal apenas para que seja liberta
Pois eu certamente voarei a outra terra espinhosa.
Antes, quebres todas as amarras malignas
E massageies meus punhos inchados.
E então, leva-me prisioneira à Tua vontade,
Escravizada em Tua custódia.
Ó Deus, que conduzes luz às trevas,
Não me liberes para a luz
Apenas para que eu veja a mim mesma.
Lança a luz de minha libertação sobre Tua face
E que sejas tu minha visão.
Não me entregues
À jornada de maior conhecimento.
Faz de tua Palavra lâmpada para meus pés,
E luz em meu caminho,
E guia-me à Tua habitação.

Livre! Torne a liberdade em Cristo realidade em sua vida

Ó Deus, que ergues a cabeça enlutada,
Sopra para longe as cinzas
Mas deixes Tua gentil mão sobre minha testa
Sejas minha única coroa de beleza.
Consola-me profundamente,
Tu que me curas,
De modo que eu não busque outro consolo.

Ó Deus, que tanto amas a alma humana
A ponto de dela não abrires mão,
Impõe-te tão inteiramente
Nos montes e nas profundezas de minha vida
Para que nada permaneça inalterado.
Ara esta vida, Senhor,
Até que tudo o que revolvestes
Torne-se solo fértil.
Então, planta-me, ó Deus
Na vasta campina de Teu amor.
Faz-me crescer, fortalece-me
E não erga Tua mão premente
Até que ela possa orgulhosamente revelar
Uma manifestação da Tua glória.

Eu *te* amo.
Beth

PERGUNTAS PARA DISCUSSÃO

1. Qual é a diferença entre ter como objetivo o vencer e fazer de seu propósito o ganhar Cristo?
2. Você gasta mais energia lutando contra o inimigo ou buscando a presença do Senhor? Por quê?
3. O que Deus trouxe a sua vida por meio deste estudo?